LIVRO 3

1ª edição - Junho de 2022

Coordenação editorial
Ronaldo A. Sperdutti

Preparação de originais
Marcelo Cezar

Capa
Juliana Mollinari

Imagem Capa
Shutterstock

Projeto gráfico e diagramação
Juliana Mollinari

Revisão
Maria Clara Telles

Assistente editorial
Ana Maria Rael Gambarini

Impressão
Gráfica Loyola

Proibida a reprodução total ou parcial desta obra sem prévia autorização da editora.

© 2022 by Boa Nova Editora.

Av. Porto Ferreira, 1031 | Parque Iracema
CEP 15809-020 | Catanduva-SP
17 3531.4444

www.**lumeneditorial**.com.br
www.**boanova**.net

atendimento@lumeneditorial.com.br
boanova@boanova.net

Dados Internacionais de Catalogação na Publicação (CIP)
(Câmara Brasileira do Livro, SP, Brasil)

```
Leonel (Espírito).
   Lembranças que o vento traz / romance pelo
espírito Leonel ; [psicografia de] Mônica de
Castro. -- 1. ed. -- Catanduva, SP : Lúmen Editorial,
2022.

   ISBN 978-65-5792-042-8

   1. Espiritismo 2. Psicografia 3. Romance espírita
I. Castro, Mônica de. II. Título.

22-106331                                    CDD-133.9
```

Índices para catálogo sistemático:

1. Romance espírita psicografado : Espiritismo   133.9

Cibele Maria Dias - Bibliotecária - CRB-8/9427

Impresso no Brasil – Printed in Brazil
01-06-22-3.000

Mônica de Castro
ROMANCE PELO ESPÍRITO **LEONEL**

Lembranças que o vento traz

LIVRO 3

LÚMEN
EDITORIAL

Para minha mãe, Maria Antonietta, meu padrasto, Sylvio, e meu irmão Fernando, pelo carinho em família, que dá sustento à vida.

PREFÁCIO

Este é o final da trilogia que se iniciou com o livro *Sentindo na própria pele*, passando por *Com o amor não se brinca* até chegar a este, *Lembranças que o vento traz*, que encerra a história da família Sales de Albuquerque e da escrava Tonha, que a ela se ligou por laços de amor e ódio do passado.

A sequência dos acontecimentos, iniciados há duzentos anos, termina em Cabo Frio, terra natal de meu avô Edmundo, que apresentou as personagens reais, em espírito, ao Leonel, para que ele trouxesse a sua história como exemplo para todos nós. Mas a história não é dele nem foi ele quem a viveu. Suas personagens são pessoas que ele um dia conheceu, embora não tenha tido uma convivência mais próxima com nenhuma delas. Eram coisas de cidade pequena, no final do século XIX, onde todo mundo se conhecia, ao menos, de nome ou de ouvir falar.

Segundo me disse meu avô, "é uma família como tantas outras, mas cujas verdades desconhecemos. Ninguém nunca soube do drama que se desenrolou naquela casa, e, para os habitantes da cidade, eram apenas pessoas que viviam ali, meio afastadas de tudo e de todos. Pessoas quietas e sem importância, que não despertavam a atenção de ninguém.

Mas a morte do corpo desperta essas verdades, e é aí que vemos que elas jamais serão sem importância".

A Autora

CAPÍTULO 1

Assim que os passarinhos começaram a piar do lado de fora, Clarissa despertou contrariada, espreguiçou-se, esfregou os olhos e olhou pela janela. Mais um dia de tédio na fazenda São Jerônimo, mais um dia sem nada de novo para fazer. À exceção de seu irmão Luciano e de sua prima Jerusa, não havia ninguém mais com quem conversar. A irmã mais velha, Valentina, era uma autoritária intrometida e andava ocupada demais com o bebê.

Clarissa ouviu batidas na porta e disse, sem maior interesse:

— Pode entrar.

A porta se abriu e a mãe entrou, cumprimentando-a com um sorriso:

— Bom dia, Clarissa.

— Bom dia, mamãe. Alguma novidade?

— Por que pergunta?

— Para a senhora vir ao meu quarto logo pela manhã, com certeza, algo de novo aconteceu.

— Você é muito esperta.

— Papai já voltou da capital?

— Ainda não.

— Então, o que é?

Ela olhou para a filha com ar divertido e anunciou:

— Sua encomenda acaba de chegar...

Nem era preciso ouvir o resto. Clarissa saltou da cama e jogou o xale sobre os ombros, descendo a escada às pressas e correndo para a sala. Logo que entrou, viu uma caixa grande perto da janela e pôs-se a saltitar de alegria. Completamente inebriada, começou a desatar nós e a puxar tábuas, tentando abrir a caixa o mais rápido que podia. Mas a madeira era dura, e ela não conseguia. Imediatamente, pôs-se a gritar:

— Luciano! Luciano! Pelo amor de Deus, venha me ajudar!

Ouvindo aqueles gritos, o irmão apareceu esbaforido, seguido da outra irmã, que trazia no colo um bebezinho de meses.

— Mas o que é que está acontecendo aqui? — indagou ele, indignado.

— Veja, Luciano! — exclamou Clarissa, apontando para a caixa. — Papai cumpriu a promessa e me mandou o que lhe pedi! Venha, ajude-me a abrir!

Flora, a mãe, permanecia parada mais atrás, enquanto o filho ajudava Clarissa a abrir aquela caixa imensa. Estava muito bem atada e amarrada, e foi preciso buscar algumas ferramentas para soltar os pregos. Poucos minutos depois, as tábuas começaram a ceder, e Clarissa as ia puxando, cheia de excitação. Um cravo novinho em folha surgiu no meio de pedaços de madeira serrada, e Clarissa bateu palmas de contentamento, alisando as teclas com os dedos longos. No mesmo instante, as cordas lá dentro ressoaram, e uma melodia suave invadiu o ambiente. Era maravilhoso!

— Onde será que papai arranjou dinheiro para comprar isso? — indagou Valentina, com desdém.

— Não seja desmancha-prazeres, Valentina — censurou a mãe. — Seu pai não prometeu? Então? Cumpriu a promessa.

— Todos sabemos que a nossa situação não é lá das melhores. Ontem nem tínhamos dinheiro que chegasse para as despesas, e hoje me aparece aqui esse cravo, vindo da capital, que deve ter custado uma pequena fortuna. Veja essas teclas. São de marfim!

— Qual o problema? — retrucou Clarissa. — Aposto que você está é com inveja.

— Não sei por que teria inveja de você, menina tola.

— Porque você não sabe tocar. Nunca conseguiu aprender.

— E quem disse que quero aprender?

— Parem com isso, meninas — ordenou Flora. — Não há motivo para brigas. O que importa é que seu pai comprou o cravo, não foi? E, com certeza, não precisou roubar nem extorquir nada de ninguém. Ou será que você pensa que seu pai virou ladrão de repente, Valentina?

— Não penso nada disso — respondeu Valentina de má vontade. — Só acho que papai mima demais essa menina. Ele faz todas as vontades de Clarissa.

— E qual o problema? — tornou Clarissa, de forma desafiadora.

A criança no colo de Valentina pôs-se a chorar, e Flora considerou:

— Valentina, minha filha, creio que já está na hora de alimentar o bebê.

A contragosto, Valentina saiu da sala e foi para o quarto dar de mamar à filha. Depois que ela saiu, Clarissa e Luciano puseram-se a montar o cravo, encaixando o corpo sobre os pés. Tudo pronto, Clarissa puxou o banquinho e sentou-se para tocar. Estava afinadinho, e ela tencionava preparar um concerto para quando o pai voltasse. Retribuiria o presente com outro, tocando para alegrar seus ouvidos. Flora sentou-se no sofá e ficou a admirar a filha. Ela era linda e meiga, apesar de um pouco voluntariosa e até mesmo atrevida. E como gostava de música! Clarissa saíra a ela.

Quando Flora se casou com Fortunato, este permitiu que ela levasse o cravo que fora de sua mãe, e logo que os filhos alcançaram idade suficiente para aprender, ela pôs-se a ensiná-los. Mas Valentina não levava jeito. Não tinha ouvido e não se interessava em aprender. Luciano, por sua vez, era muito irrequieto e não tinha paciência para ficar longas horas sentado, o que lhe dificultava a concentração.

Apenas Clarissa se interessara. A menina, desde cedo, demonstrava um dom musical inato e ficava horas e horas entretida com a música, sem nem lembrar-se das brincadeiras. Havia ocasiões em que vinha a prima da fazenda Ouro Velho, e faziam então lindas reuniões, com ela e a filha revezando-se ao cravo. Mas, por infortúnio, cerca de um ano antes, alguém deixara aberta a janela da sala, sob a qual ficava o instrumento, justo na época em que haviam ido em viagem à capital, a fim de assistir ao casamento de um parente distante. Era época das chuvas, e um temporal se abateu sobre a região. Pela janela escancarada, a chuva penetrou aos borbotões, encharcando móveis, tapetes e também o cravo. Quando voltaram da viagem, toda a mobília estava estragada, os tapetes manchados e a madeira do cravo inchada e cheirando a mofo. Clarissa e Flora chegaram a chorar de desgosto. Além do prejuízo, a perda do instrumento amado parecia-lhes irreparável. Mas Fortunato lhes prometera: assim que pudesse, mandaria vir um instrumento da capital, mais bonito e mais sonoro, último modelo na Europa.

Clarissa encheu-se de esperanças e não via a hora de receber o seu presente. No entanto, a situação das fazendas tornou-se preocupante. Toda a última safra fora perdida em virtude de uma praga fatal que atacara a plantação. Por mais que tentassem, os fazendeiros não conseguiam contê-la, e, em pouco tempo, a devastação foi total. Seu pai perdera praticamente tudo, assim como seus parentes da fazenda Ouro Velho e alguns fazendeiros mais próximos. Dizia-se que o descuido e o desleixo do senhor Américo, proprietário de uma fazenda vizinha, acabara por trazer a praga, que em breve se alastrou pelas terras contíguas. A muito custo conseguiram exterminá-la, mas os prejuízos, além de incalculáveis, foram também irreversíveis.

Destruída a plantação, só o que lhes restava fazer era recomeçar. Mas como? Fortunato perdera quase todos os seus pés de café. Era preciso dinheiro para comprar novas sementes, plantá-las e esperar que crescessem e frutificassem. Tudo isso levava tempo, e o dinheiro que possuíam não bastaria para aguentarem tanto. Por fim, convencido de que suas reservas não seriam suficientes para custear a plantação e a subsistência até a nova safra, Fortunato partiu para a capital, na tentativa de conseguir um empréstimo junto aos banqueiros. A situação era precária, mas Fortunato gozava de prestígio, o que, certamente, lhe facilitaria a obtenção do empréstimo.

Vendo o cravo que o marido enviara a Clarissa, Flora concluiu que ele conseguira o dinheiro e começara a fazer alguns gastos. Estava feliz, sim, mas, pensando melhor, talvez Valentina tivesse razão. Seria prudente gastar tanto dinheiro por conta de uma safra que ainda nem existia? Uma sombra de preocupação passou pela sua mente. O marido, além de excelente negociante, era um homem prudente e comedido, e jamais contaria com algo que ainda não era, verdadeiramente, seu. Onde teria então conseguido aquele dinheiro? Será que vendera alguma propriedade? Era possível, mas todos os seus bens encontravam-se ali, naquelas duas fazendas, além de alguns poucos imóveis na capital, cuja renda dos aluguéis não era suficiente para cobrir-lhes todas as despesas. Estavam acostumados ao luxo e à riqueza, e não era fácil se contentarem com uma vida de economias e privações.

Jovem e sonhadora, Clarissa permanecia alheia a tudo isso. Os problemas financeiros da família não lhe diziam respeito. Se o pai lhe enviara o cravo, com certeza conseguira o dinheiro de alguma forma honesta.

Além de Valentina, Luciano também estranhou. Ele amava muito a irmã mais nova e não queria estragar sua alegria, mas ficou seriamente preocupado com aquele cravo luxuoso. No entanto, preferiu não dizer nada. A mãe também parecia feliz, e ele não queria empanar tanta felicidade.

No dia seguinte, bem cedo, terminado o café da manhã, Valentina se levantou, entregou o bebê para a criada e perguntou:

— Trouxe as flores que lhe pedi?

— Sim, senhora. Estão no vaso, em cima da mesa da sala.

— Ótimo. Agora leve a menina para tomar sol. Mas cuidado, não vá esquecê-la lá fora.

— Pode deixar, dona Valentina, não esqueço, não.

Valentina levantou-se, foi até a sala de estar e apanhou as flores. Voltou à mesa do café, onde os demais permaneciam sentados, entretidos em animada prosa, e indagou:

— Vocês não vêm?

— Aonde? — retrucou Luciano.

— Hoje faz dois anos que vovô Rodolfo faleceu.

— Faz, é? — continuou o irmão.

— Faz, sim. Vou ao cemitério levar-lhe umas flores. Para ele e vovó Marta, que Deus os tenha.

— Faz muito bem.

— Vocês não vêm comigo? É dever da família velar pela memória de seus antepassados.

— Não creio que precise ir chorar sobre o túmulo de meus avós para me lembrar deles — objetou Clarissa. — E, se quer mesmo saber, vovô Rodolfo nem era tão bom assim.

— Você é uma menina atrevida e mal-educada, Clarissa, e devia se envergonhar de falar assim de nosso avô, que tudo fez por nós.

— O que foi que ele fez por nós além de nos recriminar por qualquer coisa? Não me lembro de nada que tenha feito para nos agradar. Já vovó Marta, não. Era meiga, atenciosa, amiga...

Valentina engoliu em seco e revidou:

— Você é uma ingrata, isso sim, e é melhor mesmo que não vá. — E, virando-se para o irmão, perguntou: — E você, Luciano, não vem?

— Quem, eu? Ah! Não, não conte comigo. Tenho mais o que fazer. Concordo com Clarissa. Não precisamos nos debruçar sobre a sepultura deles para nos lembrarmos de que existiram.

— Vocês dois são impossíveis. Não é à toa que se dão bem. São iguaizinhos: egoístas, malcriados, desrespeitosos...

— Está bem, Valentina, agora chega — cortou Flora. — Deixe seus irmãos em paz. Eu irei com você.

Flora pegou o xale e saiu em companhia da filha. Ela também não gostava muito do sogro. Ele fora um homem aborrecido e irascível, e vivia esbravejando e xingando. A sogra, contudo, era diferente, e todo mundo gostava dela. Marta fora uma mulher boa e piedosa, e vivera uma vida de abnegação ao lado do marido, sempre disposta a auxiliá-lo e a fazer tudo por ele. Só ela era capaz de controlá-lo. Rodolfo sempre tivera um gênio terrível, e a esposa era a única a quem ele dava ouvidos.

Mas se Valentina gostava do avô, o que podia ela fazer? Afinal, tinham o mesmo sangue, e ela era bem parecida com ele. Sempre fora. O mesmo temperamento, as mesmas crenças, os mesmos ideais. Não era por outro motivo que sempre fora a preferida do avô, ao contrário de Clarissa e Luciano, com quem ele vivia a implicar e repreender.

Naquela noite, ao deitar-se para dormir, Clarissa sentiu no ar um leve perfume de rosas e se lembrou de Tonha. Tonha havia sido escrava em sua fazenda desde bem pequenina, quando para ali fora trazida da África num navio negreiro, para servir de presente de aniversário a Aline, irmã mais velha de seu avô, que falecera ainda jovem. Enquanto Aline era viva, vó Tonha gozara de uma certa liberdade. Mas depois que ela morrera num incêndio, Tonha fora brutalmente castigada e atirada à senzala, até que a *sorte* lhe acenou, e ela foi chamada para servir de ama de leite para o avô e seu irmão gêmeo. Desde então, voltara a residir na casa grande e criara boa parte das crianças nascidas na fazenda.

Logo após a abolição da escravidão, Tonha faleceu, depois de quase cem anos de lutas e sofrimentos. Tonha sempre fora amiga de Clarissa. Vira-a nascer, ajudara em sua criação, ensinara-a a bordar e a preparar quitutes como ninguém. Mesmo velhinha, fazia o que podia, e Clarissa se deliciava com as histórias que ela costumava contar, histórias de seu povo, sua terra, sua cultura.

Clarissa amava a religião dos negros e desde cedo aprendera a reconhecer e identificar todos os deuses africanos. Tonha lhe falava sobre a associação que faziam aos santos católicos, e Clarissa ficava encantada. Sabia que havia escravos vindos de diferentes regiões da África, que também possuíam línguas e culturas diferentes. Depois, os povos foram se misturando, e a cultura iorubá acabou predominando sobre as demais, impondo, inclusive, seus orixás, em substituição aos *inkices* de que Tonha tanto falava. Mas ela dizia que os deuses eram todos iguais, e não importava a forma como os chamassem ou invocassem. O importante era que tanto os orixás quanto os *inkices* eram divindades que representavam as forças da natureza e que podiam ser invocadas em qualquer situação da vida.

A imagem da escrava não lhe saía da cabeça. Cerca de um ano após a morte de Tonha, Clarissa passou a sonhar com ela, que sempre lhe aparecia sorrindo, toda vestida de branco ou azul. Dava-lhe notícias de sua vida no mundo invisível, falava de coisas que ela não conhecia e costumava alertá-la de alguns perigos ou dificuldades. Embora Clarissa não se lembrasse de tudo o que sonhava, sempre conseguia reter em sua memória as impressões do que Tonha lhe falava, impressões essas que costumavam aflorar nos momentos mais oportunos, em forma de intuição ou sensações.

Naquela noite, não foi diferente. Assim que adormeceu, o corpo fluídico de Clarissa desprendeu-se do físico e encontrou Tonha ali, parada ao lado de sua cama, esperando por ela. Clarissa sorriu e segurou a sua mão, falando com doçura:

— Olá, vó Tonha. Veio me visitar?

— Vim buscá-la para um passeio. Vamos caminhar um pouco ao luar.

As duas saíram para o jardim. Estava uma noite linda, coberta de estrelas, e elas se deitaram na relva macia, apreciando o céu estrelado que se estendia sobre suas cabeças. Depois de alguns minutos, Clarissa indagou:

— E então, vó Tonha? De que veio me falar desta vez?

Sem tirar os olhos do céu, Tonha apertou a mão de Clarissa e respondeu:

— Precisava prevenir você. Dizer-lhe que, em breve, você fará uma longa viagem, para uma terra distante e desconhecida.

— Como assim?

— Quando chegar a hora, você vai saber.

— Vai me acontecer alguma coisa nessa viagem? Vou morrer?

— Você não vai morrer, mas vai atravessar um período muito difícil em sua vida, cheio de conflitos e angústias. Eu estarei sempre ao seu lado, e se você se mantiver firme nos seus propósitos de crescimento, conseguirá libertar o seu espírito das culpas que carrega do passado.

— Que culpas? Eu nunca fiz mal a ninguém.

— Eu já não lhe falei que temos muitas vidas e que, muitas vezes, usando o nosso livre-arbítrio, adotamos atitudes que põem em desequilíbrio a harmonia da vida e do universo? E que depois, querendo melhorar, nós escolhemos determinados caminhos e situações que vão nos colocar frente a frente com a oportunidade de devolver à vida o que dela tiramos?

— Sim...

— Pois então? Tudo não passa da chance que o universo está lhe dando de restituir ao mundo a parcela de equilíbrio que você lhe tomou, num outro tempo, quando vivia em outro lugar e ocupava outro corpo de carne.

— Não me lembro de nada disso.

— Quando for a hora, sua memória acionará seus registros ocultos, e você vai reviver momentos de extrema importância para a compreensão de alguns episódios que se desenrolarão em sua vida atual.

— Será que você não poderia me adiantar alguma coisa? Se o pior acontecer, não quero estar desprevenida.

— Nada vai lhe acontecer, e sua alma sabe o que precisa viver. Confie em Deus e tenha fé. Pense nos orixás. Eles também poderão ajudá-la. E lembre-se de que foi a sua escolha.

Depois disso, Tonha pousou na testa de Clarissa um beijo suave e levou-a de volta a seu quarto, ajudando-a a retornar ao corpo. A menina suspirou no sono, virou-se para o lado e continuou a dormir calmamente. No dia seguinte, ao despertar, tinha apenas uma vaga recordação de que sonhara com Tonha e, em seu sonho, ela lhe dizia algo sobre uma viagem, escolhas e equilíbrio. O que seria? Não podia se lembrar.

Quando chegou para o café, a prima também estava lá. Era domingo, e Jerusa havia ido convidá-la para irem juntas à missa. As moças não eram primas próximas. Jerusa era filha de Laís, primogênita de Dário, que vinha a ser sobrinho de seu avô Rodolfo. Vovô Dário, como costumavam chamá-lo, ainda era vivo, bem como sua esposa, vovó Sara, que, apesar de não gozar de muito boa saúde, ia sobrevivendo aos anos com fé e confiança.

— Bom dia, Clarissa — disse Jerusa com jovialidade.

— Bom dia — respondeu ela. — Estou atrasada?

— Não. É que mamãe quis vir mais cedo. Disse que precisa falar com o padre sobre uma missa de ação de graças pela melhora de vovó. Ela quase morreu depois da última gripe.

— É mesmo. Mas vovó Sara é uma mulher muito forte.

— É, sim. Quem diria que viveria tantos anos, não é mesmo?

Quando Luciano desceu e viu a prima, correu para ela apressado.

Luciano e Jerusa, já há algum tempo, estavam enamorados, para felicidade de ambas as famílias.

— Que bom que você chegou cedo, Jerusa — derreteu-se ele, beijando-a no rosto.

— Coisas de mamãe — respondeu ela, corando.

Depois da missa, foram todos para a fazenda São Jerônimo, onde seria servido o almoço de domingo. Os jovens eram extremamente unidos e amigos, e costumavam passear juntos pela fazenda, indo até o riacho para molhar os pés ou pescar. Após o almoço, Clarissa sentou-se ao cravo para tocar, enchendo a casa com sua melodia alegre e bem executada.

Já eram quase três horas, e ela não se cansava. Amava a música, e tocar cravo era o que mais lhe dava prazer. Estava entretida com as notas quando uma voz tonitruante se fez ouvir, vinda da direção da porta:

— Boa tarde!

Todos se voltaram, e Clarissa largou o cravo, correndo para o recém-chegado e exclamando eufórica:

— Papai! Papai! Por que não avisou que vinha?

O pai ergueu-a no colo, como sempre fazia, beijou-a na face e colocou-a de volta ao chão, indo em direção à mulher e beijando-a de forma comedida e respeitosa. Com ele, vinha o genro, Roberto, marido de Valentina, que sempre o acompanhava em suas viagens. Em seguida, cumprimentou os demais e começou a distribuir os presentes que havia trazido. Havia presentes para todos, e Valentina foi a primeira a perguntar:

— Papai, de onde veio o dinheiro para tudo isso?

Fortunato já ia responder quando um hum, hum interrompeu seu discurso. Imediatamente, todos se viraram, dando de cara com um homem maduro, alto, magro e ligeiramente calvo. O estranho encarou-os e fez um gesto cerimonioso, a que os demais corresponderam, sem entender bem do que se tratava. Mais que depressa, Fortunato introduziu o visitante no grupo:

— Flora, gostaria de lhe apresentar o senhor Abílio Figueira Gomes, nosso hóspede.

Flora olhou-o surpresa. Não esperava receber visitas, muito menos para se hospedar, e ficou extremamente contrariada. No entanto, a boa educação mandava que desse boas-vindas ao recém-chegado, e ela falou gentilmente:

— Muito prazer, seu Abílio, e seja bem-vindo a esta casa.

— Obrigado, senhora — respondeu ele, beijando-lhe a mão com formalismo e olhando para Clarissa pelo canto do olho.

A moça sentiu um arrepio e encolheu-se toda. Não simpatizara com aquele sujeito, e a forma como ele a encarou, como se a estivesse estudando, deixou-a desconcertada. Fortunato continuou as apresentações e, em seguida, disse para a mulher:

— Flora, o senhor Abílio veio da capital para se hospedar em nossa casa por uns tempos. Temos importantes negócios a resolver, e quero que sua estada aqui seja a mais agradável possível.

— É claro, Fortunato — Flora virou-se para Abílio e continuou: — Peço que me perdoe, seu Abílio, mas não esperávamos a sua visita. Por isso, se me der licença, gostaria de me retirar e mandar preparar-lhe acomodações condignas.

— À vontade, senhora — respondeu ele. — Mas não precisa se preocupar. Sou um homem simples e não faço questão de luxo.

Depois que Flora saiu, Laís também pediu licença para se retirar com a filha. Já estava ficando tarde, e precisavam voltar. Deixara o marido na fazenda, em companhia de seus pais, e já se demorara bastante. Agradeceram os presentes e se preparavam para sair, quando Luciano pediu:

— Será que Jerusa não poderia ficar? Levo-a em casa depois.

Jerusa olhou para a mãe, ansiosa, mas ela discordou:

— Não, minha filha, não creio que a hora seja das mais apropriadas.

— Oh! Por favor, tia Laís, deixe — insistiu Clarissa. — Jerusa pode ficar e dormir comigo, em meu quarto.

— Não, meus filhos, não creio que seja oportuno. Não queremos atrapalhar, não é mesmo?

— Pode deixá-la ficar — interrompeu Fortunato. — Jerusa é uma boa menina e não atrapalhará em nada. E amanhã, Luciano poderá levá-la para casa.

Laís ainda hesitou por alguns minutos, mas vendo o ar de ansiedade e súplica de Jerusa e Clarissa, acabou concordando:

— Bem, se é assim, está bem. Mas tenha modos e obedeça à tia Flora.

— Pode deixar, mamãe.

Laís se despediu e foi embora. Jerusa olhou para Luciano, que piscou um olho para ela, e para Clarissa, que lhe sorriu. Na verdade, Clarissa tinha um estranho pressentimento e não queria ficar sozinha. Era algo que não sabia definir, mas sentia como se estivesse a um passo de despencar num abismo sem fim, e a presença de Jerusa dava-lhe uma certa segurança. A moça era como sua irmã, e Clarissa sentir-se-ia mais forte e corajosa em sua presença.

Durante o resto do dia e parte da noite, Fortunato permaneceu trancado em seu gabinete em companhia de Abílio, sem dar maiores explicações à família. Até então, ninguém ficara ainda sabendo de onde surgira o dinheiro para o cravo e os presentes, tampouco desconfiava do motivo da presença de Abílio ali. Se eram negócios que aquele homem tinha a tratar com Fortunato, era melhor não os incomodar, pois eles deveriam estar discutindo o futuro de sua fazenda e de suas próprias vidas.

Foi somente na hora do jantar que saíram da biblioteca. Abílio parecia um homem calado e sisudo, e Fortunato ostentava nos olhos uma nuvem de tristeza. O jantar transcorreu praticamente em silêncio, que só era quebrado pela conversa casual de Jerusa e Luciano. Flora não entendia muito bem o que estava acontecendo, mas sabia que era grave, ou o marido não deixaria transparecer aquele ar de desgosto. Ao final do jantar, ele se levantou e foi novamente para a biblioteca, em companhia de Abílio. Só que, dessa vez, chamou Flora, para juntar-se a eles. Os jovens não entenderam e não perguntaram nada. Apenas Valentina, depois de recolher-se, indagou do marido:

— Papai está muito estranho. Sabe o que houve, Roberto?

O marido deu de ombros e respondeu:

— São os negócios.

— E têm a ver com o destino da fazenda?

— De certa forma, sim. Podem resolver o destino da fazenda.

Ela o encarou perplexa, ergueu as sobrancelhas e prosseguiu:

— Você sabe do que se trata?
— Sei, sim, mas não posso falar.
— Nem para mim? Sou sua esposa, e entre nós não deve existir nenhum segredo.
— Seu pai me pediu para não falar nada.
— Ora, vamos, Roberto, pode me contar. Não direi nada a ninguém.

Roberto encarou a mulher em dúvida e aquiesceu. Afinal, era sua esposa e merecia sua confiança. E depois, logo, logo, todos iriam ficar sabendo que tipo de negócio o sogro estava realizando.

CAPÍTULO 2

No dia seguinte, bem cedo, Clarissa foi despertada pela mãe, que vinha chamá-la para uma conversa importante. Na cama ao lado, Jerusa ainda dormia, e Flora fez sinal para que a filha não a despertasse. Clarissa saiu da cama, lavou-se, vestiu-se e desceu.

— Do que se trata? — perguntou, aflita.

— Você já vai saber.

Flora calou-se e seguiu em silêncio. Os olhos inchados revelavam que havia chorado, e suas mãos se apertavam com nervosismo. A todo instante, soltava suspiros sentidos e olhava para cima, lutando desesperadamente para segurar as lágrimas. Não podendo mais conter a curiosidade, Clarissa tornou a indagar:

— Mamãe, o que foi que houve?

Alcançaram o gabinete. Flora bateu de leve e abriu a porta devagarzinho. Lá dentro, Fortunato as aguardava em companhia de Abílio, que olhava para o chão e não dizia nada.

— Sente-se, minha filha — começou o pai a falar. — O que tenho a lhe dizer é de extrema importância e pode selar para sempre o destino de todos nós aqui nesta casa.

Sem nada entender, Clarissa sentou-se e encarou o pai. Não fazia a mínima ideia do que poderia estar acontecendo. Era apenas uma moça. Em que poderia contribuir para o destino da família? O pai pigarreou, olhou para Flora, que não lhe devolveu o olhar, e prosseguiu:

— O senhor Abílio aqui é amigo do comendador Travassos, que foi quem nos apresentou — Clarissa não disse nada, e ele continuou: — Disse-me o senhor Abílio que há muito procura uma moça que seja de boa família, prendada, com quem gostaria de se casar...

Nesse instante, como que compreendendo o que estava se passando, Clarissa deu um salto da poltrona e exclamou atônita:

— Papai!

— Espere, minha filha, deixe-me terminar. Como ia lhe dizendo, o senhor Abílio procura uma esposa, e como é um homem honesto e íntegro, pensei se não seria um bom partido para você e...

Clarissa não o deixou concluir. Indignada e magoada, correu para a porta e, olhos banhados em lágrimas, decretou:

— O que o senhor me diz é uma afronta! Como pode pensar em me dar em casamento sem nem me consultar? Esse homem é um estranho, e não pretendo me casar com ele. Nunca!

Fortunato olhou-a com profundo desgosto e declarou, a voz quase sumida:

— Sinto muito, minha filha, já está decidido.

Clarissa voltou-lhe as costas, horrorizada. Não podia acreditar que aquilo estivesse acontecendo. Por que o pai a estava castigando daquele jeito? Por que queria livrar-se dela? O que foi que fizera? Rapidamente, subiu as escadas e se trancou no quarto. Quando a porta bateu, Jerusa despertou assustada. Vendo a prima ali parada, as costas apoiadas na porta, chorando, indagou aflita:

— Clarissa! O que foi que houve, meu Deus? Parece até que viu um fantasma!

A moça correu para a cama da prima e atirou-se em seus braços, chorando copiosamente. Jerusa, sem nada entender, alisou os seus cabelos, tentando acalmá-la. Depois de alguns minutos, juntando forças, Clarissa desabafou:

— Oh! Jerusa, você nem imagina a monstruosidade que meu pai quer fazer comigo!

— Não diga isso! Desde quando seu pai é um monstro? Ele gosta tanto de você!

— Não gosta, não. Se gostasse, não pensaria em me casar com aquele... com aquele... — não concluiu, desabando sobre o colo da outra e chorando nervosamente.

— O que é que está acontecendo, Clarissa? Está me deixando assustada.

Algumas batidas soaram na porta, e Jerusa chegou Clarissa para o lado, levantando-se para atender.

— Não, por favor! — suplicou Clarissa. — Não abra essa porta, por Deus, ou será o meu fim!

— Mas do que é que você está falando...?

— Clarissa! — era a voz da mãe, chamando-a pelo lado de fora do quarto. — Clarissa, minha filha, abra essa porta, por favor, e vamos conversar.

— Não! Não! — gritava ela lá de dentro. — Vocês são todos uns covardes, cruéis. Não quero vê-los, não quero!

— Clarissa, abra...

Jerusa, que não entendia nada, ouvindo a voz da tia, abriu a porta sem que Clarissa percebesse, e Flora entrou, os olhos ainda úmidos, apertando as mãos nervosamente.

— Tia Flora — disse Jerusa —, o que é que está acontecendo?

— Por favor, Jerusa, deixe-nos a sós, sim? Pegue suas roupas e vá se trocar no quarto de hóspedes.

Sem questionar, Jerusa fez conforme a tia lhe ordenara. Em silêncio, recolheu suas roupas, jogou um penhoar sobre a camisola e saiu, fechando a porta cuidadosamente. Depois que ela se foi, Flora acercou-se da cama, sentou-se e colocou a cabeça da filha sobre o seu colo, acariciando seus cabelos. Clarissa desabou num pranto ainda mais sentido e indagou em meio aos soluços:

— Por... por quê, mamãe...? Por que fizeram isso... comigo? Por que me odeiam tanto...?

— Como você pode pensar que a odiamos?

— O que a senhora quer que eu pense? Meu próprio pai me cedeu em casamento a um estranho, bem mais velho do que eu...

— Um estranho muito rico.

Clarissa levantou a cabeça e olhou-a em dúvida. O que queria dizer com aquilo?

— E daí?

— E daí que... bem, é uma história complicada.

— Pois gostaria muito de conhecê-la. Por favor, mamãe, o que é que está acontecendo?

— Quero que você saiba, minha filha, que fui contra o que vou lhe contar agora. No entanto, seu pai...

— O que tem ele? Por favor, diga-me! Conte-me aquilo de que já desconfio, mas em que me recuso a acreditar.

— Você sabe que nossa situação na fazenda é quase caótica, não sabe? — Clarissa assentiu. — E sabe também que seu pai foi à capital pedir um empréstimo aos banqueiros para salvar, não só as nossas terras, como as da fazenda Ouro Velho, que também pertencem à nossa família, não sabe?

— Por favor, mamãe, pare de dar voltas e vá direto ao ponto.

— Pois bem. Os banqueiros não se recusaram a dar o empréstimo, mas exigiram garantias que seu pai considerou, digamos, excessivas.
— Que garantias?
— Uma hipoteca sobre as duas fazendas. Sabe o que é uma hipoteca?
— Não.
— Conforme seu pai me explicou, hipoteca é um negócio pelo qual o devedor, no caso, seu pai, oferece um imóvel em garantia pelo pagamento de uma dívida. Se a dívida não for paga, o banco, por meio de um processo legal que desconheço, leva a fazenda a leilão e fica com quase todo o dinheiro. Se isso acontecer conosco, poderemos ficar sem nada, e é um risco muito grande para seu pai correr.

Clarissa pensou durante alguns minutos, até que retrucou:
— Muito bem, mamãe. Mas esse risco só existirá se papai não pagar a dívida, não é? — ela concordou. — Então? Se papai pegar o dinheiro e investir na plantação, com certeza recuperará tudo o que perdeu e poderá pagar o empréstimo. Nossa fazenda sempre foi produtiva, sempre tivemos boas safras de café. Não vejo por que a preocupação.
— E se sobrevier nova praga?
— Não acha isso pouco provável?
— Não, não acho. E depois, tem a questão dos juros... são exorbitantes.

Clarissa suspirou desanimada e considerou:
— Aonde, exatamente, a senhora pretende chegar?
— Diante dessas dificuldades, seu pai quase desanimou. Apesar dos riscos e do medo de perder tudo, ia aceitar o empréstimo, até que se encontrou por acaso com o comendador Travassos. Conversando com ele, ficou sabendo desse seu amigo, o senhor Abílio, que fora à capital em busca de uma nova esposa.
— Ele já foi casado?

— Sim. O senhor Abílio foi casado, mas a mulher morreu há cerca de um ano, deixando-lhe dois filhos...

— Pare, mamãe, não quero ouvir mais nada! Além de quererem me casar com um estranho, ainda pretendem que eu assuma duas crianças que nem são meus filhos! Era só o que me faltava.

— Eles não são assim tão crianças. Seu pai me disse que o senhor Abílio possui um casal de filhos, que hoje contam doze e dezessete anos.

— Sinto se os decepciono, mas não estou disposta a enterrar a minha vida e a minha juventude cuidando dos filhos de um marido velho e carrancudo. Lamento, mas tenho melhores planos.

— Acontece que seu pai já empenhou a palavra...

— Pois que volte atrás. Não vou me casar, e ele não pode me obrigar. E se insistir, eu me mato.

— Cruzes, Clarissa, não diga isso nem brincando!

— É sério, mamãe, não estou brincando. Prefiro morrer a me casar com aquele homem horrível e repugnante.

— Ele não é nem horrível, nem repugnante. É apenas mais velho. Mas até que não é feio...

— Não vou me casar com ele!

Flora respirou fundo, segurou o queixo da filha com carinho e observou:

— Sabe, Clarissa, quando seu pai me contou o que havia feito, chorei muito e até pensei em ir embora daqui. E não pense que ele me convenceu, não é isso. Mas é meu marido, e eu lhe devo obediência. Assim como você.

— Ele não é meu marido.

— Mas é seu pai. É por isso que aceitei vir aqui falar com você. Como filha, você deve resignar-se à sua sorte e seguir o seu destino.

— O destino que meu pai escolheu.

— De qualquer forma, você não pode se furtar a obedecer-lhe.

— Mamãe, a senhora não está entendendo. Não se trata de obedecer ou não a uma ordem. Trata-se da minha felicidade.

— Mas é necessário. Todos temos que dar a nossa cota de sacrifício.

— Essa é uma cota de sacrifício muito grande. E de que adiantaria eu me casar com aquele homem? O que ele prometeu em troca?

— Ele deu a seu pai o dinheiro para reerguer as fazendas.

— O quê!? — Clarissa estava atônita. — Meu pai me vendeu para aquele sujeito?

— Não é bem assim.

— Agora compreendo. O cravo, os presentes. Tudo não passou de um arranjo, não é mesmo? Foi para aplacar a sua própria consciência que meu pai me deu aquele cravo, pensando em se redimir. Quis se fazer passar por bom e generoso, enquanto me apunhalava pelas costas. Como fui estúpida e ingênua, achando que ele não havia se esquecido da promessa que me fizera. Mas não. O que queria mesmo era enganar-me, aliviando-se da culpa enquanto me vendia para um estranho!

— Não se trata disso...

— Trata-se de quê? De um negócio? Afinal, foi ele mesmo quem disse que tinha negócios com aquele homem. Agora percebo tudo. Ele me vendeu, vendeu sua própria filha ao primeiro que apareceu oferecendo um bom dinheiro.

— Você está entendendo tudo errado. É claro que seu pai não a vendeu. Ele aceitou a proposta do senhor Abílio porque sabe que ele é um bom homem e que irá cuidar bem de você.

— Será que devo agradecer-lhe a consideração?

— Não precisa ser sarcástica. Seu pai fez o que fez pelo bem de todos.

— Bem de todos ou dele mesmo? Ele está me vendendo! A senhora não percebe isso? E logo eu, que sempre o amei e que pensava que ele me amasse.

— Seu pai a ama muito e está muito triste com tudo isso. Acredite-me, Clarissa, se houvesse uma outra solução, ele a teria preferido.
— Mentira! Outra solução, havia. Ele podia ter aceitado as condições do empréstimo, podia ter vendido suas casas na capital, as mobílias, obras de arte, joias. Somos ricos, mamãe. Por que ele teve que se desfazer justo de sua filha?
— As coisas não são bem assim como você pensa. As casas que temos na capital não nos renderiam muito dinheiro, e a renda do aluguel ainda é útil para nos auxiliar nas despesas. Quanto às nossas coisas de valor, seu pai acha que não dariam bom lucro.
— Como não? Temos objetos de arte...
— Que não valem tanto assim.
— Como é que ele sabe? Por acaso já mandou avaliar?
— Seu pai sabe o valor de cada coisa que temos, e se ele diz que não é o suficiente, é porque não é.
— Duvido. Ele não quer é se desfazer de suas relíquias, de suas preciosidades. Está apegado a seus tesouros, mas não se apega a sua filha!
— Será que você não entende que seu pai jamais teria feito isso se tivesse escolha? Esse é o preço do seu sacrifício pela família.
— Lamento, mas esse é um preço muito alto a se pagar.
— Está bem, você é quem sabe. Seu pai não poderá obrigá-la a casar-se contra a sua vontade. Mas pense bem. Será que você gostaria de ser responsável pela ruína de nossa família? Acredite-me, minha filha, seu pai não resistiria. Ou morreria de desgosto, ou cometeria suicídio.
Clarissa afundou o rosto entre as mãos e recomeçou a chorar. Era um fardo pesado demais que lhe pediam para carregar. Subitamente, lembrou-se do sonho que tivera com Tonha e sentiu um arrepio percorrer-lhe a espinha. Ergueu os olhos para a mãe e perguntou, já sabendo a resposta:

— A senhora disse que o senhor Abílio foi à capital em busca de uma esposa. Onde ele vive?

Tentando não aparentar nervosismo, Flora retrucou:

— Em Cabo Frio.

— Onde?

— Cabo Frio. É uma pequena cidade no litoral do Rio de Janeiro.

— Sei onde fica.

— Dizem que é um lugar lindo, com muitas praias...

— Por favor, mamãe, não precisa tentar me impressionar, não sou criança. Se eu aceitar, devo partir com ele, não é?

— Essa é a condição. Você deve seguir com ele.

— Por que ele não contrata uma governanta?

— Porque quer uma esposa, com todos os deveres que uma esposa deve respeitar.

Um medo indescritível foi tomando conta de Clarissa. Sua vontade era fugir correndo dali e se esconder em qualquer lugar onde ninguém a pudesse encontrar, ao menos até que aquele Abílio fosse embora. Contudo, as palavras de Tonha na outra noite afloraram vagamente em seus pensamentos, e uma certeza brotou em seu coração. Era preciso aceitar aquele casamento, porque ele era o seu destino. Durante alguns instantes, Clarissa ainda hesitou, temendo pelo seu futuro, mas a certeza dentro dela era forte demais para ser desconsiderada, e ela ergueu os olhos secos para a mãe, respondendo decidida:

— Está bem, mamãe. Se é para salvar a família, diga a papai que aceito.

A notícia provocou espanto e indignação em quase toda a família. À exceção de Valentina, que até se alegrou com a partida da irmã, todos lamentaram o destino da pobre Clarissa. Luciano, logo que soube, irrompeu pelo gabinete do pai, esbravejando furioso:

— Papai, o senhor não pode fazer isso!

Fortunato olhou para o filho com um ar entre penalizado e zangado, e retrucou:

— Sinto muito, mas não há outra solução.

— Isso é uma crueldade...

— Não, Luciano, é desespero. Não posso perder tudo.

— Mas nós podemos trabalhar. Sou jovem, Roberto também é.

— Você não compreende. Sem o dinheiro do senhor Abílio, não temos nem como tentar. Foi-se a época da escravidão. Nós agora temos empregados, colonos aos quais devemos salários. Como pagar toda essa gente?

— Daremos um jeito. Podemos conversar com eles, pedir a sua colaboração. Eles vão entender. Afinal, o senhor sempre foi justo com eles. Nunca atrasou seus salários e, ao contrário de muitos fazendeiros da região, jamais os espoliou nem os obrigou a comprar em seus armazéns. Sequer temos armazéns.

— Não adianta. E depois, já está tudo arranjado. O senhor Abílio e eu já estamos providenciando tudo para o casamento.

— Não posso crer que o senhor esteja fazendo isso. Vai mandar sua filha para o desterro, casada com um estranho, para viver em uma terra estranha, em meio a pessoas estranhas? Pense bem, papai. Clarissa é uma menina. Como será que vai reagir?

Fortunato soltou um longo suspiro, escondeu o rosto entre as mãos e ficou alguns instantes sem dizer nada. Nem a ele agradava aquela ideia. Mas era a única maneira. Ou isso, ou a ruína. E depois, o senhor Abílio era um homem rico e decente. Fora o próprio comendador Travassos quem o dissera. Era íntegro, honesto, direito. E ele lhe prometeu que trataria bem de sua menina. Fortunato levantou os olhos para Luciano e finalizou:

— Posso parecer-lhe insensível neste momento, Luciano, mas creia-me, eu me preocupo muito com o destino de Clarissa. No entanto, o senhor Abílio é pessoa da mais alta distinção e tudo fará para que sua irmã seja feliz. Ele me prometeu.

— Como espera que ela seja feliz longe de sua família?

— Ela terá uma nova família.

— Uma família que nem conhece? Ora, papai, francamente, creio mesmo é que Clarissa vai acabar se transformando numa espécie de criada de luxo para esse Abílio.

— Você está errado. Ele me prometeu... E agora já basta, por favor. Não me martirize mais com esse assunto. Para mim, também é por demais dolorosa essa situação.

O assunto foi encerrado, e não havia mais nada que ninguém pudesse fazer. Em seu quarto, Clarissa desabafava com Jerusa, já resignada com a sorte que lhe fora reservada.

— Nem sei o que dizer — falou Jerusa, profundamente entristecida. — Se pudesse, faria qualquer coisa para ajudá-la.

— Sei que faria. Mas não fique triste. Eu não estou.

— Como pode não estar? Isso é mesmo uma monstruosidade. Se eu estivesse no seu lugar, fugiria.

— Você pensa que isso já não me passou pela cabeça? Mas de que adiantaria fugir? Fugir para onde? Para viver de quê? Se esse é o meu destino, tenho que me conformar.

— Mas é cruel, mesquinho...

Batidas soaram na porta, e Clarissa falou maquinalmente:
— Entre.

Era a mãe, que vinha chamá-la para uma reunião. Era preciso acertar certos detalhes, e sua presença estava sendo requisitada por Fortunato no gabinete. Clarissa olhou para Jerusa com uma certa melancolia, levantou-se e saiu com a mãe. No gabinete, o pai e o senhor Abílio as aguardavam. Quando elas entraram, Abílio levantou-se e fez uma mesura, cumprimentando-as com cerimônia. Fortunato, pouco à vontade naquele papel de cupido do inferno, disse para a filha:

— Clarissa, mandei chamá-la porque precisamos resolver certos assuntos...

— Que assuntos?

— Na verdade, não sou exatamente eu quem quer lhe falar. É o senhor Abílio... Pediu-me para falar a sós com você, e eu achei justo.

Clarissa olhou para o homem e sentiu grande repulsa. Não que ele fosse realmente feio ou repugnante. Não era isso. Não fosse a situação em que o conhecera, até que o teria achado atraente. Ele possuía uma certa distinção no olhar, um porte elegante, traços de uma beleza clássica marcada pelas rugas que os anos trataram de lhe imprimir. Devia ter pouco mais de quarenta anos, o que era um contraste, se comparados aos dezenove de Clarissa. Depois que os pais saíram, ela permaneceu calada, à espera de que ele dissesse algo. Abílio, porém, claramente constrangido, não encontrava as palavras certas. Até que, juntando forças, sussurrou:

— Senhorita Clarissa, gostaria que procurasse não me odiar.

Aquele pedido foi motivo de espanto, e Clarissa levantou os olhos para ele. Abílio estava nervoso, esfregando as mãos com exagerada tensão, andando de um lado para outro na sala. Sem saber bem que resposta dar, Clarissa disse simplesmente:

— Não o odeio.

— Não?!

— Não.

— Será capaz de me compreender?

Ela hesitou durante alguns instantes, até que respondeu, com o máximo de sinceridade possível:

— Compreender, não compreendo. Mas não o odeio.

— Muito bem. Não vou pedir que goste de mim. Sou um estranho, muito mais velho do que você, e não pretendo que um dia você venha a afeiçoar-se realmente a mim. Gostaria apenas que me respeitasse, assim como eu a respeitarei.

— Ou...

— Não tem ou. Em breve, você será minha esposa e só a mim deverá obediência. Trate-me bem e eu a tratarei bem. Trate-me mal e eu a tratarei do mesmo jeito.

— Seu Abílio, por acaso está me ameaçando?

Ele enrubesceu e, as faces ardendo de vergonha, respondeu:

— Não, em absoluto. Sou um cavalheiro e jamais faria ameaças a uma dama.

— Então, não estou entendendo aonde quer chegar.

— O que quero dizer é que, se for gentil comigo, serei gentil com a senhorita, e poderemos alcançar uma relação harmoniosa em nosso lar. Do contrário, viveremos feito dois estranhos. Mas eu jamais a maltratarei. Sou um homem honrado, não um canalha.

— Se é tão honrado como diz, por que propôs esse negócio imoral a meu pai?

— Porque preciso de uma esposa, e ele precisa de dinheiro — respondeu ele prontamente.

— E o senhor acha isso direito? Acha isso moral?

— Não estou aqui para falar de direitos ou de moral. Trata-se de um jogo de interesses.

— Sei. E o senhor e meu pai resolveram jogar com a minha vida como se eu fosse um brinquedo.

— Lamento que veja as coisas desse jeito, mas o negócio foi concluído com a sua concordância. Ou não foi?

Ela hesitou, mas acabou confessando.

— Sim, foi. Mas não pense que estou feliz com isso. Se aceitei, foi só para salvar o meu pai da ruína.

— Pois se eu me propus a salvar o seu pai da ruína, foi só porque ele me prometeu uma esposa.

— Por que o senhor precisa de uma esposa?

— Para cuidar de minha casa.

— Entendo... e para cuidar de seus filhos, não é mesmo?

— Também. Para cuidar de tudo, como uma boa esposa deve cuidar. — Ele ergueu a mão num gesto irritado e concluiu: — E agora, se me der licença, preciso retirar-me. Creio que não tenho mais nada a dizer.

Rodou nos calcanhares, abriu a porta e saiu, deixando Clarissa entregue a profundo desânimo. Aquele Abílio devia ser louco, e ela, a principal vítima de sua insanidade.

Cerca de dois meses depois, Clarissa partia com ele para uma nova vida. No coração, um medo indizível do desconhecido, uma sensação de abandono, um sentimento de pesar como nunca antes havia experimentado.

Para os que ficaram, não era a saudade que os torturava. Era a dor da perda, da traição, da humilhação. Clarissa partira como uma escrava, vendida a seu novo senhor, que por ela pagara bom preço. Ao vê-la partir, Fortunato teve uma sensação estranha. Era como se fizesse à filha exatamente o que fizera muitas vezes antes com os negros. Comprava-os e vendia-os a quem oferecesse melhor preço, sem nem se importar com os amigos e as famílias que deixavam para trás.

Luciano, estarrecido ante a fatalidade, encheu-se de ódio contra o pai. Queria ir com a irmã, mas ela não deixou. O destino era seu, e não precisava que ninguém mais o partilhasse com ela. Inconsolável, Luciano não quis ficar para as despedidas, e logo pela manhã partiu para a fazenda Ouro Velho, lá permanecendo sozinho, em companhia de vovô Dário e de vovó Sara. Laís, o marido e a filha haviam saído bem cedinho, a fim de despedir-se de Clarissa. Estavam muito tristes, principalmente Jerusa, a amiga do coração. Jerusa lhe prometera que, assim que pudesse, iria visitá-la, e pediu-lhe que não deixasse de escrever.

Depois que a carruagem sumiu na curva da estrada, Fortunato entrou em casa arrasado. Em silêncio, percorreu todos os cômodos, sempre seguido por Flora. Parou à porta do quarto da filha, abriu-a e olhou. Estava vazio. Aquele quarto, que durante quase vinte anos ganhara vida com o riso alegre de Clarissa, agora parecia morto, sem vida, como um mausoléu. Fechou a porta e foi para a sala, com Flora sempre atrás dele sem dizer nada. O cravo que ele dera de presente à filha jazia inerte embaixo da janela, acusando-o de traição.

Fortunato acercou-se do instrumento, sentou-se no banquinho e experimentou as teclas. O som desencontrado encheu o ambiente, e pareceu-lhe que a filha, a qualquer momento, apareceria para recriminá-lo e corrigi-lo. Subitamente, não podendo mais suportar a dor e a culpa, desabou sobre o teclado num pranto convulso e sentido, e Flora acorreu para ele, abraçando-o por trás. Ele, soluçando, ainda encontrou forças para desabafar:

— Minha filha! Oh! Meu Deus, me perdoe! Vendi minha filha, meu próprio sangue! Meu único tesouro! Troquei minha filha por uma ambição barata!

E quedou angustiado, sequer dando ouvidos ao apelo da mulher, que implorava que ele não se torturasse tanto. Mas Fortunato não conseguia perdoar-se e ficou a imaginar se teria valido a pena trocar sua filha por um dinheiro que ele já não julgava mais assim tão importante.

CAPÍTULO 3

No Rio de Janeiro, Abílio e Clarissa se hospedaram num hotel para, no dia seguinte, tomarem o navio para Cabo Frio. A cidade era de difícil acesso, não havia estradas, e a melhor forma de se chegar até lá era por mar. Na recepção, ele pediu um quarto e, depois de acomodar Clarissa, saiu para tomar um trago. A moça ficou sozinha com seus pensamentos. Tudo aquilo era muito novo, e ela estava assustada. Não sabia o que lhe aconteceria dali para a frente e temeu por si mesma. Nunca havia viajado por mar e, de repente, começou a sentir medo.

A noite chegou, e Abílio não veio. Clarissa havia passado o dia todo praticamente sozinha. Descera para o almoço e o chá, sem que o marido aparecesse. Ela era agora sua mulher e sabia de suas obrigações. Se ele a quisesse, ela se submeteria a ele com resignação e obediência. Abílio, no entanto, somente a procurara na noite de núpcias. Fora frio e indiferente, mas não a tratara com rudeza nem brutalidade. Ao contrário, tentara fazer tudo de forma calma e serena, procurando ao máximo não a machucar. E depois, quando tudo havia terminado, perguntou apenas:

— Sente-se bem? —, virando-se para o lado e dormindo em seguida.

Foi somente tarde da noite que Abílio voltou, e ela fingiu dormir. Embora não soubesse onde ele estivera, podia sentir, pelo cheiro, que havia bebido, apesar de não parecer embriagado. Ele entrou sem fazer barulho, despiu-se e deitou-se na cama ao lado dela. Clarissa sentiu vontade de fugir dali, mas se conteve e ficou quieta, com medo de que ele a tocasse. Em poucos minutos, porém, Abílio adormeceu, ressonando alto e impedindo Clarissa de pegar no sono também. Não era propriamente o barulho dos roncos que a impedia de dormir. Era a tristeza que começava a apossar-se de seu espírito.

Às sete horas da manhã seguinte, chegaram ao cais do porto. Era um lugar sujo e movimentado, por onde passavam as mais diversas mercadorias e os mais estranhos passageiros. Em seu navio, o que havia mais era carga. Sacos de víveres, móveis, gado e até alguns negros, contratados para trabalhar nas salinas e na pesca. Viajantes mesmo, eram poucos.

Clarissa lembrou-se do que o pai lhe dissera: Abílio era um rico ourives, dono de diversas joalherias no Rio de Janeiro, mas quando a mulher adoecera, retirara-se da sociedade e fora refugiar-se em Cabo Frio, deixando os negócios a cargo de um representante. Tiveram dois filhos: Vicente, o mais velho, contava hoje dezessete anos, e a mais moça, Angelina, havia acabado de completar as doze primaveras.

A doença da mulher de Abílio não era conhecida. Dizia-se que ela sofria de reumatismo crônico, e que o médico lhe receitara frequentes banhos de sol à beira-mar. No entanto, Fortunato soubera, pelo comendador, que havia uma suspeita de que a mulher contraíra lepra, tendo sido levada para Cabo Frio por causa de um suposto acampamento de leprosos que diziam haver por lá. Tudo isso, contudo, eram conjeturas. Ninguém nunca pôde provar nada. Abílio era um homem discreto, e a família vivia reclusa. Mesmo os filhos pouco falavam. Frequentavam a escola, mas não tinham muitos amigos.

Só o que se sabia era que, um dia, Leonor — era esse o nome da esposa de Abílio — tomou uma medida extrema. Não suportando mais as dores e a reclusão, entrou no mar certa manhã e desapareceu nas ondas, deixando para o marido um bilhete desesperado. Nele, dizia que não podia mais viver daquela maneira, entravando a vida do marido e dos filhos, e que a morte seria a melhor cura para sua doença. Assim, se Deus não se resolvia a chamá-la, ela mesma iria ao seu encontro ou ao encontro do diabo, e faria do mar o seu túmulo eterno. Pedia a todos que não chorassem por ela, nem lamentassem sua partida. O que fazia, fazia com consciência e determinação, e muito mais sofria vendo o sofrimento dos seus do que com a ameaça da morte.

Seu corpo jamais foi encontrado, apesar dos esforços de Abílio e de alguns pescadores. Ele beirava o desespero, mas os homens tentavam acalmá-lo, dizendo-lhe que as fortes correntes marítimas acabavam sempre voltando ao mesmo lugar, e o corpo dos afogados era frequentemente devolvido à praia. O corpo de Leonor, porém, não reapareceu, o que deixou Abílio ainda mais desgostoso. Será que ela ainda vivia? Mas era impossível que, àquela altura, ainda estivesse viva. O mais provável era que tivesse sido comida pelos peixes. Havia muitos tubarões e cações em algumas áreas, e eles, provavelmente, acabaram por devorar o seu corpo.

Abílio não se conformava e continuava na praia, na esperança de que ela aparecesse. Até que numa tarde, cerca de três dias depois de seu desaparecimento, seu vestido foi descoberto na praia por um pescador, todo roto e esfarrapado. Chamado às pressas, Abílio confirmou suas dolorosas suspeitas: a mulher, efetivamente, se matara, pois aquele era o vestido que ela usava na manhã em que saíra de casa, dizendo que ia apenas dar um passeio à beira-mar. A tristeza e a decepção de Abílio foram indescritíveis. Ele queria, ao menos, dar-lhe um enterro decente, com um túmulo onde pudesse chorar e levar flores.

Os olhos de Clarissa encheram-se de lágrimas com a lembrança dessa história. Era mesmo muito triste, e Abílio devia ter sofrido muito. Tinha piedade dele, mas também sentia uma certa pena de si mesma, porque partia para dividir com ele uma vida que não lhe pertencera. E o que diriam os filhos? Na certa, sabiam de sua ida. Mas será que aprovariam?

Da amurada do navio, Clarissa permaneceu olhando o movimento, e o navio ia aos poucos sendo carregado. Abílio preferiu ficar em sua cabine. Não tinha de quem se despedir e não gostava de barulho ou de multidões. Olhando para o cais, ela percebeu uma mulher negra, com uma filhinha pequena no colo, que chorava e agitava um lenço para alguém. Seguindo a direção do olhar da mulher, Clarissa viu que ela se despedia de um homem, jovem ainda, que lhes acenava em resposta. Na mesma hora, seu coração se apertou. O homem partia, deixando a mulher e a filha, talvez para tentar a sorte em uma terra distante e desconhecida.

Em dado momento, um grumete se aproximou e falou alguma coisa de má vontade para o negro, que se afastou, seguindo o outro rumo ao porão. Era ali que viajaria, juntamente com a carga. Embora os negros não fossem mais escravos, não possuíam dinheiro para pagar por uma viagem decente e compravam passagens no porão, por serem mais baratas e às vezes até de graça, desde que retribuíssem com pequenos serviços prestados no navio.

De repente, após quase quatro horas de espera, os marinheiros começaram a movimentar-se, soltando as amarras, içando velas, erguendo âncora, e o navio apitou, partindo em direção ao horizonte. Clarissa teve um estremecimento. Por que é que aquilo lhe parecia tão familiar e a entristecia tanto? Lembrando-se de Tonha, pediu à ex-escrava que não a abandonasse e que lhe desse coragem e ânimo.

Durante toda a viagem, Abílio mal falou com ela. Tratava-a com educação e cortesia, era gentil, cavalheiro, mas frio qual uma geleira, e as palavras que trocava com ela eram mecânicas e impessoais. Nada que demonstrasse que se importava ou se preocupava com ela. Abílio parecia não querer saber de seus sentimentos ou de seus temores.

A certa altura, a cor do mar foi-se tornando esverdeada, passando do azul-escuro ao verde-claro, e surgiram altos e íngremes rochedos de pedra, revestidos de árvores até em cima. No topo, espesso nevoeiro encobria a montanha, dificultando um pouco a visão de seu cimo. Descendo a encosta, uma praia de areias branquíssimas, onde rebentavam gigantescas e assustadoras ondas. Clarissa achou aquele gigante de pedra muito bonito e indagou de um marujo que vinha passando:

— O que é aquilo?
— Aquilo? Oh! É a ilha do Cabo Frio, senhora.
— É uma beleza!
— Sim, muito bonita.
— É para lá que vamos?
— Não. Aquela é a ilha, que leva o mesmo nome do cabo, mas não é o cabo. Vamos para o continente, um pouco mais além.

Há por aquelas bandas estranhos fenômenos que agitam e agigantam o mar, levando muitas embarcações a pique em poucos minutos. Um desses fenômenos é a ressurgência, corrente fria que, quando vem à tona, provoca brusca queda de temperatura, e a brisa que sopra do mar enregela até os ossos. Um outro fenômeno, bem mais frequente e perigoso, são os fortes ventos que assolam a região, como é o caso do vento de nordeste.

Os ventos perto da Ilha do Cabo Frio tendem a ser extremamente frios e fortes, e o nordeste, em particular, dificulta a travessia dos navios provenientes do Rio de Janeiro, porque sopra em direção oposta, empurrando-os para trás e prolongando, com isso, o tempo da viagem. Juntamente com o nordeste, as correntes, também em oposição ao rumo tomado pelos navios, contribuem para que eles sejam forçados para trás, e as embarcações não conseguem transpor o promontório e ingressar na barra de Cabo Frio. Para navegadores experientes, o nordeste pode ser facilmente detectado, e há algumas alternativas que, se tomadas a tempo, podem salvar a embarcação do naufrágio.

Clarissa não sabia de nada disso. Nada entendia de navegação e até que estava apreciando aquela viagem. O porto do Rio de Janeiro não era distante de Cabo Frio, e a jornada não era muito cansativa nem desagradável. Ela ia admirando a beleza da região quando, de repente, o ar começou a ficar gelado, e houve um estremecimento no navio. Ela teve um arrepio e se encolheu, sentindo que a suave brisa que enfunava as velas, de repente, parecia ter mudado de direção, ventando ao contrário e dificultando a entrada do navio na barra. Em dado momento, um estranho rebuliço eclodiu no convés. Eram marinheiros que iam e vinham apressados, descendo para a cabine do capitão. Em breve, o capitão apareceu e experimentou o ar. De onde estava, Clarissa podia ouvir a sua conversa, e o contramestre dizia:

— Senhor, é o nordeste...

— Hum... — fez o capitão. — Não creio. Isso mais me parece a ressurgência.

— Não, capitão, é o nordeste, tenho certeza. Precisamos voltar.

— Ficou louco? Já estamos quase chegando.

— Capitão — acrescentou um outro, que parecia ser seu imediato —, essa é sua primeira viagem por estas bandas, mas nós conhecemos este mar como ninguém. E posso lhe assegurar que é o nordeste que está começando a soprar.

— E daí? — retrucou o capitão, mal-humorado. — Está fraquinho. Teremos tempo de entrar e atracar.

— Devo insistir, capitão. Temos que voltar.

— Não podemos. A terra está próxima.

— Não podemos entrar na barra. E mesmo que conseguíssemos, não poderíamos barlaventear[1] para montar a espia[2].

O capitão olhou para o contramestre, ainda em dúvida, e considerou:

— O que sugere que eu faça? Retornar é impossível.

— Podemos tentar refúgio em Massambaba.

— De jeito nenhum! Massambaba é uma restinga perigosa e traiçoeira, com altas ondas e inúmeros bancos de areia. Quer que encalhemos e as ondas nos levem a pique?

— Então, senhor, não vejo outra saída, senão voltar. Do contrário, quem nos levará a pique será o nordeste.

— Vocês estão exagerando. Sei que o vento de nordeste é forte e capaz de virar as embarcações. No entanto, creio que conseguiremos.

— Sinto, capitão — insistiu o contramestre —, mas se levar este barco adiante, será o único responsável pelo seu naufrágio.

— Pare com isso, homem! Seja corajoso e obedeça às minhas ordens. Ou será que teremos aqui um motim? Vamos, avante!

Diante das ordens do capitão, a tripulação não teve outro remédio senão obedecer. Não queriam ser acusados de motim, não estavam dispostos a enfrentar nenhuma corte marcial. Clarissa alarmou-se. Será que iriam mesmo naufragar?

1 Barlaventear: avançar o navio na direção de onde o vento sopra.
2 Espia: cabo fixado na pedra e puxado manualmente, para auxiliar a entrada do navio no canal.

Apavorada, correu à sua cabine e encontrou Abílio sentado à mesa, lendo calmamente. O navio já começava a jogar, mas, até então, ele não se preocupara. Pensava que o capitão era experiente e que não haveria qualquer risco na travessia.

Ao ver Clarissa parada na porta, branca feito cera, Abílio indagou preocupado:

— Aconteceu alguma coisa?

— Seu Abílio, diga-me, o que é o vento de nordeste?

Abílio pousou o livro no colo e fitou-a com ar grave:

— Onde foi que ouviu isso?

— Ouvi o capitão, agorinha mesmo, conversando com seus homens, e eles dizem que o nordeste está a caminho e...

Abílio não lhe deu tempo para terminar. Ele também conhecia aqueles mares e sabia que, com o nordeste, não teriam a menor chance de barlaventear e entrar na barra. Muito antes disso, o vento os jogaria contra as pedras da ilha do Cabo Frio e os faria naufragar. Era uma loucura.

Quando Abílio chegou ao convés, onde se encontrava o capitão, parado junto ao leme, já era tarde demais. O navio, a muito custo, alcançava a ponta do promontório, e o mar começava a se encapelar, com gigantescas ondas crescendo sobre o navio. Foi um alvoroço geral. Os marujos corriam da popa à proa, tentando segurar cordas e velas, enquanto a embarcação era atirada de um lado a outro, como se estivesse desgovernada. O vento soprava impiedoso, e o navio tremulava qual folha de papel. Naquele momento, ouviram a voz do capitão, que clamava em desespero:

— Vamos voltar! Vamos voltar!

Já não havia tempo. O nordeste atingira-os em cheio, balançando o navio como se ele fosse feito de papelão. De repente, um mastro se soltou e tombou na água, levando consigo alguns homens, que gritavam apavorados. Outros marinheiros ainda tentaram jogar-lhes uma corda, mas foi inútil. As vagas os haviam tragado, levando-os para o fundo do mar.

Clarissa, apavorada, subiu ao convés e estacou horrorizada. Aquilo mais parecia um furacão. O navio, de repente, começou a adernar. A força do vento e das ondas tombara-o de lado, e a água começou a entrar feito cascata. Barcos salva-vidas foram atirados ao mar, e os homens começaram a saltar na água. Clarissa estava apavorada. Nem sabia nadar. De repente, alguém a empurrou, e ela caiu na água também, sentindo imensa massa líquida encobrindo sua cabeça. Desesperadamente, tentou lutar para voltar à superfície, mas foi em vão. Já estava prestes a desmaiar quando sentiu que mãos a agarravam e a traziam para cima, e ela foi atirada num barquinho pelas mãos poderosas de Abílio. Dentro, alguns homens empregavam suas forças para remar, impulsionando o barquinho em direção à praia, em desesperada luta para atravessar o canal que separava a ilha do continente.

O barco salva-vidas era pequeno e não pôde resistir aos vagalhões. Impulsionado pelo vento, já no meio do canal, entrou em algo que parecia ser um rodamoinho e quase virou também. Abílio, no auge da aflição, agarrou Clarissa pela cintura e empurrou-a novamente para fora, com ela saltando no exato instante em que o barquinho sucumbia.

Começou a nadar em desespero, lutando com todas as forças para manter a cabeça de Clarissa fora d'água, quando algo parecido com um mastro veio ao seu encontro, acertando-o na testa, de raspão. Apesar da dor e do sangue que começava a jorrar, Abílio conseguiu segurá-lo, e, atirando por cima dele o tronco de Clarissa, puxou o mastro de encontro a ela, prendendo-a entre ele e seu próprio corpo.

Quase sem fôlego, agarrado ao mastro e a Clarissa, Abílio começou a nadar, sem pensar em nada, sem olhar adiante ou para trás. Apenas batia as pernas, tentando impulsionar para a frente aquele pedaço de pau, providencialmente atirado em seu caminho, sempre com Clarissa presa em seu abraço. Percebendo o seu esforço, Clarissa agarrou-se ainda mais ao mastro e começou a bater as pernas. Ela engolia água e tossia, por vezes até escorregava, mas Abílio não a soltava. Parecia possuído por uma estranha força que o fazia acreditar na vida e não estava disposto a desistir dela assim tão facilmente. Lutando contra as ondas e a correnteza, que insistiam em levá-los de volta, Abílio nadava feito louco, sustendo, entre o mastro e seu corpo, o corpo quase desfalecido de Clarissa.

No auge da exaustão, Abílio sentiu que o mar batia com menos força e que as correntes diminuíam de intensidade. Subitamente, seus pés rasparam em algo macio, e ele percebeu que já começavam a tocar a areia do fundo. No vaivém das ondas, por vezes, podia pisar no chão, e a fuga tornou-se menos difícil. Pouco depois, já conseguia ficar de pé. Alcançara a praia.

Quase desfalecendo também, Abílio largou o pedaço de pau que lhes servira de salvação, ergueu o corpo quase sem vida de Clarissa e com ela saiu de dentro d'água. Tossindo e vomitando água, não podendo mais suportar o cansaço e a falta de ar, Abílio ajoelhou-se na areia fria e molhada, ainda segurando a mulher ao colo, tombando em seguida no chão, o rosto afundado no colo de Clarissa, chorando e sentindo na pele a friagem do vento manifestando sobre ele toda a força da vida.

— Não, por favor, não! — gritava o homem, desesperado. — Por favor, tenha piedade!

Essa voz, pronunciada em uma língua estranha, ecoava na cabeça de Clarissa feito uma maldição. À frente de um ancião, um homem implorava perdão e, mais ao longe, ancorado, o navio que o levaria para o desterro. Era um negro alto e robusto, tendo, nos olhos, o terror que a visão daquele navio lhe causava. Clarissa participava da cena como espectadora, mas podia sentir o prazer do ancião, o orgulho do poder, que lhe permitia decidir sobre o destino das pessoas.

Ele permanecia ali, impassível, vendo o desespero do homem diante do inevitável. De repente, um homem branco chegou e atou grilhões a seus pés e suas mãos, puxando-o com violência. O negro gritava desesperado, enquanto o homem branco, sem lhe prestar atenção, saiu arrastando-o pelo centro da aldeia, em direção ao local onde se encontravam outros negros, todos acorrentados. O velho voltou-lhe as costas, entrando numa espécie de choupana.

Clarissa despertou assustada e suando frio. Fora um sonho! Mas parecia tão real! No entanto, não era real. Ela dormira e tivera um pesadelo. Mas, onde estaria? Abrindo os olhos, tentou enxergar na semiescuridão que a envolvia e pôde perceber que se encontrava numa espécie de cabana de pau a pique. Estava deitada sobre uma esteira e, do outro lado do quarto, havia algo semelhante a um baú. Onde estava? O que teria acontecido?

Pela janela aberta, entrava um ar frio e úmido, e ela estremeceu. Subitamente, lembrou-se de tudo. O frio, o vento, o navio, as ondas, o naufrágio. Vivera um pesadelo, mas agora despertara. Estaria morta? Seria aquele lugar uma parte do inferno? Juntando forças, chamou, quase num sussurro:

— Seu Abílio! Seu Abílio!

No mesmo instante, Abílio apareceu, e ela soltou um suspiro de alívio. Apesar de tudo, sentiu uma grande satisfação ao vê-lo vivo e bem. Abílio parou à sua frente, pôs as mãos na cintura e indagou:

— Sente-se bem?

Ela apertou a cabeça, sentindo-a ainda meio zonza, e retrucou:

— Sim... creio que sim... O que houve?

— Não se lembra?

— Naufragamos, não foi?
— Sim.
— E os outros? Estão mortos?
— Quase todos. E por pouco não morremos também.

Ela olhou para ele, tentando se lembrar de como tudo havia acontecido. Sabia que o navio afundara, mas tinha dificuldades de lembrar-se de como acontecera. Fixando bem o olhar sobre Abílio, começou a recordar. Ele a atirara ao mar e depois a puxara para fora d'água, nadando e lutando contra as ondas e a correnteza. Clarissa lembrou-se de que, por diversas vezes, quase afundara e o levara consigo, mas Abílio não a soltara. Nem um único minuto sequer ela sentira que ele a soltaria. Ao contrário, sabia que, se sucumbisse, ele sucumbiria com ela. Ele a salvara das ondas, lutara contra tudo, dera o máximo de si para mantê-la viva. Ela abaixou os olhos e começou a chorar de mansinho, dizendo numa vozinha sumida, carregada de emoção:

— Obrigada.
— Não há o que agradecer — respondeu ele, secamente.
— Já perdi uma esposa nessas águas. Não tencionava perder a segunda.

Ela engoliu em seco e já ia revidar. Apesar de ter-lhe salvado a vida, aquele Abílio era rude e grosseiro. Quando abriu a boca para falar, ele a cortou, ordenando:

— Se já se sente bem para viajar, prepare-se. Precisamos partir.
— Para onde vamos?
— Para casa.
— Não estamos em casa?
— Não. Essa é a cabana de um pescador que, vendo a nossa situação de náufragos, bondosamente nos acolheu.
— Não chegamos a Cabo Frio? — tornou ela, perplexa e horrorizada. — Vamos ter que tomar outro navio? Pelo amor de Deus, não suportaria...

— Não precisa se preocupar. Já estamos em Cabo Frio, sim, mas num povoado distante de nossa casa. Apesar de o navio haver afundado já próximo da entrada da barra, não conseguimos entrar. Agora venha, vamos seguir o resto do caminho de carroça.

Clarissa novamente suspirou aliviada. Nunca mais, enquanto vivesse, tencionava entrar de novo num navio. Aquela fora a sua primeira e última experiência no mar. Levantou-se e sentiu uma leve tonteira, sendo amparada por Abílio, que insistiu:

— Sente-se bem? Tem certeza?
— Estou bem, obrigada. Um pouco tonta, mas bem.
— Será que aguentará seguir jornada?
— É preciso, não é? Se esta não é a nossa casa, devemos partir imediatamente. Quanto antes chegarmos, melhor.
— Muito bem. Então vamos.
— Espere. E os meus pertences?
— Você não tem mais pertences. Está tudo no fundo do mar.
— Perdi tudo? Roupas, joias, tudo?
— Sim, Clarissa, foi-se tudo.
— E agora?
— Não se preocupe. Mandarei vir da capital tudo o que desejar. Agora vamos, apresse-se. Quero aproveitar a luz do dia.

Foi só então que Clarissa se deu conta de que estava vestida apenas com um camisolão grosseiro, porém limpíssimo, e corou. Abílio, percebendo-lhe o constrangimento, voltou-lhe as costas e saiu, e uma mulher entrou, sorrindo para ela. Clarissa sorriu em resposta, e a outra indagou:

— Como está, senhora?
— Bem, obrigada...

Perto da esteira em que estivera deitada, havia uma pequena cômoda e, em cima desta, um pedaço de espelho, provavelmente restos de alguma peça retirada do mar. Clarissa apanhou o espelho e se olhou. Estava horrível.

— Trouxe suas roupas — tornou a mulher, estendendo-lhe a saia e a blusa, lavadas e passadas.

Apesar de limpas, as roupas estavam rotas e desfiadas, mas teriam que servir. Clarissa agradeceu com o olhar e começou a vestir-se. Em seguida, a dona da casa estendeu-lhe uma escova e alguns grampos, e ela prendeu o cabelo, arrumando-se da melhor forma possível. Depois, Clarissa acompanhou-a em busca de Abílio, que se encontrava num cômodo que se podia chamar de sala, conversando com um senhor já meio idoso.

— Bem — disse ele, logo que Clarissa entrou —, agora precisamos ir. Agradeço-lhes a generosidade e a acolhida. Precisando, é só me chamar, e eu farei tudo o que estiver ao meu alcance para ajudá-los.

Despediram-se e saíram. Do lado de fora, uma carroça puxada por uma parelha de bois os aguardava. Abílio ajudou Clarissa a subir e subiu depois dela, sentando-se ao seu lado. Segurou as rédeas, acenou para o casal e colocou os bois em movimento. Enquanto iam seguindo, Clarissa ia admirando a paisagem. Vendo enormes montanhas brancas, perguntou curiosa:

— O que é aquilo?

— Aquilo? — retrucou Abílio, apontando para o local que ela lhe indicara. — São as dunas. Montanhas de areia fina e branca.

Ela não disse nada. Em outra ocasião, teria até parado para admirar a paisagem. A terra era de uma beleza inigualável e indescritível, mas o seu estado de espírito não lhe permitia desfrutar de toda aquela majestade. Ainda estava muito abatida e transtornada. Fora tirada de sua terra por um homem estranho, levada para uma terra estranha e, ainda por cima, quase perecera, vítima de um naufrágio. Um naufrágio... quando, em sua vida, teria se imaginado em situação semelhante?

Lembrou-se de vó Tonha. A escrava lhe contara sua aventura a bordo de um navio negreiro, quase cem anos antes, e Clarissa achara muito triste aquela história. E agora era ela quem passava por situação semelhante. Fora praticamente vendida a um desconhecido e viajara de navio, sofrendo horrores na viagem. Foram horrores diferentes dos de Tonha, era verdade, mas, ainda assim, eram horrores. Tonha quase morrera no porão de um tumbeiro e ela por pouco não morria também, atirada naquele mar traiçoeiro por um navio que afundava.

Clarissa lembrou-se do sonho que tivera naquela manhã. Que estranho! Ela nunca vira aqueles homens, mas tinha certeza de que os conhecia, e a situação era-lhe extremamente familiar. No entanto, sabia que aquilo não podia ter acontecido. Os únicos negros que conhecera foram os escravos da fazenda, e ela nunca antes havia se aproximado do mar ou de um navio com nenhum deles. O que teria sido, então, aquilo? Nada, pensou, apenas um sonho. Um sonho, nada além de um sonho.

A seu lado, Abílio ia calado, guiando os animais pelo caminho de areia. Fazia um dia muito bonito, mas o calor era arrefecido pela suave brisa que soprava em seus rostos. Nem parecia que, horas antes, haviam enfrentado uma tempestade no mar.

— O tempo aqui costuma mudar tão rápido assim? — perguntou ela, de forma casual.

— Sim. Quase não temos chuva, porque os ventos levam as nuvens embora.

Ele silenciou e voltou a atenção para a estradinha, e Clarissa já se aborrecia com seu quase mutismo:

— Não gosta muito de conversar, não é, seu Abílio?

Ele a olhou de soslaio e concordou:

— Não, quando não tenho o que dizer.

Ela se calou. Não estava disposta a ouvir grosserias daquele homem. Virou o rosto para o outro lado e fingiu apreciar a paisagem. Mas o balanço da carroça, aliado ao enorme cansaço que ainda sentia, foi fazendo com que ficasse sonolenta. Sua cabeça acabou tombando sobre o ombro de Abílio, e ela adormeceu quase instantaneamente. Ele enrijeceu todos os músculos e chegou mesmo a sacudi-la, mas ela estava tão cansada que não despertou.

Abílio resolveu não se incomodar e prosseguiu o resto do caminho com Clarissa adormecida sobre seu ombro. De vez em quando, a carroça sacolejava, a cabeça de Clarissa tombava de um lado para outro, e Abílio a amparava. Não queria que ela caísse.

Algum tempo depois, ouviu-se um burburinho, e ela despertou. Esfregou os olhos e, percebendo que havia adormecido sobre o ombro de Abílio, enrubesceu. Endireitou-se no banco, ajeitou as roupas amarfanhadas e rotas, e indagou:

— Onde estamos?

— Na cidade. Na rua da Praia, a principal.

Era uma rua até que larga, de saibro batido, onde parecia concentrada a maior parte do comércio local. Ladeando-a, algo que parecia um rio, de águas verdes e cristalinas que brilhavam ao sol.

— Que lugar é esse? — perguntou ela, curiosa.

— É o canal do Itajuru. É aqui que fica o porto.

— Onde?

— Aqui — finalizou ele, apontando para os navios parados no meio do canal.

Na verdade, não havia propriamente um porto. O que Abílio chamava de porto nada mais era do que o próprio canal, onde os navios entravam e fundeavam. Ele parou a carroça em frente a uma espécie de venda, saltou e, sem dizer nada, entrou, voltando logo em seguida com um saco grande nas costas, cheio de fazendas para que ela pudesse costurar algumas roupas. Depois, continuaram seguindo avante, e ela perguntou:

— Ainda não é aqui?
— Não.
— Será que posso saber para onde vamos?
— Você vai ver.

Ela se calou novamente. Não adiantava nada tentar puxar assunto com aquele homem. Ele se limitava a responder às suas perguntas, mas não fazia nenhum comentário, não lhe perguntava nem lhe explicava nada.

Pouco depois, o carro de bois começou a entrar numa área mais deserta. As casas foram ficando para trás, e o solo arenoso começou a acentuar-se. Em breve entravam num areal, sem ruas ou estradas, apenas uma pequena trilha, por onde o carro de bois avançava. Já começava a anoitecer, e o vento agora soprava com mais intensidade, levantando a areia e embaraçando os cabelos de Clarissa. Ela tentou segurá-los, mas a força do vento fez com que se desprendessem e esvoaçassem, livres e revoltos. Assustou-se. O vento era frio e veloz, e uivava como se estivesse sendo açoitado. Ela encarou Abílio, e ele, vendo o medo em seus olhos, disse com tranquilidade:

— Não tenha receio. O vento só é perigoso no mar.

Ele continuou a tocar os animais, até que alcançaram uma espécie de sítio, coberto por uma vegetação rala e rasteira, por onde se via a areia, saindo por entre as gramíneas. Mais além, alguns arbustos e árvores cresciam em mata fechada. Já era quase noite, mas ainda se podia divisar a silhueta de um casarão erguido entre os arvoredos, com diversas janelas em ambos os andares. Era todo de pedra e cal, as janelas e a porta pintadas de azul, ladeado por arbustos e amendoeiras. Algumas árvores projetavam sobre ele a sombra esbranquiçada da lua, tremulando num bailado fantasmagórico. Ao redor, a floresta.

Não havia muros ou cercas isolando-o, apenas o matagal, e se alcançava a porta principal por uma estradinha de areia branca, marginada por lampiões a querosene, àquela hora, ainda apagados. Ao longe, o ruído das ondas emprestava ao cenário uma certa aura de melancolia e tristeza. Ela inspirou fundo e o aroma agradável da maresia a atingiu em cheio, causando-lhe um certo prazer.

    A casa, contudo, não lhe agradou. Parecia saída de algum conto de terror, e ela sentiu medo novamente. Quando Abílio parou o carro, bem defronte à casa, a porta da frente se abriu e um negro, aparentando cerca de uns sessenta anos, apareceu e cumprimentou:

    — Sinhô Abílio! É mesmo vosmecê?

    — Sim, Tião, sou eu mesmo. Estou em casa. Finalmente em casa.

CAPÍTULO 4

Depois de acomodada, Clarissa desabou num sono profundo. Estava exausta e dormiu uma noite sem sonhos, só despertando na manhã seguinte. Quando acordou, era ainda muito cedo, e não se escutava nenhum ruído na casa. O quarto que lhe fora reservado dava de frente para o mar, e ela chegou até a janela para espiar. Ficou maravilhada! A casa ficava no alto, sobre uma espécie de duna, e alcançava-se a praia descendo por uma estradinha estreita, aberta entre as gramíneas.

O mar ali era de um colorido fantástico, que ia do azul profundo ao verde esmeraldino, terminando em pequenas ondas de espuma alva que se estendiam até a praia de areias brancas e finas. Ao longe e à esquerda, uma pequena fortaleza, erguida sobre um morro de pedras, que Clarissa, mais tarde, veio a descobrir tratar-se do forte São Mateus, construído para defender a cidade dos ataques de inimigos, que invadiam as terras em busca do pau-brasil. Mais além, à direita, uma enorme extensão de areias branquíssimas, terminando em outro morro, quilômetros além, chamado de Pontal. Adiante, a ilha do Cabo Frio, que parecia uma extensão da terra, onde a embarcação naufragara. A visão era belíssima, e Clarissa quedou maravilhada. Apesar de tudo por que passara, não podia negar que o lugar era um paraíso e agradeceu a Deus por poder contar, ao menos, com o conforto da natureza.

Estava assim extasiada quando ouviu batidas na porta, e Abílio entrou, trazendo nas mãos algumas saias e blusas, já fora de moda.

— Bom dia — disse ele, tentando parecer mais simpático. — Dormiu bem?

— Muito bem, obrigada.

— Ótimo. Trouxe-lhe essas roupas, para ter o que vestir enquanto as suas não ficam prontas. Sabe costurar? — Ela abanou a cabeça, em sinal de negativa, e ele considerou: — Bem, então teremos que pedir à dona Maria que lhe faça umas roupas.

— Quem é Maria?

— É uma costureira. Mora lá pelos lados da Passagem, mas não se incomodará de vir aqui, em troca de alguns bons tostões.

Ele estendeu-lhe as roupas, que ela pegou e indagou:

— De quem eram?

— Eram de minha primeira esposa.

Clarissa sentiu um arrepio, mas apanhou-as sem dizer nada.

— Bom — concluiu Abílio —, vou deixar que se apronte. Não se demore. Estamos esperando-a para o café.

Cerca de meia hora depois, Clarissa desceu as escadas. Abílio estava sentado na sala, em companhia dos filhos, e levantou-se quando ela entrou, conduzindo-a a seu lugar à mesa. Discretamente, Clarissa observou o pano grosseiro e encardido que encobria a mesa, e espantou-se com as canecas de estanho que serviam de xícaras.

Abílio fez com que ela se sentasse e falou:

— Não sei se está de seu agrado. Depois que minha mulher morreu, minha filha assumiu algumas tarefas, e sabe como é...

— Não se incomode.

Depois que ela se sentou, Abílio fez as devidas apresentações:

— Meus filhos, quero que conheçam sua nova madrasta, a senhora Clarissa. Clarissa, esses são meus filhos, Vicente e Angelina.

— Como vão? — retrucou Clarissa, pouco à vontade sob o olhar perscrutador dos enteados.

— Vamos — incentivou Abílio —, cumprimentem sua madrasta.

— Estamos bem, madrasta — respondeu Vicente, de forma irônica.

Ela olhou-o com desgosto e objetou, tentando imprimir à voz um tom de cordialidade:

— Preferia que não me chamasse assim.

— Quer que a chamemos de mamãe? — continuou ele, tentando visivelmente irritá-la.

— Vicente! — censurou o pai. — Tenha mais respeito.

Ele olhou o pai com raiva e abaixou a cabeça, murmurando entre os dentes:

— Não sei por que precisamos dela aqui.

Abílio bateu na mesa, e todos se assustaram. Clarissa sentia vontade de fugir correndo dali. Era óbvio que não era bem-vinda e não tinha ânimo para tentar impor-se àquelas crianças. No fundo, podia entender a reação de Vicente. Ela era uma estranha, que se casara com seu pai na sua ausência e que para ali fora para substituir-lhe a mãe. Ele tinha todos os motivos para não gostar dela. De repente, a voz de Abílio se fez ouvir:

— Não vou tolerar falta de respeito em minha casa. Vicente, vá para o seu quarto!

O rapaz se levantou e saiu, não sem antes lançar um olhar de ódio para Clarissa, que o fitou compreensiva. Depois que ele se retirou, ela encarou Abílio e falou em tom de censura:

— Não precisava ter feito isso.

— Clarissa, você não deve jamais se intrometer na educação que dou a meus filhos.

Ela levantou-se de chofre, indignada. Aquilo já era demais. Até ali, vinha suportando tudo calada, como um dever de consciência, mas agora ele já estava passando dos limites. Não iria admitir que a destratasse daquela maneira, ainda mais na frente de sua filha, uma menina ainda. Fuzilando, Clarissa encarou-o e disparou:

— Ouça aqui, seu Abílio, venho até agora tolerando sua rabugice em consideração a meu pai. Mas não pense que vai me tratar como uma escrava ou um objeto, porque não sou. Se quer o meu respeito, e mais, se quer que seus filhos me respeitem, comece o senhor por me respeitar. O exemplo ainda é a melhor forma de ensinar!

Abílio encarou-a perplexo. Ela era geniosa, e ele teria trabalho para domá-la. Olhando-a com ar um pouco mais apaziguador, disse:

— Acalme-se e sente-se. Não quis ofendê-la.

— Mas ofendeu. Não estou habituada a ser tratada desse jeito.

— Peço que me perdoe. É que você não está acostumada com Vicente e não sabe como ele é.

— Mesmo assim. Isso não é motivo para falar comigo desse jeito.

— Novamente, peço que me perdoe. E agora, por favor, sente-se e termine o seu café.

Meio sem jeito, ela tornou a sentar-se e pôde perceber o discreto olhar de admiração que Angelina lhe endereçou. Clarissa nunca antes havia tomado um café da manhã tão simples e tão sem sabor, mas não reclamou. A refeição seguiu em silêncio, e quando todos terminaram, Abílio chamou Tião e ordenou:

— Vá chamar Vicente. Não quero que se atrase para a escola.

O criado se retirou e, pouco depois, Vicente apareceu, trazendo na mão a pasta com os livros escolares. Passou pela sala, murmurou uma despedida e saiu, em companhia de Angelina. Depois que eles se afastaram, Clarissa indagou:

— Não acha que é crueldade mandá-lo para a escola sem se alimentar?

Ele a encarou, consternado, e sentiu vontade de repreendê-la novamente. No entanto, lembrando-se da cena de havia pouco, respondeu laconicamente.

— Não, não acho.

Levantou-se e preparou-se para sair, mas Clarissa o deteve com a mão, falando sentida:

— Escute, seu Abílio, também não tive a intenção de ser rude ou mal-educada. Mas gostaria que se lembrasse de que estou aqui contra a minha vontade, e não é nada fácil ser tratada com rispidez quando só o que se quer é ajudar.

Ele suspirou, encarou-a de forma um pouco mais amistosa e respondeu:

— Compreendo. No entanto, é minha esposa, e é dever da esposa obedecer ao marido.

Clarissa mordeu os lábios e revidou:

— Não pedi para ser sua esposa, seu Abílio, e devo lembrá-lo também de que, por pouco, não deixei de sê-lo. Não fosse a sua... generosa oferta, eu ainda estaria em minha casa e jamais teria experimentado o terror daquele naufrágio.

Ela estava tentando fazê-lo sentir-se culpado, e ele sabia disso. Esforçando-se ao máximo para não ser ríspido novamente, Abílio argumentou:

— Contudo, Clarissa, e a despeito de sua contrariedade, casou-se comigo. Portanto, espero que me obedeça e não questione mais as minhas ordens.

Virou-lhe as costas e saiu porta afora. Ela não sabia aonde ele ia, mas também não lhe interessava. Até achava bom que ele se ausentasse. Só assim não teria que aturá-lo. Depois que ele se foi, ficou ali parada, sem saber o que fazer. Olhou para a mesa do café, ainda posta, e ficou a imaginar quem iria desfazê-la e lavar a louça. Abílio lhe dissera que Angelina era quem cuidava de algumas tarefas. Será que não possuíam criados? Clarissa deu de ombros e voltou para o quarto. Aquilo não era problema seu.

Sem ter o que fazer, pôs-se a arrumar as roupas que ele lhe dera e observou o quarto. Agora, na claridade, podia reparar. Estava um pouco sujo e desarrumado, e ela ficou a imaginar a que horas chegaria a arrumadeira. O tempo, porém, foi passando, e ninguém aparecia. Cansada de esperar, calçou os sapatos e desceu. Afinal, era agora a dona da casa, e se Abílio não a apresentara à criadagem, ela mesma trataria de fazê-lo e ir dando as ordens.

Chegando ao andar de baixo, reparou na sujeira da casa. Havia poeira sobre os móveis, os sofás e os tapetes precisavam ser escovados e as cortinas tinham que ser lavadas. A prataria também estava preta, e os poucos quadros que havia recobriam-se de teias de aranha. E a mesa do café? Sequer havia sido tirada. Realmente, aquela casa precisava de uma mulher que a governasse. Na certa, depois que a antiga senhora morrera, os empregados ficaram sem direção, e cada um acabou fazendo o que bem entendia. Era preciso mesmo pôr ordem no lugar. Fiscalizar uma limpeza geral, ordenar a troca de toalhas e louças. Mas onde estariam os criados?

Já na cozinha, Clarissa estranhou. Estava vazia. Nenhum fogo aceso, nenhum cheiro peculiar de comida, nada. O fogão a lenha parecia sujo e abandonado, e o chão, de tão encardido, passara de azul a cinza-escuro. Uma lástima. Na outra parede, havia uma porta fechada, e Clarissa abriu-a, deparando-se com um quintal cheio de árvores que balançavam ao vento. Ao fundo, uma casinha branca, que ela não vira ao chegar. Curiosa, encaminhou-se para lá, mas não viu ninguém. Ouviu barulho do outro lado e deu a volta na casa, dando de cara com o negro Tião, entretido a cortar lenha. Ela se aproximou dele e cumprimentou:

— Bom dia, Tião.

Ele soltou o machado e olhou para ela, respondendo:

— Bom dia, sinhá.

— Onde estão todos?

— Todos?

— Sim, os criados, onde estão?

— Criados? Não tem criados aqui não, sinhá. Só eu.

— Só você?

— Sim. Sou o caseiro.

— Caseiro? E quem cuida da casa?

Tião encarou-a sem entender, levantou os ombros e, fazendo uma careta, coçou a cabeça e retrucou:

— A sinhá, ué.

— Eu?! — fez ela, entre atônita e horrorizada.

— É, a sinhá. Não foi para isso que veio? Para cuidar da casa?

— Foi isso o que seu patrão lhe disse? Que vim para cuidar da casa?

— E não foi?

— Não, não foi.

Indignada e ofendida, Clarissa rodou nos calcanhares e entrou em casa novamente, indo sentar-se na sala para esperar Abílio. Quando ele chegou, já era quase meio-dia, e assustou-se ao vê-la sentada no sofá, com ar de poucos amigos.

— O que foi que houve? O que faz aí sentada?

— Seu Abílio, por que me trouxe aqui?
— O que disse?
— Perguntei por que me trouxe para cá.
— Ora, mas que pergunta mais fora de propósito. Então não é minha esposa?
— Sou sua esposa, não sua criada.
— Não estou entendendo.
— Encontrei-me com Tião lá fora e, pelo que pude perceber, o senhor espera que eu, pessoalmente, cuide de sua casa.
— Não é essa a tarefa de uma mulher?
— Não, seu Abílio. Vim aqui para dirigir sua casa e esperava encontrar empregados a seu serviço. Se não há, não sou eu que vou fazer as tarefas domésticas. Não sou sua criada, sou uma dama.
— E daí? Que mal há nisso? Minha primeira mulher cuidava de tudo praticamente sozinha e nunca se queixou. E agora, a minha filha...
— Não sou sua primeira mulher e não estou acostumada a serviços domésticos — cortou Clarissa rispidamente. — E quanto a sua filha, é ainda uma menina e não devia se ocupar com essas tarefas. Devia era estar brincando de bonecas.

Abílio quedou silente. Já começava a arrepender-se daquele negócio. Aceitara dar o dinheiro a Fortunato em troca da mão de sua filha, mas esperava que ela fosse mais dócil. Não tinha tempo nem paciência para fricotes femininos e retrucou mal-humorado:

— Embora não esteja disposto a discutir com você, vou dar-lhe algumas explicações que julgo necessárias. Casei-me com você porque precisava de uma mulher, em todos os sentidos. No entanto, para não lhe impor demais a minha presença, dei-lhe um quarto separado, para que dele faça uso conforme seja de seu agrado. Não pretendo incomodá-la muitas vezes, só quando for extremamente necessário. Dar-lhe-ei tudo de que necessitar. Chamei a costureira para fazer-lhe roupas novas e estou providenciando alguém que vá ao Rio de Janeiro para trazer-me umas encomendas de vestidos da moda, sapatos, chapéus, joias e tudo o mais que for necessário para satisfazer os mimos de uma dama. Mas espero que, em troca, você se comporte como uma verdadeira esposa, cumprindo fielmente com os seus deveres dentro do lar.

Clarissa fuzilou-o com o olhar e revidou com raiva:

— Por que não contrata serviçais? Há muitos negros querendo trabalhar...

— Não. O único criado que mantenho a meu serviço é Tião. Não preciso de nenhum outro.

— E espera que eu, sozinha, vá fazer todo o serviço da casa? Está louco?

— Se não fizer, terá que se acostumar a viver na sujeira e na desordem, e a comer peixe ensopado com farinha. Nós já estamos acostumados, mas você...

Clarissa fez uma careta de nojo. Peixe com farinha, só? Era demais. Ela, acostumada aos quitutes da fazenda, à maciez das sedas, à fragrância dos perfumes franceses, ter que se acostumar a viver numa pocilga? Jamais. Era ultrajante. Completamente abismada, Clarissa voltou-lhe as costas e subiu as escadas, caminhando a passos firmes, feito uma rainha. Entrou em seu quarto e desabou na cama, chorando copiosamente. Por quê? Por que aquilo tivera que lhe acontecer? Por que o pai cometera aquela injustiça e aquela crueldade, condenando-a a uma vida inglória e de sacrifícios? Por quê? Por mais que se esforçasse, não conseguia encontrar as respostas e pensou se não teria sido melhor se tivesse perecido naquele naufrágio.

Durante o resto do dia, Clarissa não saiu do quarto e, ao cair da noite, seu estômago doía de tanta fome. Mas não iria descer. Não iria dar a Abílio o prazer de vê-la vencida e derrotada nem se sujeitaria a comer uma refeição indigna de sua posição. Tinha um mínimo de dignidade e não estava disposta a abrir mão dela só para satisfazer a vontade daquele tirano.

Tentou dormir, mas a fome não lhe permitia conciliar o sono. Lá pelas nove horas, escutou batidas fracas na porta, mas não respondeu. Se Abílio viera para escarnecer de sua fome, estava perdendo seu tempo. Não lhe daria essa oportunidade. Virou o rosto para a janela e fechou os olhos, tentando ignorar as insistentes batidas na porta, até que ouviu uma vozinha fina vinda do outro lado:

— Dona Clarissa, abra, sou eu, Angelina.

Clarissa pulou da cama. O que a enteada estaria fazendo ali àquelas horas? Em silêncio, entreabriu a porta e espiou. Angelina estava parada no corredor, segurando nas mãos uma bandeja com um pedaço de pão, algumas frutas e um copo de leite. Quando viu a comida, Clarissa escancarou a porta e puxou a menina para dentro, sentando-a na cama.

— Trouxe-lhe isto — falou Angelina. — Pensei que talvez estivesse com fome...

Clarissa nem lhe deu tempo de continuar. Rapidamente, apanhou uma banana da bandeja, descascou-a e começou a comer, servindo-se, em seguida, de um pedaço de pão. Angelina, vendo o apetite com que ela devorava aquela pequena refeição, sorriu e acrescentou:

— Sabe, pensei em trazer-lhe um pouco de peixe, mas achei que a senhora podia não gostar. Nem eu gosto.

Clarissa olhou para ela, ainda mastigando o pão, já meio duro, e indagou:

— Se não gosta, por que come?

— Ora, dona Clarissa, se não comer, morro de fome. Não temos outra coisa.

— Por que seu pai não contrata alguns criados? Ao menos uma cozinheira?

Ela abaixou a cabeça, visivelmente entristecida e, com olhos úmidos, respondeu:

— Depois que mamãe se foi, nenhuma outra mulher jamais entrou nesta casa. Até que a senhora veio e...

— Por favor, não me chame de senhora. Trate-me apenas por Clarissa.

Ela encarou-a em dúvida.

— Papai pode não gostar.

— Mas eu gosto e estou pedindo.

Ainda hesitante, Angelina prosseguiu:

— Pois bem... Clarissa... como eu ia dizendo, há muito tempo não entra mulher alguma nesta casa. Até que você veio, e papai esperava que pudesse cuidar de nós.

— E você, o que espera de mim?

Angelina levantou para ela os olhos cor de mel e deu de ombros. Estava confusa e não sabia o que responder. Pensou durante alguns minutos, até que considerou:

— Gostaria que você pudesse ser minha mãe.

— Sente falta de sua mãe?

— Hã, hã.

Clarissa estava penalizada. Angelina era ainda uma criança e precisava dos cuidados da mãe. Pensando nisso, começou a compreender a atitude de Abílio, casando-se com ela. Ele queria uma mulher que fosse gentil e educada, para cuidar de seus filhos como uma verdadeira mãe faria. Não uma governanta que os tratasse com frieza e indiferença, tolerando-os apenas por causa do dinheiro. Não. Ele queria algo mais caloroso, mais pessoal, mais materno. E só uma esposa poderia se aproximar de seu desejo.

No entanto, escolhera os métodos errados para conseguir uma mulher, e ela não podia deixar de sentir uma certa revolta quando pensava no que ele lhe fizera. E ainda havia Vicente.

O rapaz, nitidamente, não simpatizara com ela. Fora hostil, tratara-a mal e deixara transparecer que não a desejava ali. Mas havia a menina... Angelina era uma criança doce e meiga, e não merecia o seu desprezo. Sentando-se ao lado dela, Clarissa puxou-a para junto de si e estreitou-a de encontro ao peito, e Angelina, trêmula, começou a chorar. Clarissa, sem nada entender, assustou-se, e, afastando o seu rostinho molhado, indagou, enquanto lhe enxugava as lágrimas:

— O que foi que houve, Angelina? Fiz algo de errado?

Ela, passando as costas das mãos pelos olhos, começou a gaguejar, envergonhada:

— Nã... não foi... nada... É que o seu... o seu abraço... lembrou-me tanto a minha mãezinha...

Desatou a chorar, agarrando-se ao pescoço de Clarissa e ensopando-lhe a gola da camisola com suas lágrimas sentidas. Clarissa, profundamente consternada, abraçou-a bem forte e sussurrou:

— Está bem, querida, acalme-se. Eu estou aqui e quero ser sua mãezinha. Sh... não tenha medo.

Começou a embalar a menina, que logo adormeceu em seus braços. Com medo de despertá-la, Clarissa ajeitou-a na cama, cobriu-a com o lençol e deitou-se a seu lado. O estômago, acalmado pela refeição que Angelina lhe levara, não incomodou mais, e ela logo adormeceu.

No dia seguinte, bem cedo, quando Abílio despertou e desceu para o desjejum, sentiu um cheirinho gostoso de café vindo da cozinha e correu para lá, pensando encontrar a filha na beira do fogão. No entanto, qual não foi a sua surpresa ao dar de cara com Clarissa que, naquele exato momento, retirava do forno uns pãezinhos que pusera para assar. Completamente estupefato, falou indeciso:

— Bom... bom dia...

Clarissa pousou o tabuleiro com os pãezinhos sobre a mesa, olhou para ele e retrucou friamente:

— Bom dia.

Abílio pensou em tecer algum comentário sobre a sua súbita mudança, mas achou de bem não dizer nada. Não sabia o que tinha acontecido, mas era melhor não a provocar, ou ela seria capaz de largar tudo para lá e trancar-se no quarto novamente. Assim, abaixou os olhos e murmurou:

— Com licença.

Quando ele virou as costas para sair, Clarissa chamou-o de volta e, com voz firme, declarou:

— Seu Abílio, não quero que pense que estou aqui obedecendo a suas ordens. Estou aqui por sua filha.

— Minha filha?

— Sim. Ontem à noite, tive a oportunidade de conhecê-la um pouco melhor e fiquei surpresa com a menina maravilhosa que é. É por ela que faço isso, não pelo senhor. Angelina é uma criança e precisa de carinho e de cuidados.

Abílio olhou-a emocionado, mas respondeu apenas:

— Obrigado.

Foi para a sala, a fim de esperar que ela servisse o café, e ficou espantado com o capricho com que ela arrumara a mesa. Colocara uma toalha de linho, ajeitara as xícaras e os talheres, e até colocara umas flores silvestres numa jarra de cristal, há muito esquecida sobre um bufê velho e sem brilho. Quando ela chegou da cozinha, trazendo na mão a bandeja com o café, vendo o espanto nos olhos do marido, considerou:

— Espero que não se importe por eu ter apanhado a louça, a toalha e a jarra.

— Não, claro que não. Como as encontrou?

— Saí abrindo as gavetas. Fiz mal?

— Não. Essa casa, desde que nos casamos, tornou-se também sua. Pode fazer o que quiser.

Pouco depois, as crianças chegavam para o café. Angelina, ao despertar, vendo que Clarissa não se encontrava mais ali, desceu à sua procura, e Vicente vinha mal-humorado como sempre. Os dois se sentaram, e Angelina não pôde deixar de elogiar o capricho de Clarissa.

— Nossa, Clarissa! — exclamou. — Você se esmerou, hein? Está tudo uma beleza!

— Menina! — censurou o pai. — Isso é jeito de falar com sua madrasta?

— Por favor, seu Abílio — cortou Clarissa. — Fui eu que pedi a Angelina que me tratasse pelo nome. E isso serve para você também, Vicente.

Abílio ia contestar, mas a prudência fez com que se calasse. Se ela preferia assim, ele não faria objeções. Ao menos agora parecia que começava a se adaptar. Provando as delícias que Clarissa preparara, Angelina argumentou:

— Está uma delícia! Não sabia que cozinhava tão bem.

— Fato estranho para uma dama — ironizou Vicente.

— Na verdade — redarguiu Clarissa, fingindo não prestar atenção às ironias do rapaz —, quem me ensinou a cozinhar foi uma antiga escrava da fazenda, vó Tonha, que, mesmo velhinha, não perdeu a mão para os quitutes. E o mais engraçado é que, na época, eu aprendia só para ouvir as histórias que ela contava enquanto me ensinava, mas eu nunca pensei que fosse cozinhar. Quem diria que um dia suas aulas de culinária teriam alguma utilidade?

— Mas que utilidade? — continuou Vicente. — Até parece que fez algo de mais.

— Vicente! — repreendeu Abílio. — Não recomece com suas má-criações. Não foi essa a educação que lhe dei.

Vicente calou-se. Não queria que o pai mandasse que ele se retirasse da mesa. Não depois de tanto tempo sem provar um café da manhã gostoso como aquele.

— Deixe, seu Abílio — tornou Clarissa. — Se Vicente não quiser, não precisa comer.

Ele fuzilou-a com o olhar e não respondeu. Abaixou os olhos e continuou a comer, e o pai até que riu intimamente.

Sabia que o filho estava apreciando a refeição e sentiu-se gratificado. Ao menos em alguma coisa acertara ao levar Clarissa para ali.

Nos dias que se seguiram, Clarissa, ajudada por Angelina, tratou de arrumar a casa. As duas varreram, espanaram, lavaram, poliram... A casa era grande e estava imunda, mas elas, com boa vontade e persistência, em alguns dias colocaram tudo em ordem. Angelina sempre auxiliava Clarissa no que podia e, em breve, tornaram-se excelentes amigas.

Nas raras noites de tempestade, Angelina pulava para a cama de Clarissa e dormia abraçada a ela. A menina tinha pavor de raios e trovões e, sem a presença da mãe, passava em claro as noites em que trovejava, com medo até de se mexer. Até que Clarissa apareceu, e tudo se modificou. Angelina se sentia segura e agradecia a Deus por haver-lhe mandado aquela mãezinha amorosa e dedicada.

CAPÍTULO 5

— O que está fazendo, meu filho? — indagou Flora, vendo Luciano debruçado sobre a escrivaninha, a pena e o papel na mão.

— Estou escrevendo uma carta a Clarissa — respondeu ele, bem-humorado. — Quero convidá-la para o meu casamento e de Jerusa. Será que ela vai poder vir?

— Gostaria muito que ela viesse. Faz tempo que ela partiu, e seria bom se aproveitasse e ficasse para as festividades do Natal.

— Vou sugerir isso também. Mas, se ela não vier, Jerusa e eu decidimos que iremos até lá logo após a lua de mel.

— Vocês pretendem ir a Cabo Frio?

— Alguma objeção?

— Objeção, propriamente, não. Mas a cidade é quase um vilarejo. Dizem que nem água tem.

— Parece que a senhora não estava muito preocupada com isso quando obrigou Clarissa a se casar com aquele Abílio. Por que se preocupa agora?

Flora olhou-o magoada e retrucou com voz melancólica:

— Não é bem assim. Eu não a obriguei. Clarissa fez o que era certo.

— Certo para quem?

Ela mordeu os lábios e respondeu insegura:

— Para todos nós...

— Então, permita-me também fazer o que é certo. Pretendo visitar minha irmã, e se ela não se opuser, Jerusa e eu embarcaremos num navio para lá logo após nossa lua de mel.

— Vocês é que sabem. Não vou interferir. Mas preferia que ela e o marido viessem nos visitar aqui, na fazenda.

— Eu também, mas, se ela não puder, já estamos resolvidos. Iremos visitá-la, a não ser que o senhor Abílio não permita.

A lembrança de Clarissa trouxe lágrimas aos olhos de Flora, que saiu apressada, para que Luciano não a visse chorar. Como gostaria de rever a filha, estreitá-la em seus braços, beijar suas bochechas! Tinha dúvidas se o genro se disporia a fazer novamente aquela viagem tão longa, e seu coração se apertou. De qualquer forma, iria escrever-lhe também. Talvez, vendo a sua saudade, Clarissa conseguisse convencê-lo a ir, em sua companhia ou não.

Clarissa recebeu a missiva com euforia e animação. Então, Luciano e Jerusa, finalmente, tinham resolvido casar-se! Era uma notícia maravilhosa. Com a carta na mão, saiu em busca do marido. Sabia qual seria a sua resposta, mas não custava nada tentar.

— Sinto, Clarissa, mas não poderemos ir — afirmou ele. — É uma viagem muito longa. Não posso levar as crianças e não gostaria de deixá-las sozinhas novamente.

— Eu já imaginava... Bom, mas se nós não podemos ir, Luciano disse que vem até aqui com Jerusa. Isso é possível, não é?

— Creio que não — respondeu ele secamente, desviando dela o olhar.

— Por que não?

— Não temos acomodações adequadas.

— Mas que despautério! Uma casa tão grande, com tantos quartos sobrando.

— Se bem observou, os quartos são muito simples.

— E daí? Podemos ajeitá-los. Meu irmão e Jerusa não são de cerimônia. Oh! Por favor, seu Abílio, permita. Eu fico aqui sozinha, só tenho Angelina para conversar. E depois, sinto tantas saudades...

— Muito bem, Clarissa, deixe de choradeiras. Prometo pensar no assunto.

— Pensar? Mas pensei que já me daria uma resposta definitiva. Preciso escrever a Luciano. Ele precisa fazer os preparativos...

— Dentro de dois dias lhe darei a resposta, está bem?

— Dois dias? Mas por quê?

— Por quê...? Porque antes preciso resolver uns... assuntos.

— Que assuntos?

— Não lhe interessa. São assuntos meus, que não lhe dizem respeito.

Clarissa sentiu o rosto arder e logo enrubesceu. Estava com raiva e não conseguia disfarçar. Rilhando os dentes, revidou:

— Seu Abílio, jamais vi um homem tão grosseiro feito o senhor. Não é à toa que sua mulher se suicidou.

Abílio levantou-se espumando de ódio e ergueu a mão para bater-lhe. Clarissa, assustada, encolheu-se toda, à espera de que ele a esbofeteasse, mas a bofetada não veio. Ao invés disso, ele fechou a mão e esmurrou a parede, olhando-a com raiva. Olhos injetados de sangue, apontou o dedo para ela e rosnou feito um animal:

— Nunca mais, está ouvindo?! Nunca mais repita isso, ou não responderei por mim!

Abílio rodou nos calcanhares e saiu em desabalada carreira. Ela passara dos limites, e ele, por pouco, não perdera a cabeça e lhe batera. E se lhe tivesse desferido aquele tapa? Com que cara poderia encará-la depois? Pior. Com que cara poderia encarar-se a si mesmo, sabendo-se um covarde, acusando-se de haver batido numa mulher? Transtornado, entrou pela cozinha e saiu para o quintal, correndo para a casa de Tião. O vento já começava a soprar, e ele bateu na porta com violência, gritando esbaforido:

— Tião! Tião! Abra! Sou eu, abra!

Poucos instantes depois, a porta se abriu e Tião fê-lo entrar. Estava assustado, sem entender o que acontecera, e indagou:

— Sinhô Abílio, o que houve?

Abílio chorava e soluçava, agarrado ao corpo do negro.

— O que houve, sinhô? — repetia Tião, que não conseguia atinar no motivo que levara seu patrão àquele descontrole.

Abílio, juntando forças, separou-se dele, enxugou o rosto com as costas das mãos e desabafou:

— Oh! Tião, não sei o que fazer. Ela... ela... — e começou a chorar de novo.

— Ela quem? O que foi que houve? Foi sinhá Leonor?

Abílio estacou mortificado e respondeu agressivo:

— Leonor já não pode mais fazer nada a ninguém.

O ex-escravo encarou-o compreensivo e, balançando a cabeça, considerou:

— Por isso mesmo. Não devia chorar assim por causa de quem já se foi.

Ele suspirou fundo e apurou os ouvidos, escutando o vento que se debatia contra as janelas, pelo lado de fora.

— Por que, Tião, por que teve que ser assim? Por que tive que perdê-la?

— Não sei. São coisas de Deus. Ele é quem sabe.

— Será? Às vezes até duvido...

— Vosmecê não devia falar assim.

— Oh! Tião, perdoe-me! Sei que prometi, mas não posso, não consigo.

— Por que não me conta o que aconteceu?

Abílio virou-se para a janela, olhar perdido num pequeno rodamoinho de areia que se formava bem à sua frente, e respondeu desanimado.

— Foi a Clarissa.

— Eu bem que avisei vosmecê para não trazer mulher para cá. Não podia dar certo.

— Você tem razão, mas o que poderia fazer? Eu prometi...

— Isso não é promessa que se faça. E o que foi que ela fez? Perguntas?

— Não. Quer que deixe que o irmão venha para cá. Prometi pensar, e de grosseiro, acusando-me de haver contribuído para o suicídio de Leonor.

— Ela disse isso?

— Bem, não exatamente. Mas foi o que quis dizer. E o pior é que eu quase bati nela.

— Sinhô! — fez Tião horrorizado. — Deus me livre tamanha desgraça. Vosmecê não é homem de bater em mulher.

— Eu sei, Tião, e foi Deus quem segurou a minha mão bem a tempo de impedir o golpe. Senão... — interrompeu a fala e tornou a chorar, desesperado.

Tião, acercando-se dele, colocou a mão sobre o seu ombro, afagando-o como um pai, e disse com ternura:

— Não pense mais nisso, sinhô, já passou. Por sorte, vosmecê se conteve bem a tempo.

— Eu sei, Tião. Depois daquela vez, prometi que jamais encostaria a mão em uma mulher novamente.

— E cumpriu a promessa, não foi?

— Sim, mas hoje...

— Hoje vosmecê se descontrolou, foi só. É normal, é humano. Mas o que importa é que não aconteceu nada.

— Oh! Tião, o que seria de mim sem você?

— Vosmecê sabe que sou seu amigo, não é mesmo?

— Sei, sim. O único que tenho.

— Agora não vamos mais pensar nessas coisas tristes. Enxugue as lágrimas e volte para casa.

— Não sei se poderei encarar Clarissa novamente, depois do que houve.

— Quer um conselho?

— Quero.

— Bem sei que vosmecê não gosta de estranhos na casa, e que a sinhá Clarissa já é uma estranha que o sinhô teve que aceitar. Mas, se ela vai ficar feliz, deixe que o irmão venha. É uma maneira de vosmecê fazer as pazes com ela, e de ela não ficar fuçando por aí. Vai se distrair.

— E se ele descobrir alguma coisa?

— Ele não vai descobrir nada. Eu estou aqui para zelar por vosmecê e pela sua família.

— Você é meu anjo da guarda, Tião.

— Anjo preto, sinhô? — retrucou ele, bem-humorado. — Eh-eh!

— Você sabe que eu nunca o discriminei pelo fato de você ser negro, não sabe?

— Sei sim, sinhô. Eu estava apenas brincando. Nunca vi um homem tão bom feito vosmecê. Pena que nem todos saibam disso.

Abílio sorriu agradecido, pegou a mão do negro e a beijou. Tião, envergonhado, puxou a mão de volta e virou o rosto para o lado, tentando esconder as lágrimas que lhe desciam pelas faces. Amava Abílio como a um filho. Jamais conhecera alguém feito ele. Tinha lá as suas esquisitices, era verdade. Mas depois do que acontecera com a mulher, quem não as teria?

Naquela noite, o vento parecia desesperado. Soprava com fúria e balançava as janelas, como se quisesse entrar. Clarissa nunca havia visto nem ouvido algo parecido. Era assustador. Ela encolheu-se toda, tentando não olhar para a janela, com medo da visão fantasmagórica que a sombra da noite projetava nas paredes. De repente, ouviu batidas na porta e, pensando que era Angelina, disse baixinho:

— Pode entrar.

Quando a porta se abriu, ela escutou um barulho de botas no assoalho e sabia de quem se tratava. Ergueu o corpo assustada, tentando cobrir-se com o lençol, e exclamou:

— Seu Abílio! Não avisou que vinha.

— Não se preocupe — respondeu ele, fazendo-lhe um sinal com a mão —, não vim aqui para isso.

— Não? E para que veio?

Abílio olhou para os lados e pigarreou, meio sem jeito. Queria pedir-lhe desculpas, mas não sabia por onde começar. Enchendo-se de coragem, anunciou:

— Vim aqui dizer-lhe que seu irmão pode vir, se quiser.

Clarissa teve vontade de pular no seu pescoço e beijá-lo, mas se conteve. Estava tão feliz que já nem se lembrava mais da discussão de havia pouco. Só o que pôde dizer foi:

— Muito obrigada, seu Abílio.

— Não precisa me agradecer.

Em seguida, sem nem ao menos dar boa-noite, ele virou as costas e saiu, fechando a porta com cuidado. Clarissa estava tão feliz que até se esquecera do medo que o vento lhe causava. Só pensava na alegria que sentiria ao ter o irmão e Jerusa ali, bem juntinho dela. Com o pensamento voltado para eles, adormeceu. Quase à meia-noite, despertou com um ruído estranho, que parecia vir do fim do corredor, e apurou os ouvidos: uuuuu...

— Mas o que é isso? — indagou alarmada, pulando imediatamente da cama. — Quem está aí?

Como ninguém respondesse, ela voltou a deitar-se, cobrindo-se com o lençol até a cabeça. Deveria ser impressão. Ou, quem sabe, não sonhara? Tentando controlar o medo, fechou os olhos para dormir, até que o barulho se fez ouvir novamente: uuuuu... Ela abriu os olhos, aterrada. O que seria aquilo? Algum fantasma ou demônio? E o barulho prosseguia: uuuuu... Clarissa encolheu-se o mais que pôde e começou a rezar, pedindo a Deus que levasse aquela coisa para bem longe. Ela acreditava em almas de outro mundo. Lembrava-se de que vó Tonha lhe contara muitas histórias sobre fantasmas e aparições, e encheu-se de terror. Estava ainda rezando quando novamente escutou batidas na porta. Com medo de responder, tornou a se cobrir com o lençol, fingindo que não escutara nada. Até que, de repente, a porta se abriu e ela viu a sombra de uma camisola aproximar-se da cama, trazendo na mão uma pequena vela bruxuleante.

— Angelina! — exclamou aliviada. — Que susto você me deu.

— Desculpe-me, Clarissa, não tive a intenção de assustá-la. Mas é que o vento está soprando muito forte, e pensei se você não estaria com medo.

— Vento? Então esse barulho horroroso e aterrador é apenas o vento?

— É, sim. Por quê? O que pensou que fosse?

Clarissa desatou a rir. Era uma tola medrosa, isso sim, pensando que havia fantasmas na casa. Vendo o olhar interrogador de Angelina, respondeu:

— Perdoe-me, Angelina, não pude evitar.
— Do que é que está rindo?
— É que pensei que fosse alguma alma de outro mundo.
— Cruzes, Clarissa!
— Pois é. Agora veja que bobagem. E era só o vento. Mas também, eu nunca havia ouvido nada parecido. Que som estranho, parece mesmo um gemido.
— É sempre assim quando venta forte. Mas não precisa se assustar. Garanto que não há nenhum fantasma por aqui.
— Claro que não.
— Mas se você quiser, posso me deitar aqui com você.
Clarissa agradeceu com o olhar. Apesar de tudo, estava com medo, sim, e a presença de Angelina serviria para aliviar um pouco a tensão daqueles últimos momentos. Ela chegou para o lado, dando espaço para a menina, que se deitou e se acomodou sob as cobertas. Estava frio, e ela se encolheu junto de Clarissa. Em seguida, apagou a vela e indagou:
— Você acredita em fantasmas?
— Se eu acredito? Bem, pode-se dizer que sim.
— É mesmo?
— Não em fantasmas como se ouve falar, vestidos de branco, uivando e arrastando correntes por aí. Mas acredito em espíritos, em vida após a morte.
— Será?
— Creio que sim. Na minha terra, vó Tonha me contava muitas histórias. Eu mesma, depois que ela morreu, já a vi perto de mim.
— Sério?
— Sim. Foram poucas as vezes em que a vi e, assim mesmo, de relance. Mas sonho com ela frequentemente.
— E como sabe que é seu espírito? Não pode ser apenas a sua lembrança?
— Não sei dizer. Mas é diferente. Quando sonho com vó Tonha, é muito real. É como se ela estivesse mesmo ao meu lado.

— Que estranho.

— Sim, muito estranho. Mas agora durma. Já é tarde, e não quero que você se atrase para a escola amanhã, ou seu pai ficará zangado.

Em poucos minutos, dormiam novamente, Clarissa mais confortada pela presença de Angelina. O vento continuava a uivar, como se gemesse pelos corredores, mas Clarissa não teve mais medo. Contudo, sonhou. Novamente estava naquela cena insólita, como espectadora, vendo um velho e aquele homem negro a implorar:

— Não, por favor! Tenha piedade! Piedade! Não quero ir, tenho medo!

O ancião, olhar frio, segurou o seu cajado e virou-lhe as costas, entrando em sua cabana. De repente, apareceu um homem branco, que lhe falou que precisava de uma negrinha. O ancião pensou durante alguns segundos, coçou o queixo e respondeu:

— Mudima.

Em seguida, a cena se modificou, e ela viu uma menina, de seus nove ou dez anos, sendo arrastada pelo homem branco, sob o pranto desconsolado da mãe. O ancião, apesar de suas súplicas, abanou a mão e deu de ombros. Não podia fazer nada. Eram negócios. O homem branco precisava de uma negrinha, o pagamento era bom e Mudima servia. Era escrava ali, e cabia a ele, como chefe da tribo, o direito de bem dispor de seu destino. Clarissa viu, horrorizada, a menina ser arrastada pelo homem branco, aos berros, e começou a chorar, até que sentiu que alguém a sacolejava, chamando-a pelo nome:

— Clarissa! Clarissa! — era Angelina. — Acorde! Você teve um pesadelo.

Clarissa, suando frio e chorando, abriu os olhos. Era um sonho, graças a Deus era um sonho. Mas como fora estranho!

— O que aconteceu? — indagou Angelina. — Com o que sonhava?

Clarissa olhou para a menina e afagou-lhe os cabelos, tranquilizando-a.

— Não foi nada. Durma.

Ela virou-se para o lado, mas não conseguiu mais dormir. Aquela noite fora cheia de surpresas e comoções, e ela estava confusa. Teria sido aquele pesadelo resultado das fortes emoções por que passara horas antes? Não estava bem certa. No entanto, já vira aqueles homens em outros sonhos, embora não soubesse quem eram. E aquela menina? Mudima, era esse o nome. Onde já escutara esse nome antes? De repente, Clarissa sentiu um arrepio. Aquele era o nome de vó Tonha antes de ela ser trazida da África. Mas o que significava aquilo? Tentando concatenar as ideias, Clarissa dormiu novamente, só despertando no dia seguinte, quando o sol já ia alto. Guardava na lembrança a imagem daquelas pessoas. Sabia que as conhecia, mas como? De onde? Tinha que descobrir.

CAPÍTULO 6

Os dias em Cabo Frio eram quase sempre amenos, e até o calor do verão sofria a influência do frescor das brisas e dos ventos, que faziam da terra um lugar aprazível para se viver. Não fora a precariedade da vila, até que Clarissa teria gostado. Não que o Vale do Paraíba fosse muito diferente. Era tranquilo e sossegado, mas era um lugar próspero, de gente rica e culta, fazendeiros que mandavam os filhos estudar na capital ou no exterior.

O mar, de uma certa forma, a fascinava. Tinha um encanto especial, um quê de mistério, uma beleza inconfundível, e Clarissa punha-se a admirar as ondas que quebravam na praia, pensando em como teria sido triste se houvesse perecido naquele naufrágio, sem a chance de conhecer tanta beleza. Ela pensava naquela terra com uma dualidade de sentimentos. Se, por um lado, apreciava-lhe os encantos e o frescor, por outro lado, a solidão a consumia, e ela passava os dias ansiando pela chegada do irmão.

 Eram dez horas de uma manhã de domingo, e ela terminara de arrumar a casa quando, do alpendre, avistou Vicente sentado na areia branca da praia. Desde que ali chegara, Clarissa ainda não havia saído. Embora achasse lindo o mar, tinha um certo receio de aproximar-se. Não se esquecia de que quase fora tragada pelas ondas e temia que um novo acidente sucedesse. No entanto, vendo o enteado ali na areia, cabeça jogada para trás, tomando sol, teve vontade de ir até ele. Lavou as mãos, ajeitou o cabelo, alisou a saia e saiu. Foi caminhando lentamente e desceu a estradinha, até que alcançou a praia e continuou a caminhar. Chegando perto de Vicente, percebeu que ele estava de olhos fechados e tocou-o gentilmente no ombro. Ele se assustou e abriu os olhos, olhando para ela, parada de encontro ao sol.

— O que quer? — perguntou agressivo.

— Nada — respondeu Clarissa em tom casual, sentando-se a seu lado na areia. — Vi você aqui e pensei se não gostaria de conversar.

— Não tenho nada para conversar com você. Vá embora.

— Por que me trata assim, Vicente? O que fiz a você?

Ele a olhou com desdém e retrucou friamente:

— Você não é minha mãe.

— Eu sei. E nem gostaria de ser. Aliás, nem poderia, visto que não sou assim tão mais velha...

— E daí? Mais um motivo. Não sei o que deu na cabeça do meu pai para trazer aqui uma estranha que, além de tudo, bem podia ser sua filha.

— Está com ciúmes?

— Ciúmes, eu? Está louca. Pouco me importa o que meu pai faz da sua vida.

— Então, por que não gosta de mim?

— Porque você não é minha mãe, não é como ela nem se parece com ela.

— Não tenho a menor intenção de ser como sua mãe. Eu não a conheci, mas a respeito muito...

— Por quê?

— Porque era uma pessoa, e todas as pessoas são dignas de respeito e consideração. Mas você, não sei por que, me trata desse jeito.

— Não pedi que viesse.

— Nem eu.

— Como assim?

— Seu pai não lhe disse?

— Disse o quê?

— Não lhe disse por que me casei com ele?

— Não, por quê? Não foi pelo dinheiro?

— De uma certa forma, sim.

— Então, não estou entendendo aonde quer chegar. Você quis o dinheiro, ele lhe deu.

— As coisas não são bem como parecem. Casei-me com seu pai porque o meu fez um acordo com ele.

Vicente fez um ar de admiração, arregalou os olhos e retrucou:

— Acordo? Que tipo de acordo?

Minuciosamente, Clarissa contou-lhe como fora parar ali. A queda da fazenda e sua quase ruína, o encontro casual de Abílio com seu pai e a oferta que lhe fizera, oferecendo uma boa quantia em troca de uma esposa.

— Quer dizer então que seu pai a vendeu? — tornou Vicente.

— Sim, foi exatamente isso o que ele fez. Vendeu-me. E não pense que foi com o meu livre consentimento. Eu só concordei porque temi por meu pai. Mas, se me permite dizer, não queria me casar com seu Abílio e preferia estar em minha casa. Sei que ele é seu pai, mas é velho, rude e grosseiro, e não estou acostumada a homens desse tipo. Não é um cavalheiro.

Vicente esfregou os olhos, coçou a cabeça e concordou:
— Entendo o que quer dizer.
— Sei que entende. Pelo que pude perceber, você e seu pai não são muito ligados, não é mesmo?
Ele fez uma careta de raiva e retrucou entredentes:
— Eu o odeio.
— Odeia? Por quê? Ele pode não ser um homem gentil nem complacente, mas é seu pai. Não acha que ódio é um sentimento muito forte?
— Não. Odeio-o de verdade. Odeio-o pelo que é, pelo jeito como nos trata, odeio-o pelo que fez a minha mãe...
— O que ele fez a sua mãe?
Vicente se arrependeu de haver tocado naquele assunto e procurou disfarçar. Esfregou os olhos, levantou-se e estendeu a mão para ela, acrescentando:
— Não quer passear comigo?
Clarissa exultou. Se Vicente a convidava para passear, era porque já não sentia mais tanta raiva dela. Ela segurou a mão que ele lhe estendia e ele a puxou, pondo-se a caminhar a seu lado. Ela ia continuar a perguntar sobre sua mãe, mas achou melhor não insistir. Já percebera que ninguém por ali gostava de tocar no assunto, talvez porque as lembranças fossem dolorosas demais. No entanto, sentia que havia um certo ar de mistério em torno de sua morte, e a curiosidade foi aguçando-a.
— Por que não tira os sapatos? — perguntou Vicente, interrompendo seus pensamentos.
— O quê?
— Os sapatos, por que não os tira?
— Oh! Não sei se seria apropriado.
— Por que não? Experimente a areia. Tenho certeza de que vai gostar.
Clarissa pensou durante alguns segundos, até que obedeceu. Abaixou-se, desamarrou as botinhas e tirou-as.

— As meias também — prosseguiu ele.
— Mas Vicente, não sei se fica bem...
— Deixe de bobagens, Clarissa. Aqui não temos dessas coisas.
— Não?
— Bem, não aqui. Estamos na praia, longe de todo mundo. Que mal pode ter?
— Não sei. Seu pai pode não gostar.
— Aposto que ele nem liga. Minha mãe fazia isso e... — de repente, calou-se.
— E o quê? — quis saber Clarissa.
— Nada. Venha, vamos apostar uma corrida.

Ele disparou na frente de Clarissa e ela, depois que descalçou também as meias, jogou-as no chão, junto com os sapatos, e correu atrás dele. A sensação da areia fina e fria sob seus pés foi indescritível. O vento em seu rosto fê-la sentir-se leve e livre, e ela abriu os braços, correndo atrás de Vicente. Ele era mais veloz, e ela não o pôde alcançar, parando subitamente, arfando e tossindo. Estava tão exausta que nem se dera conta do lugar onde haviam ido parar. Estavam aos pés de um monte de pedra, não muito alto, tendo no topo um forte quase em ruínas. Ela olhou espantada, até que Vicente, vendo que ela não o alcançaria mesmo, foi para junto dela e falou:
— É o Forte São Mateus.
— Se... sei... — respondeu ela, arfante — Sua... sua irmã me... me disse...

Percebendo-lhe a dificuldade de falar, Vicente sentou-se ao lado dela, segurou-lhe a mão e indagou, preocupado:
— Sente-se bem?

Ela apertou a mão dele e, após alguns minutos, em que permaneceu recobrando fôlego, respondeu agradecida:
— Estou bem... não se preocupe. É que não estou acostumada a essas corridas.

Vicente sorriu e apertou-lhe ainda mais a mão, deixando Clarissa confusa e embaraçada. Aquele rapaz, apesar de mais jovem, tinha o poder de desconcertá-la, e ela não sabia definir que tipo de sentimento começava a brotar dentro dela. Aquilo assustou-a sobremaneira, e ela corou. Envergonhada, puxou a mão rapidamente e levantou-se, dizendo sem encará-lo:

— É melhor voltarmos.

Sem dizer nada, Vicente se levantou e pôs-se a segui-la. Também ele começava a experimentar algo que não sabia definir. Desde que Clarissa chegara, ele só pensara nela como uma madrasta que tinha vindo para roubar o lugar da mãe. Mas depois que lhe segurara a mão e vira em seus olhos uma sombra de confusão, ficou em dúvida sobre seus reais sentimentos. Ela era linda, meiga e, o que mais admirava, sincera e destemida. Clarissa não tinha medo de enfrentar o pai, e isso para ele era uma grande virtude.

Quando chegaram de volta a casa, Angelina os estava esperando. Como era domingo, havia ido ao quarto de Clarissa para ver se ela não queria conversar, mas não a encontrara. Vendo o irmão aproximar-se com ela, sentiu um certo ciúme e indagou fazendo beicinho:

— Onde estava, Clarissa? Procurei-a por toda parte.

— Fui dar uma volta com seu irmão.

— Sozinhos?

— E daí? — tornou Vicente, mal-humorado. — O que tem com isso, sua enxerida?

— Nada... — respondeu sentida. — Perguntei por perguntar.

— Pois agora que já sabe, vá correndo contar tudo a papai. Ande, o que está esperando?

Angelina, magoada, saiu correndo e trancou-se no quarto, jogando-se na cama para chorar. Clarissa, sem entender nada, perguntou atônita:

— Por que fez isso? É apenas uma criança.

Ele deu de ombros e respondeu com desdém:

— Ela é uma tola intrometida.

— Não é verdade. Angelina é uma menina doce e meiga, e é sua irmã. Não devia tratá-la assim.

Vicente deu de ombros novamente, e Clarissa saiu em busca de Angelina. Ficara confusa com aquela cena, sem saber o que fazer, mas precisava dizer-lhe que não compactuava com a atitude do rapaz. Bateu de leve na porta do quarto e, como a menina não respondesse, apertou o trinco e entrou. Não estava trancado, e Clarissa viu Angelina sobre a cama, chorando e soluçando, profundamente magoada.

— Angelina — chamou.

— O que quer?

— Vamos, Angelina, não chore. Seu irmão não falou por mal.

— Ah! Falou, sim. Ele me odeia, assim como odeia meu pai.

— Isso não é verdade. Ele não os odeia.

— Odeia sim. Odeia meu pai porque ele é como é. E me odeia porque eu não consigo sentir esse ódio que ele queria que eu sentisse. Disse-lhe que sinto muito, mas não posso. Sei que meu pai é estranho e distante, mas é meu pai e não consigo odiá-lo. Sei que deveria, mas não consigo, não consigo.

— Quem foi que lhe disse que deve odiar seu pai? Seu irmão não sabe o que diz. Está revoltado pelo que aconteceu a sua mãe, mas a culpa não é de ninguém. Ela se matou porque quis. Fez sua própria escolha.

Angelina olhou fundo em seus olhos e desabou em prantos novamente. Não podia ouvir falar na mãe que começava a chorar. Soluçando, disse quase numa súplica:

— Oh! Clarissa, por favor, não deixe que aconteça novamente!

— O quê? De que tem medo? Vamos, fale. Sou sua amiga, quero ajudá-la.

Angelina já ia responder quando a entrada súbita do pai a fez parar. Ele encarou-a com ar de recriminação, franziu a sobrancelha e, virando-se para Clarissa, ordenou:

— Venha, Clarissa, deixe Angelina descansar.

— Descansar? Mas descansar de quê? Ela está triste e assustada, não vê? Precisa de nossa ajuda.

— Ela só precisa ficar a sós por uns momentos.

— Seu Abílio, como pode ser tão insensível? Sua filha é uma criança, precisa de amor e carinho. Será que não percebe o que está fazendo?

— Você não sabe de nada, Clarissa, e prefiro que não se intrometa na educação de meus filhos.

— Muito bem. Se é assim, prefiro partir. Irei embora desta casa o quanto antes.

— Partir? — espantou-se Angelina. — Ah! Não, Clarissa, por favor!

— Está louca? — acrescentou Abílio indignado. — É minha esposa, não pode me abandonar.

— Esposa? Mais pareço sua criada, ou pior, sua escrava. Quem pensa que é para tratar-me desse jeito?

— Sou seu marido.

— Mas não é meu dono. Quando cheguei aqui, disse que a casa era minha e que poderia fazer o que quisesse. Mas agora, impede-me de me aproximar de sua filha. Por quê?

Abílio não respondeu. Ficou ali parado a olhá-la durante alguns minutos e, quando falou, foi como se houvesse um vulcão de fúria a rugir dentro dele:

— Faça como bem entender, Clarissa. Se quer partir, não a impedirei. Não sou homem de implorar nada a ninguém, muito menos a uma mulher. Mas não se esqueça de que a sua honra e a de seu pai estão em jogo, e não hesitarei em abalar-lhes o crédito e a confiança junto a seus clientes, crédito que eu ajudei a reconquistar.

Saiu fuzilando, deixando Clarissa com o rosto em brasa, sentindo o sangue ferver. Angelina, assustada, parou de chorar e, sem entender, ainda perguntou:

— O que ele quis dizer, Clarissa?

Clarissa não respondeu. Furiosa, saiu atrás dele e foi descendo as escadas, ainda descalça, gritando quando ele atravessava a sala:

— Seu Abílio! — ele estacou sem se virar, e ela prosseguiu: — O senhor é um homem mesquinho, cruel e insensível, e pensa que poderá me comprar pelo resto da vida. Pois muito bem. Estou presa ao senhor por um dever de honra e por medo do que possa fazer a minha família. No entanto, quero que saiba que, de hoje em diante, não pretendo mais dirigir-lhe a palavra, e se quiser falar comigo, faça-o através de seus filhos ou de seu lacaio.

— Para mim, está ótimo.

E saiu porta afora, indo refugiar-se, como sempre fazia, no ombro amigo de Tião.

Novamente o vento açoitava as janelas, mas Clarissa já começava a acostumar-se, e aquele gemido passou a lhe parecer familiar. Sempre que ouvia aquele uuuuu... Clarissa estremecia e se arrepiava, mas não sentia mais medo. Era uma sensação que não sabia definir, mas não era medo.

Depois da discussão que tivera com Abílio, estava mesmo decidida a nunca mais falar com ele. Aquele homem era horrível, e a mulher devia ter-se suicidado por não poder suportá-lo, deixando os filhos à mercê de suas esquisitices. Mas estava cansada e acabou por adormecer. Logo que fechou os olhos, sentiu um agradável aroma de rosas e inspirou profundamente. Em seguida, abriu os olhos e viu a velha Tonha, parada junto a seu leito.

— Vamos? — convidou a ex-escrava, estendendo-lhe a mão.

O perispírito de Clarissa levantou-se da cama e pôs-se a segui-la, até que perguntou em dado momento:

— Aonde vamos?

— Não se preocupe. Vamos apenas dar um passeio.

— Não me preocupo, vó Tonha. Sei que a seu lado nada poderá me acontecer.

Elas saíram e foram para a praia, sentando-se perto do mar.

— Muito bem — começou Tonha —, precisamos conversar.

— Sobre o quê?

— Minha filha, você está sendo muito dura com Abílio.

— Dura? Mas vó Tonha, aquele homem é impossível.

— Não é, não. Aquilo é só uma casca. Por dentro, há um homem gentil e amoroso, somente à espera de que você desperte nele essas qualidades.

— Sinto, vó Tonha, mas eu bem que tentei. No entanto, ele é orgulhoso e mau, e só faz o que quer. Pensa que é o dono da verdade.

— Pense bem, Clarissa. É muito importante que você e ele se entendam.

— Por quê? O que ele tem a ver comigo? Até o meu casamento, eu nunca o havia visto antes.

— Engano seu, minha querida. Abílio e você já são velhos conhecidos — Clarissa olhou-a em dúvida, e ela continuou: — Quer ver?

Clarissa assentiu, e Tonha apontou para o mar. De repente, a noite cedeu lugar ao dia, e Clarissa viu uma embarcação ao longe, singrando o mar com rapidez. No mesmo instante, viu-se transportada para aquele navio, no qual viajava havia alguns dias. Em dado momento, um marujo apareceu e disse-lhe respeitosamente:

— Alteza, o capitão pede que vá à sua cabine.

Ela o olhou com desdém e respondeu:

— Ele quer me ver? Pois que venha à minha presença.

Pouco depois, o capitão apareceu, indo postar-se ao seu lado. Ela estava de costas para ele, apreciando o mar, e não se voltou quando ele chegou.

— O que quer? — perguntou com arrogância, sem o encarar.
— Alteza, gostaria que me perdoasse.
— Perdoá-lo? E por que deveria?
— Porque preciso de você.
Ela fitou-o com ar divertido e retrucou:
— Para quê?
— Sinto falta de seu corpo, seus beijos...

Quando ela se virou para ele, o capitão sorriu, e Clarissa pôde reconhecer naquele sorriso o rosto carrancudo de Abílio.

— Por favor, Luísa, venha à minha cabine mais tarde.
— Impossível. Meu primo...
— Seu primo é um tolo. Não a ama como eu.
— No entanto, trata-me com respeito e distinção.
— Perdoe-me novamente, alteza. Mas seu primo é um nobre, acostumado às regras de etiqueta. Eu, contudo, sou apenas o capitão de uma caravela. Nada sei sobre boas maneiras. Sou um navegador, não um cavalheiro.
— Pois não devia ser tão rude. Sou uma dama, sou nobre e não gosto que me respondam mal.

O capitão, não querendo mais prolongar aquela conversa, apanhou a sua mão e, delicada e discretamente, beijou-a, acrescentando com ar galante:

— Espero-a logo mais. Por favor, não falte.

Naquela noite, quando quase todos dormiam, à exceção de alguns homens no leme e nos postos de vigia, ela saiu sorrateiramente de sua cabine e foi bater na porta da cabine do capitão. Ele, já sabendo quem era, abriu a porta com cuidado e puxou-a para dentro, beijando-a com furor e sussurrando em seu ouvido:

— Oh! Luísa, como preciso de você, como a quero ter em meus braços!

Coberto de desejo, o capitão levou-a para a cama, e amaram-se apaixonadamente. Luísa, completamente inebriada, não pensava em nada. Não o amava, mas jamais experimentara amante mais ardoroso. Pertencia à nobreza portuguesa, e Nicanor, o capitão, tornara-se seu amante no primeiro dia em que ela pisara naquela caravela. A viagem, que começara em Calicute, na Ásia, já durava muitos dias, retardada pela habilidade de Nicanor, que pretendia, com isso, prolongar a permanência de Luísa no mar e em seu leito.

Nicanor, navegador hábil e experiente, era filho de um fidalgo, mas o pai, falido, morrera deixando-lhe apenas alguns títulos e muitas dívidas para saldar. Graças a sua extraordinária perícia como navegador, foi chamado para pilotar a nau Santa Isabel, que fazia a travessia entre os portos de Calicute e Lisboa, trazendo especiarias e, de vez em quando, alguns passageiros.

Nicanor tinha mulher e uma filha. A esposa, Agripina, morria de ciúmes do marido, mas, mesmo assim, Nicanor, percebendo os olhares de Luísa sobre ele, tomou-a por amante, sem revelar-lhe que era casado. Embora não costumasse trair a esposa com frequência, de vez em quando se entregava a aventuras passageiras e sem maiores consequências, sempre quando seus compromissos profissionais o levavam para longe de Lisboa.

Havia algo naquela mulher que o fascinava, e Nicanor deixou-se seduzir por sua beleza estonteante e por seus gestos despojados. Sabia que ela também não o amava e nem sequer lhe passou pela cabeça que pudesse encontrar algum tipo de problema quando chegasse a hora de romper o seu romance. Nicanor estava inebriado com o corpo de Luísa, mas não queria nada com o seu coração. Ela lhe dava muito prazer e, por isso, não tinha pressa de voltar. Ele sabia que, quando chegassem, Luísa não representaria mais nada para ele e pensava que, para ela, ele também já não significaria mais nada. Estaria então livre para voltar correndo para os braços da esposa adorada.

A visão, de repente, se esvaneceu, e Clarissa viu-se de volta à praia, em companhia de Tonha.

— Mas o que significa tudo isso? — indagou perplexa.

— Significa que você e Abílio já se conhecem de outras vidas, mas só agora tiveram a oportunidade de desfazer antigos ressentimentos.

— Não estou entendendo.

— Como pôde perceber, Abílio e você foram amantes em uma vida passada, embora dessa relação não resultasse nenhum amor.

— Sim, mas o que tem isso a ver com nosso atual relacionamento?

— Não percebe? Abílio, então Nicanor, era um homem sem posses. Você é que era rica.

— E daí? Não consigo ver nenhuma relação.

— Clarissa, os papéis, hoje, se inverteram. Quem tem dinheiro é ele...

Ela coçou a cabeça. Já começava a entender e disse desanimada:

— Quer dizer que eu o comprei? — Tonha assentiu. — Mas como? O que foi que fiz? E com que intenção, se eu não o amava?

— Mais ou menos isso. Mas não se apresse em descobrir essas verdades. Com o tempo, elas surgirão gradativamente, à medida que forem necessárias ao seu crescimento e compreensão.

— Por que está me mostrando tudo isso?

— Para que você possa entender a posição e a atitude de Abílio.

— Não entendo. Nada justifica o que ele está fazendo comigo e com os filhos. E sabe-se lá o que fez com a mulher.

— Sua primeira mulher, Leonor, também está ligada a vocês por laços tristes e dolorosos, que nessa vida escolheu resgatar.

— Que laços? Quem é ela? Será a tal de Agripina?

— Ela mesma. Por isso é que lhe digo, Clarissa, ninguém experimenta situações difíceis fortuitamente, e se você hoje está tendo esse tipo de experiência, não foi porque o acaso a elegeu. Foi porque você mesma escolheu e, se escolheu, foi porque julgou necessário para o seu crescimento, como forma de compreender a impropriedade de certas atitudes que tomou no passado.

Clarissa entristeceu. Não sabia o que dizer. Não estava ainda bem certa do significado de tudo aquilo, mas sentia que Tonha tinha razão. Em seu íntimo, algo lhe dizia que ela havia prejudicado Abílio imensamente e agora escolhera reconciliar-se com ele. Conscientemente, desconhecia essas coisas, mas seu espírito guardava ainda a lembrança daquela vida passada, onde escolhera atirar-se num poço de luxúria e orgulho, humilhando e destruindo qualquer um que se interpusesse em seu caminho.

De repente, Clarissa lembrou-se dos sonhos que tivera com aqueles homens negros e, julgando estarem relacionados a Tonha, perguntou:

— Vó Tonha, ando tendo sonhos estranhos. Sonho com um homem implorando perdão...

Tonha cortou-a com a mão e respondeu:

— Agora não, Clarissa. Uma coisa de cada vez. Para entender esses sonhos, é preciso que você primeiro compreenda sua vida anterior, em que foi uma mulher vaidosa, orgulhosa e arrogante.

— Mas esses sonhos são tão reais! Serão também reminiscências de outras vidas?

— Na verdade, sim. Houve um tempo em que esse homem foi vendido como escravo aos homens brancos, sem que você impedisse...

— Impedisse? Eu? Mas como?

— Em breve você descobrirá. Só o que posso lhe dizer é que esse homem, embora tenha assumido o compromisso de se entender com você, não conseguiu esquecer a ofensa e arranjou um jeito de lhe devolver o mal que julga que você lhe fez. Ele sofre muito com a sua atitude, mas não pôde evitá-la. Por isso, vive em constante conflito, pois quis perdoá-la, mas, inconscientemente, acabou por vingar-se de você.

— Estará falando de meu pai?

Tonha sorriu enigmaticamente, apertou-lhe o queixinho miúdo e disse com ternura:

— Você é muito esperta, Clarissa. Sempre foi. E traz no coração uma enorme bondade, arduamente conquistada com lutas e sofrimentos através dos anos. No entanto, é ainda um espírito rebelde e estouvado, consequência de sua antiga nobreza. Mas devo lembrá-la dos compromissos assumidos e pedir-lhe para que não se afaste deles. Tente entender-se com Abílio, e vocês conseguirão vencer suas dificuldades. Ajude-o. Ajudando-o a modificar-se, você estará contribuindo com o seu próprio crescimento.

No dia seguinte, quando Clarissa acordou, guardava poucas lembranças do sonho que tivera, mas desceu para o café com uma estranha sensação de conforto no peito. Lembrava-se apenas de que sonhara com Tonha, e que ela lhe falara algo sobre ter mais compreensão com Abílio. Olhando-o do outro lado da mesa, Clarissa estremeceu. Ele era frio e cruel. Como fazer para entendê-lo?

CAPÍTULO 7

Foi numa noite de lua cheia que tudo começou a acontecer. Parecia que a lua incitava as almas ao desespero, e o vento sudoeste, que soprava incessante, fazia de seu lamento uma tormenta sem fim. Clarissa, como sempre, deitou-se para dormir. Apesar do sonho que tivera com vó Tonha, ainda não se sentia disposta a fazer as pazes com o marido. Por isso, naquela noite, em especial, recolhera-se mais cedo. Não queria ter que ouvir a voz irritante de Abílio e refugiou-se em seu quarto.

A madrugada já ia alta, e o vento não parava de soprar: uuuuu... vergastando as janelas com sua fúria incontida. Clarissa, já acostumada àquele gemido, não ligava mais, e o barulho não a incomodou. Aos poucos, as pálpebras foram pesando, e ela adormeceu, para despertar pouco depois, assustada e confusa. Parecia que, em meio ao lamento da ventania, alguém gemia de verdade. Abriu os olhos e tentou escutar. Sim, em meio ao barulho do vento parecia-lhe distinguir uma espécie de gemido abafado, que se confundia com o vendaval. Apurando os ouvidos, nitidamente escutava: uuuuui... Aquilo era muito esquisito. De repente, o gemido parava, e só o que ela ouvia era o barulho do vento.

A princípio, não deu importância, julgando que fosse apenas o vento soprando com mais fúria do que de costume, atravessando alguma nova fresta que se fizera em uma porta ou janela, o que lhe imprimia esse som assustador. Aos poucos, porém, Clarissa foi se apercebendo de que, por detrás do uuuuu... do vento, havia mesmo um uuuuui... dolorido, como se alguém estivesse entregue a profunda agonia. Apavorada, encolheu-se toda sob o lençol e esperou. Subitamente, ouviu passos no corredor e pensou que Abílio tivesse levantado para ver o que era. Os passos pareceram sumir no fim do corredor, e ela então escutou um barulho seco, feito de uma porta se fechando. Mas o som parecia distante, e ela não pôde definir com clareza do que se tratava.

De repente, os gemidos cessaram, e ela percebeu que apenas o vento continuava a uivar. O que teria acontecido? Pensou em levantar-se, mas a coragem lhe faltou. O que seria aquilo? Teria sido alguma alma ou espírito? Ela não sabia, mas alguma coisa em seu coração lhe dizia que algo de extraordinário estava se passando naquela casa. Apesar do medo, Clarissa pensou que não descansaria enquanto não descobrisse o que era aquilo. Se alguma alma errante estivesse perdida entre aquelas paredes, era sua obrigação ajudá-la.

No dia seguinte, à hora do café, Abílio não se encontrava presente. Ela ficou curiosa, porque ele sempre fazia as refeições acompanhado da família, mas não perguntou nada. Angelina, contudo, percebendo-lhe a curiosidade, foi logo justificando:

— Papai saiu cedo com Tião.

Clarissa olhou-a e não disse nada, até que ouviu a voz de Vicente que, mal-humorado como sempre, indagava:

— Onde ele foi?

— Não sei. Ele nunca diz nada quando sai.

Após alguns breves minutos de silêncio, em que os três tomavam o café, cada qual perdido em seus pensamentos, Clarissa perguntou:

— Vocês ouviram um gemido ontem à noite?

Angelina e Vicente se entreolharam, e foi a menina quem falou:

— Gemido? Como assim?

— Um gemido, não sei. Como se alguém estivesse chorando.

— Ora, Clarissa — troçou Vicente — , na certa foi o vento. Ainda não se acostumou?

— Não, tenho certeza. Havia o barulho do vento, sim, mas havia um gemido abafado por detrás dele.

— Para mim, foi o vento...

— Não, não foi. Já sei distinguir o barulho do vento e estou dizendo que foi outra coisa que ouvi.

— Mas que coisa? — perguntou Vicente, tentando aparentar indiferença.

— Uma coisa, não sei. Como se uma pessoa estivesse sofrendo.

— Pessoa? Mas que pessoa, Clarissa? Eu não fui. Angelina muito menos. Papai então, nem pensar. Quem mais poderia ser? Só se foi o Tião.

— E o que o Tião estaria fazendo aqui dentro, de madrugada? E ainda mais, gemendo?

— Pois é. Então não foi ninguém.

— Não. Foi alguém sim, tenho certeza.

— Mas quem? Será que foi algum fantasma? — zombou Vicente.

— É isso mesmo. Creio que foi um fantasma.

— Está brincando! — exclamou Angelina assustada.

— Não, sua boba — falou Vicente —, ela está falando sério. Na certa, foi o fantasma de mamãe, que voltou para pegar você e arrastá-la para o fundo do mar.

Disse isso engrossando a voz e ergueu os braços, imitando os movimentos de um fantasma. Angelina, indignada com a sua falta de respeito, deu um salto da mesa e desabafou:

— Vicente, você é um menino mau e impossível. Como pode falar assim de mamãe? Não tem respeito?

— Respeito... ora, ela se foi, não foi? Acabou...

— E daí? Devia respeitar a sua memória.

— Memória... mas que tolice. Não tem mais memória alguma. Até isso levaram de nós.

— Isso não é verdade! Você está sendo cruel.

Angelina estava abismada. Como o irmão podia referir-se à mãe daquela maneira? Vicente já ia responder quando Clarissa o interrompeu:

— Angelina tem razão, Vicente. Devemos ter respeito por qualquer pessoa, seja ela viva ou morta. Ainda mais porque era sua mãe.

Vicente ia revidar com uma má-criação, mas, vendo o rosto grave de Clarissa, mudou de ideia. Desde o dia em que se encontraram na praia, ele passara a olhá-la de uma maneira diferente. Ela tinha uma certa ascendência sobre ele que o desconcertava. E depois, ela tinha razão. Ele não queria ser desrespeitoso com a mãe. Sempre a amara e fora muito dedicado a ela. Engoliu em seco e retrucou:

— Tem razão, Clarissa, perdoe-me. Eu estava apenas brincando.

— Pois não devia. Há certas coisas com as quais não devemos brincar. E depois, se quer saber, creio mesmo que foi um espírito, ou fantasma, como preferir, que aqui esteve ontem à noite.

— Ora, Clarissa, não pode estar falando sério.

— Por que não?

— Porque fantasmas não existem. É tudo imaginação de gente ignorante ou impressionável, como Angelina.

Apertou o nariz da irmã, que lhe deu um tapa na mão e revidou:

— Pois eu acho que Clarissa está coberta de razão. Quem foi que disse que fantasmas não existem?

— E quem foi que disse que existem?

— Muito bem, já chega — cortou Clarissa com autoridade. — Essa discussão não vai nos levar a nada. Acho bom vocês terminarem o café e saírem. Seu pai não gosta que se atrasem.

— Mas ele saiu, levando a charrete. E agora teremos que ir a cavalo.

— E qual o problema?

— Nenhum.

Depois que eles se foram, Clarissa ficou pensativa. Alguma coisa havia acontecido na noite anterior. Ela não era louca nem imaginativa. Sabia o que ouvira e tinha quase certeza de que era algum espírito muito necessitado que estava ali. Talvez o espírito de Leonor, por que não? Ela não se suicidara? Seu corpo não desaparecera nas ondas, roubando-lhe a chance de um enterro decente, um túmulo onde os seus pudessem chorar e levar flores? Era bem possível que sua alma estivesse desassossegada, necessitando de auxílio. Mas que auxílio?

Quando terminou de lavar a louça do café, Clarissa enxugou as mãos e subiu. O casarão onde moravam Abílio e a família era imenso. Havia, no andar de cima, cinco janelões que davam para a praia, e cinco que davam para a floresta cortada pela estradinha, num total de dez cômodos, amplos e arejados. Numa das pontas do corredor, do lado direito, ficava a escadaria que conduzia ao andar térreo e, no outro extremo, apenas uma parede, toda caiada, sem portas ou janelas.

Apenas quatro quartos eram utilizados: dois de frente e dois de fundos. O de Angelina era logo o primeiro, e o de Clarissa, o segundo, ambos virados para o mar. Em frente, os quartos de Vicente e Abílio, abrindo para a mata. Os outros seis aposentos permaneciam fechados. Ninguém ia até lá, e Abílio dissera-lhe que não precisava limpá-los, pois estavam vazios. Clarissa, até então, não tivera nenhuma curiosidade de conhecê-los. A própria Angelina a desencorajara, informando que ali não havia nada de interessante. Apenas o último, que fora de sua mãe, permanecia intacto, com os mesmos móveis e cortinas. O pai não deixava que ninguém o tocasse e pediu a Clarissa que não entrasse ali.

À medida que ia avançando pelo corredor, Clarissa se arrepiava. Havia, sem sombra de dúvida, alguma coisa muito estranha naquela casa, e ela sentiu um calafrio. Foi passando defronte às portas fechadas, sem as abrir, até que parou diante da porta do quarto que pertencera a Leonor. Um frio percorreu-lhe a espinha, e ela sentiu um estremecimento. Experimentou a fechadura. Estava trancada. Encostou o ouvido à porta e escutou. Silêncio. O lugar parecia deserto, como tinha que ser. Vendo que aquela porta não se abria, Clarissa voltou pelo corredor, experimentando as outras. Estavam todas destrancadas, e ela as foi abrindo, uma a uma. Dentro de cada aposento, apenas uma cama, um armário e uma cômoda, nada mais. As janelas, trancadas, emprestavam ao ambiente um ar de mofo e poeira. Instintivamente, ela entrou em cada um e foi escancarando as janelas. Aqueles quartos precisavam de ar. Embora ninguém vivesse ali, faziam parte da casa, e ela cuidaria para que fossem diariamente limpos e arejados. Afinal, Luciano estava para chegar, e era óbvio que teria que habitar um daqueles cômodos.

De volta à sala, Clarissa pôs-se a pensar. Não vira nem ouvira nada, mas estava certa do que escutara na noite anterior. Não seria fácil provar sua teoria, mas ela tinha certeza de que havia mesmo um espírito sofredor ali. Queria ajudá-lo, mas o fato é que também tinha medo. Na noite passada, mal conseguira ficar de olhos abertos, encolhendo-se toda sob as cobertas. E mesmo hoje, ao aproximar-se do quarto de Leonor, teve vontade de sair correndo, com medo de que alguma visão aterradora se materializasse na sua frente.

Mas ela queria descobrir. Mais: queria ajudar. Pensou em pedir ajuda a Vicente, mas ele não acreditava. E Angelina era apenas uma menina e nada poderia fazer. Falar com Abílio estava fora de cogitação. Só se... Clarissa bateu palmas de contentamento. Só havia uma pessoa ali capaz de ajudá-la, e essa pessoa era Tião. Era escravo e velho. Devia saber de muitas coisas, muitos segredos e muitas rezas. Sim, decididamente, Tião era a pessoa certa para ajudá-la. Precisava apenas convencê-lo.

Tião era um homem quieto e arredio, e mal falava com ela. Demais disso, era nítida sua fidelidade a Abílio. Tião era daqueles homens que seriam capazes de dar tudo pelo patrão, inclusive a vida. Pensando nisso, Clarissa não pôde deixar de notar a contradição no comportamento de Abílio. Ele era um homem duro, frio, beirando a crueldade. No entanto, tratava o ex-escravo com respeito e distinção, tanto que este permanecera a seu serviço mesmo após a abolição. O marido ainda lhe pagava um bom salário, além de dar-lhe comida e casa para morar. Sim, muito estranha aquela relação. Dava até para desconfiar que existia algo entre eles, algum segredo que não pudesse ser revelado. Quantos mistérios havia naquela casa! E Clarissa precisava desvendá-los. Um a um, ela iria descobrir todos aqueles segredos.

Pensando nisso, ficou à espera de que Tião voltasse. Falaria com ele e descobriria se ele sabia da existência de espíritos ali. Se soubesse, era bem provável que Abílio também estivesse a par de tudo. Provavelmente, na noite anterior, fora ele quem fora ao quarto de Leonor, na certa para rezar pela sua alma.

Sim. Abílio devia acreditar nisso também e, provavelmente, fora refugiar-se na religião dos escravos. Clarissa sabia o quanto aquela religião poderia ser poderosa e confortadora, e ali naquele *fim de mundo*, parecia ser a única alternativa para quem buscasse um pouco do consolo e do conhecimento das coisas ocultas. Isso explicaria a enorme afinidade entre Abílio e Tião. Na certa, quando saíam juntos, iam para algum *terreiro*, e se isso fosse verdade, seria fácil convencer o marido a deixá-la ajudar o espírito da atormentada Leonor.

Mais tarde, Abílio chegou em companhia de Tião e foi direto para seu quarto, sem falar com ninguém. Já havia passado da hora do almoço, e Angelina subira para fazer a lição de casa. Vicente, como sempre, saíra e fora para a praia. Era lá que costumava passar suas tardes, andando e olhando o mar. Vendo Abílio passar por ela feito uma bala, Clarissa foi para a cozinha espiar o velho Tião. Ele caminhava de cabeça baixa, segurando pela mão os bois que puxavam a charrete e conduzindo-os para o estábulo, um pouco mais atrás. Ela demorou-se alguns minutos e saiu atrás dele. Esperou até que ele guardasse os animais e chamou-o:

— Boa tarde, Tião.

O homem olhou para ela desconfiado e retrucou:

— Boa tarde, sinhá. Deseja alguma coisa?

— Não, nada de especial. É que estava passeando e, quando o vi aqui, pensei em puxar uma prosa...

— A sinhá vai me desculpar, mas tenho muito serviço.

— É mesmo? O que vai fazer agora?

— Agora? Hum... vou cortar lenha.

— Ora, Tião, a quem quer enganar? Então não sei que o depósito está cheio de lenha?

— Sinhá, não sei aonde quer chegar.

— Não quero chegar a lugar nenhum. Já disse, quero apenas conversar.

— E sobre o que a sinhazinha quer conversar?

Ela ficou durante algum tempo estudando-o e, quando falou, foi no tom mais desinteressado que conseguiu imprimir a sua voz:

— Diga-me, Tião, o que uma moça pode fazer por aqui para se distrair?

— O quê? Escute, sinhá, não estou entendendo o que quer dizer, mas acho melhor parar com essa conversa. Sinhô Abílio pode não gostar.

— Por quê? O que tem de mais? E você? Por acaso tem medo dele?

— Medo? Não, sinhá. Sinhô Abílio é um homem muito bom, e não tenho por que ter medo dele.

— Então não há com o que se preocupar. E depois, não estou perguntando nada de mais. Só quero saber o que há para uma moça feito eu fazer por aqui. Alguma distração? Coros de igreja? Recitais?

— Desculpe, sinhá, mas por que não vai perguntar a sinhô Abílio? Ele pode responder a isso melhor do que eu.

— Tem razão. Mas o caso é que o senhor Abílio e eu não estamos nos falando.

Tião encarou-a desconcertado. Ele sabia da briga que tiveram, mas não tinha nada com isso. Ficou aguardando que ela continuasse, mas ela mudou de assunto:

— Mas diga-me, Tião, onde estão os de seu povo?

— Os de meu povo? Como assim, sinhá? Não há mais ninguém além de mim.

— Não? E os outros escravos, onde estão?

— Escravos? De quem? De sinhô Abílio?

— Hã, hã.

— Sinhô Abílio não possui outros escravos, não. Além de mim, só a velha Olinda, que já morreu.

— Sei...

— Por que a sinhá quer saber?

— Lá na minha terra, tínhamos muitos escravos. Não que eu aprovasse a escravidão, não é isso. Mas meu pai, sim, e eu tinha que respeitá-lo. No entanto, sempre gostei de estar no meio deles. Amo sua língua, seus costumes, sua religião. Conheço até algumas de suas cantigas...

— É?

Tião estava surpreso e confuso, sem saber o que dizer. Jamais poderia imaginar que uma sinhazinha tão bonita, tão fina, tão educada fosse gostar das coisas dos negros. No entanto, aquela revelação fez com que sentisse uma certa simpatia pela moça, e ele sorriu, ouvindo a vozinha de Clarissa, que mansamente lhe dizia:

— É sim, Tião. Vó Tonha me ensinou tantas coisas...

— Vó Tonha?

— Sim, uma ex-escrava. Ela também já morreu, bem velhinha. Foi quem ajudou a nos criar. A mim e a meus irmãos, e também a meu pai, meu avô e muitos outros da família.

— É mesmo?

— É, sim. Vó Tonha era uma pessoa muito boa, e sabe que sonho com ela às vezes? Penso que é o espírito dela que vem me visitar. — Tião não respondeu, e ela continuou: — Acredita nisso, Tião?

— Em quê, sinhá? Nos espíritos?

— É. Acredita que eles venham nos visitar?

Tião coçou o queixo e olhou para ela, em dúvida. O que estaria pretendendo? Ele estava desconfiado e confuso, mas o fato é que estava já gostando da conversa daquela sinhazinha. Ela lhe parecia muito boa e sincera em suas palavras, e aquilo o agradou. Com um meio sorriso nos lábios, respondeu:

— Acredito sim, sinhá. Creio, como ninguém, na força dos espíritos.

— É mesmo? Mas que maravilha!

— Desculpe, sinhá, mas por que me pergunta essas coisas?

— Sabe o que é, Tião? É que lá na minha terra, eu costumava participar dos rituais dos escravos e me sentia muito à vontade no meio deles. Gostava de ouvir o soar dos atabaques, de cantar suas cantigas, de dançar com eles. Sei até algumas canções. Quer ouvir?

— Quero, sim — respondeu ele curioso.

Ela ergueu as mãozinhas para o céu, agitando-as, e começou a cantar:

— O sinha vanju, O sinha vanju, e, Ae Bamburusenda, O sinha vanju e![1]

Sob o olhar atônito de Tião, ela continuou a cantar e a executar aquele estranho bailado. Quando terminou, olhou para ele e indagou:

— E então? Gostou?

O ex-escravo, completamente aturdido, passou as mãos pelos cabelos encanecidos e balbuciou:

— Sim, sinhá... é muito bonita.

— Também acho. Sua religião é mesmo uma beleza.

— Sinhá Clarissa, o que quer realmente?

— Nada, não. Apenas pensei se você não poderia me levar lá um dia.

— Levar aonde?

— Ao local onde praticam seus cultos...

O negro tapou a boca com a mão, abafando o grito de surpresa que, por pouco, não deixara escapar. Escolhendo bem as palavras, respondeu:

— Bem, não creio que seja lugar para a sinhá.

— Por que não?

— Bem, a sinhá é branca, rica. Não sei se o patrão ia gostar.

— Meu caro Tião! Vai querer agora me convencer de que o senhor Abílio nunca o acompanhou ao local de seus cultos?

---

[1] Senhora que faz os ventos, Senhora que faz os ventos, sim, é Bamburusenda, A Senhora que faz os ventos.

Tião quedou mortificado. O que estaria ela pretendendo?

— Não entendo o que quer, sinhá.

— Quero saber se o senhor Abílio frequenta os seus cultos.

— Acho que devia perguntar a ele.

— Já disse que não estamos nos falando.

— Então, sinto muito. Não tenho nada com isso e não me agrada ficar falando da vida do patrão.

Ela o encarou bem fundo nos olhos e prosseguiu, falando calmamente:

— Sabe, Tião, não sou totalmente ignorante das coisas espirituais como vocês podem pensar. E o fato é que percebo as coisas.

— Coisas? Que coisas?

— Espíritos...

— Sua vó Tonha?

— Não. Outros espíritos...

— Não sei do que está falando.

— Ora, Tião, não precisa fingir. Já sei de tudo.

— Sabe?

— Sim. Eu ouvi.

— Ouviu? O quê?

— Os gemidos.

— Mas que gemidos, sinhá?

— Gemidos dentro de casa. Como um lamento.

Tião remexeu-se inquieto. Aquela conversa agora o estava deixando muito pouco à vontade. Aonde será que ela pretendia chegar com aquela história de espíritos e gemidos? Sem encará-la, Tião retrucou:

— Deve ter sido o vento...

— Não, tenho certeza. Foi junto com o vento, mas não foi o vento.

— E acha que foram espíritos?

— Sim.

— Isso é loucura. Não há espíritos dentro de casa.

— Não estou assim tão certa.
— Sinhá Clarissa, o que espíritos estariam fazendo aqui?
— Buscando paz.
— Paz? Mas aqui? Por quê?
— Ouça, Tião, vou ser sincera com você. Acho que há espíritos aqui, sim. Ou melhor, há apenas um espírito, em particular...
— Mesmo? De quem?
— Não sei ao certo. De dona Leonor, quem sabe?

Tião quedou mortificado. Aquilo já era demais. Se sinhô Abílio descobrisse, ia ficar louco da vida. Tentando dissuadi-la daquela insensatez, revidou:

— Olhe, sinhá, se eu fosse a senhora, não pensava nessas coisas não. O patrão pode não gostar.
— O patrão não manda em mim. Ele pode até pensar que sim, mas não manda!

Clarissa calou-se subitamente. Parado na porta da cozinha, Abílio os observava. Fazia já algum tempo que estava ali. O suficiente para vê-la e ouvi-la cantar. Sem dizer nada, voltou-lhes as costas e entrou. Tal qual Tião, também estava perplexo. E mais. Estava com medo. Abílio sentiu tanto medo que começou a chorar. Se ela descobrisse tudo, tinha certeza de que não iria entender. E o que seria dele dali para a frente?

CAPÍTULO 8

Abílio já começava a se arrepender de ter-se casado com Clarissa. Aliás, arrependeu-se de haver-se casado novamente. Deveria ter seguido o conselho de Tião. O negro bem que o alertara de que isso poderia acontecer. Mas ele, cansado da desordem da casa e do desleixo dos filhos, achou que já era hora de arranjar-lhes uma segunda mãe. No entanto, deveria mesmo era ter contratado uma governanta. Se ela começasse a fazer perguntas, seria muito mais fácil livrar-se dela. Bastaria pagar-lhe e despedi-la. Mas Clarissa não era uma criada. Era sua esposa, e ele não podia desfazer-se dela como se desfaz de empregados incompetentes.

Olhando para o criado, Abílio suspirou e perguntou:

— O que será que ela está pretendendo?

— Não sei, sinhô. Mas achei muito esquisita aquela conversa dela sobre negros e espíritos. E cantou e dançou como se fosse uma de nós. Vai entender...

— Pois é, Tião. Aí tem coisa. Será que ela está desconfiada?

— Pode ser... Pedir para ir ao terreiro... Veja se pode...

Abílio olhou-o com ar sombrio e retrucou:

— Não pensei que fosse a isso que estivesse se referindo.

O negro devolveu o olhar com outro, de espanto, e exclamou:

— Ficou louco!? Daquele outro assunto, acho que ela nem desconfia.

Abílio já estava começando a se sentir inseguro. O medo começou a invadi-lo, e ele ocultou o rosto entre as mãos, clamando em voz de súplica:

— Por que teve que ser assim, Tião, por quê? Mas ela estava sofrendo, não estava? Foi um pedido dela, não foi? O que eu podia fazer?

Assustado com a reação do outro, Tião levou o dedo aos lábios e sussurrou:

— Psiu! É perigoso falar assim. Alguém pode ouvir.

Percebendo que se exaltara, Abílio recompôs-se, passou a mão pela cabeça e concordou:

— Tem razão. Devo estar ficando louco. Mas é que a culpa me consome. O remorso me tira o sono.

— Não pense mais nisso. O que está feito está feito. Não tem mais remédio. Vosmecê agora é um homem casado, não devia mais pensar nessas coisas.

— Mas como esquecê-la? Como esquecer a única mulher que já amei em toda a minha vida?

— Por favor, sinhô Abílio, cuidado. As paredes têm ouvidos. Vamos mudar de assunto.

Abílio enxugou os olhos e olhou pela janela da cabana de Tião. O sol começava a se pôr no horizonte e, em breve, a lua surgiria sobre o mar. De onde estava, não podia ver a praia, mas ficou a imaginar o brilho das ondas ao luar. Quando tornou a falar, já estava mais tranquilo:

— Leonor amava o mar, não é verdade?

— É sim, sinhô.

— Clarissa não gosta.

— Acho que sinhá Clarissa tem medo. Afinal, passou maus momentos.

— Tem razão.

— Apesar de tudo, acho que vosmecê devia fazer as pazes com sinhá Clarissa. Não fica bem o marido não falar com a esposa.

— Eu bem queria, Tião, mas ela não quer. Recusa-se a falar comigo, e eu não tenho jeito para essas coisas.

— Mas tem que reconhecer que ela é uma pequena danada de bonita.

Abílio sorriu e respondeu, meneando a cabeça:

— É, sim. Pelo menos com isso eu tenho que concordar.

— E não é só isso, não. Ela é uma moça muito decidida também. Meiga, mas decidida. Pude notar. A sinhazinha Clarissa é uma filha de Iansã danada de teimosa.

— É mesmo, não é?

— E muito boa. Deu para perceber o quanto ela é boa. Tem o coração puro.

Abílio olhou para Tião desconfiado. De repente, ele mudou seu discurso e quase chegava a defender Clarissa. Sem entender direito, indagou:

— Posso saber por que você, de repente, começou a elogiar Clarissa? Há pouco me pareceu que não gostava dela.

— Eu nunca disse que não gostava de sinhá Clarissa. No começo, logo quando ela chegou, pensei que fosse uma intrometida, acostumada aos luxos lá da tal fazenda. Mas depois que ela veio com aquela história de religião dos negros, percebi que estava errado. Acho que ela é uma menina muito boa e muito esperta também.

— Esperta, né? Acha que ela pode acabar descobrindo?

— Ela não sabe o que aconteceu, e acho que nem imagina. Mas diz que ouviu espíritos. Por isso, vosmecê tem que tomar cuidado. Ela pode começar a fuçar por aí e acabar descobrindo tudo.

— Isso jamais poderá acontecer, está ouvindo? Jamais.

— Então, é melhor arranjar um jeito de mandar sinhazinha Clarissa de volta. Senão, algo me diz que ela vai acabar descobrindo, sim.

Abílio abaixou a cabeça e não disse mais nada. Só de pensar que Clarissa poderia descobrir seu segredo, encheu-se de pavor. No entanto, já não podia mais mandá-la embora. Casara-se com ela e não podia desfazer-se dela como de uma trouxa de roupa velha. Ele era um homem decente e honrado, e jamais cometeria uma indignidade daquelas. Dera sua palavra ao pai da moça de que cuidaria bem dela e a trataria com respeito e dignidade. Como agora cometer tamanha ofensa, como se ela fosse mesmo uma mercadoria que se compra e da qual se desfaz quando já não tem mais utilidade? Não. Se ela quisesse partir por livre e espontânea vontade, era diferente. Seria a vontade dela, sua opção de ganhar a pecha de mulher descasada. Mas se ela quisesse ficar, o jeito era fazer o possível e o impossível para que ela jamais viesse a descobrir a verdade.

Quando voltou para dentro de casa, Abílio não encontrou ninguém. Os últimos raios do sol deitavam na terra os seus fulgores, e ele saiu para o alpendre, a fim de testemunhar a entrada majestosa da lua. Foi andando pela estradinha que conduzia à praia, tentando não pensar em nada, quando algo lhe chamou a atenção. Sentados na beira da praia, Clarissa e Vicente conversavam, alheios a tudo e a todos, rindo feito dois amigos íntimos. Abílio achou aquilo estranho, e um terrível pressentimento começou a brotar dentro dele. O filho era um rapaz rebelde e arredio, mas era jovem e extremamente bonito.

Será que estava apaixonado por Clarissa, e ela por ele? Afinal, tinham quase a mesma idade.

Não querendo dar-se a perceber, ocultou-se atrás de uma amendoeira e pôs-se a espiar. Clarissa e Vicente conversavam animadamente, sentindo na pele o frescor da brisa do entardecer. Clarissa ia dizendo:

— Sabe, Vicente, você é um rapaz bonito, inteligente. Não tem vontade de sair daqui?

Ele remexeu a areia com um graveto, balançou a cabeça e respondeu:

— Ter, tenho. Mas não sei o que faria longe daqui.

— Não pensa em ir para a capital estudar? Poderia cursar uma universidade.

— Já pensei nisso. Mas não sei mais se é o que quero.

— Por que não? Por acaso seu pai não aprova?

— Aprova, sim. Aliás, é o seu maior desejo. Por isso é que não sei mais se é o meu.

— Você e seu pai não se dão bem mesmo, não é?

— Não quero falar sobre isso de novo.

— Por quê? Talvez eu possa ajudá-lo.

— Ouça, Clarissa, não gosto de meu pai e pronto. Não preciso de ajuda e não quero a ajuda de ninguém para aprender a gostar dele. Gosto das coisas assim como estão. E depois, não entendo por que o interesse. Também não brigou com ele? Nem estão se falando.

— Isso é diferente. Seu pai me destratou.

— E a mim também. A mim, a minha irmã, a minha mãe... e agora a você. Vê como só posso odiá-lo?

— Está bem, Vicente, não quero brigar com você também.

— Ótimo, porque eu não suportaria.

Clarissa sentiu o sangue subir-lhe às faces e indagou, coberta de rubor:

— O quê?

— Não suportaria ficar brigado com você.

— Por quê?

— Porque gosto muito de você. Talvez você seja a única pessoa de quem eu realmente goste. Ainda não percebeu?

— Vicente, por favor... não pode estar falando sério.

— Falo mais sério do que nunca. Mas não se preocupe. Sei que você é esposa de meu pai e não pretendo desrespeitá-la.

Ela corou novamente e balbuciou:

— Não... não entendo... o que... o que... quer dizer... Você não devia falar desse jeito... é meu enteado... e um menino.

— Não sou um menino. E depois, foi você mesma quem disse que não é assim tão mais velha do que eu. Que idade tem? Dezenove? Vinte?

— Dezenove.

— Pois eu tenho dezessete, quase dezoito. Como vê, somos praticamente da mesma idade.

— Pare com isso. Não devíamos estar falando essas coisas.

— Já disse para não se preocupar. Sou um homem honrado e jamais ousaria desrespeitar a mulher de meu pai. No entanto, não posso esconder meus sentimentos. Gosto de você e não há nada que você possa fazer quanto a isso. Não se manda no coração.

— Pare, Vicente, não diga mais nada. Isso não está direito.

— Vai me dizer que também não sente o mesmo por mim?

— Não... isto é... gosto de você, mas como um irmão...

— Irmão uma conversa. Pensa que também não reparei o jeito como olha para mim?

Clarissa estava abismada. Aquele Vicente era mesmo muito atrevido e pretensioso. À medida que ele falava, sua indignação ia crescendo a tal ponto que ela, não podendo mais conter a perplexidade, deu um salto e exclamou:

— Pare já com isso, Vicente! Onde já se viu tamanho absurdo? Sou uma mulher casada. E o que é pior, sou mulher de seu pai. Você é meu enteado e deve me respeitar. E quero que saiba que está enganado. Não sinto nada por você, nada!

Nada além de um amor fraternal e desinteressado. E agora basta! Não vou mais ficar aqui ouvindo essas sandices!

Ela voltou-lhe as costas, enfurecida, e partiu em direção a casa. Estava furiosa, indignada, enraivecida. Nunca havia ouvido tamanho disparate! Ia tão abismada que nem percebeu a presença de Abílio atrás da amendoeira, já agora oculto pelas sombras da noite que acabara de descer. Mesmo no escuro, ele pôde perceber a confusão estampada no semblante de Clarissa.

De onde estava, não conseguira escutar o que eles diziam, mas podia imaginar. Vicente, na certa, fizera-lhe alguma revelação comprometedora, e ela se indignara e fugira. Se isso fosse mesmo verdade, o que seria deles? O que faria para ajudar o filho? Vicente passaria a odiá-lo ainda mais, porque veria nele, não só o homem que lhe roubara os carinhos maternos, mas também aquele que o impedia de ter a mulher amada. Que Deus os ajudasse, porque isso não poderia acontecer. Já perdera a mulher. Como suportar agora perder também o filho?

CAPÍTULO 9

Naquela noite, Abílio não conseguiu dormir. Virava de um lado para outro na cama, abria e fechava os olhos, cobria-se e jogava as cobertas longe. Por mais que tentasse, não conseguia tirar da mente aquela cena da praia e sentiu um imenso desgosto. Ele não sabia como demonstrar seus sentimentos, mas amava os filhos acima de qualquer coisa. Se Vicente estivesse mesmo apaixonado por Clarissa, o que poderia fazer? E se ela o correspondesse? Abílio, de bom grado, teria aberto mão da moça em função do filho. Mas agora isso lhe parecia impossível. Mesmo que renunciasse à esposa, será que o filho conseguiria ser feliz tendo nos braços a mulher de seu pai? E a sociedade? Como enfrentar a maldade alheia, pessoas que jamais lhe perdoariam aquela traição?

Talvez aquilo fosse apenas passageiro. Ela era jovem, bonita, inteligente, quase da mesma idade que ele. Não seria difícil para um rapaz interessar-se por ela. E ele, Abílio, já passara dos quarenta anos, não era mais nenhum garotinho. Reconhecia que o filho era muito parecido com ele, mas era jovem. Seria muito fácil para Clarissa se apaixonar por ele também.

Quanto mais pensava nessas coisas, mais se inquietava. De repente, sentiu um ciúme louco da mulher. Era um misto de sentimentos, uma confusão que não sabia definir. Se, por um lado, abriria mão de Clarissa para que o filho pudesse tê-la, por outro, a ideia de perdê-la o enchia de ciúme. Afinal, ela era sua esposa, fora com ele que se casara. Vicente era seu filho, mas era homem. Seria direito desejar-lhe a esposa?

E Clarissa se recusava a falar com ele, não lhe dirigia uma única palavra, ignorava-o. Se ela se afastava dele, era natural que procurasse mais alguém com quem conversar e se distrair. Angelina era uma boa menina, contudo, era muito criança. Mas Vicente...

Não suportando mais aquela dúvida, Abílio se levantou aturdido. Acendeu a vela e saiu, rumo ao quarto de Clarissa. Abriu a porta sem bater e entrou. Ela estava dormindo e levou um tremendo susto quando o viu ali, parado junto de sua cama, olhando-a com um estranho brilho no olhar. Ele pousou a vela na mesinha e puxou as cobertas da cama, deitando-se ao lado dela, enquanto ela começava a gaguejar:

— Seu Abílio, o senhor não tem o direito...

— Tenho sim, Clarissa. Você é minha esposa, e é dever de toda esposa entregar-se ao marido na hora que ele desejar.

Abílio puxou-a para si, tentando beijá-la, e deitou-se sobre ela. Clarissa começou a se debater e, coberta de raiva, conseguiu revidar entredentes:

— Mesmo que só o que ela sinta por ele seja nojo e repulsa?

Abílio soltou-a, estupefato. Aquilo já era demais. Clarissa tinha nojo dele? Repudiava-o? Por quê? Porque queria estar nos braços de seu filho? Sem dizer nada, levantou-se da cama, recompôs-se, apanhou a vela e saiu. Já na porta, virou-se para ela e falou, a voz vibrante de emoção:

— Creio que tenha sido mesmo um erro casar-me com você, Clarissa, mas agora não há mais remédio. Pois muito bem. Volto a dizer-lhe que é livre para partir...

— Livre? Como posso ser livre se o senhor me ameaça com a ruína e a desonra?

— Isso não é problema meu. Se quer partir, que parta. Acho até que prefiro mesmo que se vá.

— Prefere?

— Sim. Não posso tolerar em minha casa uma mulher que não me respeita e que me atira na face ofensas desse calibre. Quer ir? Vá. Mas considere-se responsável por aquilo que faz e pelas consequências que daí advierem.

— Devo entender isso como uma ameaça?

— Entenda como quiser.

Deu-lhe as costas e saiu, e Clarissa começou a chorar. Queria fugir dali, voltar para sua casa, mas como? Sentia que agora não podia mais ir. Estava ligada a Angelina e Vicente, e não podia deixá-los. Contudo, já não suportava mais as grosserias de Abílio.

Desamparada, Clarissa começou a pensar em Tonha. Como gostaria que ela estivesse ali para ajudá-la. A ex--escrava fora como sua mãe, e ela sentia-se perdida sem os seus sábios conselhos. Pensando nela, Clarissa adormeceu. Em poucos minutos, Tonha apareceu e desligou-a parcialmente do corpo, levando-a para caminhar na beira da praia. Clarissa já começava a se acostumar com aqueles passeios noturnos. Sempre que, liberta pelo sono, encontrava vó Tonha, era à praia que iam para conversar. Parecia que o ar marinho clareava seus pensamentos, ajudando-a a compreender o que não conseguia na vigília.

— Clarissa — começou Tonha a dizer —, por que ignorou meus conselhos?

— Que conselhos?
— Você sabe. Sobre Abílio.
— Ora, vó Tonha, aquele homem é detestável. Ninguém gosta dele, nem os filhos.
— Isso não é verdade. Os filhos estão apenas magoados, mas há em seus corações muito amor pelo pai.
— Magoados? Por quê?
— Em breve você descobrirá.
— Não sei. O senhor Abílio quer que eu parta.
— Mas você não vai partir.
— Confesso que estou tentada. Não fosse a ameaça de destruir a minha família...
— Não é por isso que não vai partir.
— Bem, é verdade que já me afeiçoei a Angelina e Vicente...
— Também não é por isso.
— Não? E por que seria então?
— Porque você sabe que não pode. Você sabe que tem um trabalho a fazer e não poderá partir enquanto não o concluir.
— Trabalho? Mas que trabalho? Não sei do que está falando.
— Sabe, sim. Precisa resolver uns assuntos pendentes.
— Não compreendo. Por mais que me esforce, não consigo me lembrar do que possa ter feito de tão grave ao senhor Abílio.
— Quer ver?

Clarissa assentiu e Tonha, aproximando-se dela, colocou a mão sobre a testa da menina e começou a massageá-la. Imediatamente, uma luz azul começou a espargir-se na escuridão, espalhando-se em direção ao mar, e Clarissa viu-se novamente transportada a bordo da nau portuguesa. Seu nome então já não era mais Clarissa; era Luísa.

Debruçada sobre a amurada, Luísa assistia com prazer a embarcação aproximando-se do cais de Lisboa. Estava com saudades de sua terra natal. Passara muito tempo viajando, em companhia do primo e dos criados, mas agora já era hora de voltar. Sentia falta do conforto do lar, da agitação de Lisboa, das festas suntuosas e da diversidade de amores.

Luísa era uma mulher linda e extremamente liberada para os padrões da época. Tinha os cabelos de um louro escuro, quase da mesma cor do mel, e os olhos negros e cintilantes. As damas da corte a chamavam de *devassa*, sempre que ela não estava por perto. O marido, arquiduque de Linhares, fora um nobre rico e poderoso, que falecera alguns anos antes, deixando-lhe uma fortuna incalculável e o título de arquiduquesa. Mesmo antes do casamento, Luísa já pertencia à nobreza, filha de um conde muito bem-conceituado na corte portuguesa.

O casamento, arranjado por seus pais, não lhe trouxera nenhuma alegria. O arquiduque, quarenta e dois anos mais velho do que ela, não tinha a fibra que ela esperava num marido. Era mesquinho, covarde, feio. Quando se casara, Luísa contava apenas dezessete anos, e ele, cinquenta e nove. Ela se revoltou, pois, na época, apaixonara-se por um jovem barão, de nome Bertoldo, de apenas vinte e sete anos, mas cujo enlace com Luísa não interessava ao conde, seu pai. Dois anos depois de casados, o arquiduque sofreu um ataque do coração, morrendo instantaneamente.

Durante o tempo em que perdurara o casamento, Luísa quase não o vira. Ele passava longos meses em viagens pela Europa e, quando voltava, chamava-a ao seu quarto uma ou duas noites e comparecia com ela às festas realizadas na corte, exibindo sua beleza como um troféu. Mas mal se falavam, e era patente que o seu relacionamento era de pura formalidade e aparência, não havendo nenhum traço em comum que os ligasse. Por isso, quando ele morreu, Luísa sentiu-se, mais do que aliviada, feliz. Tornara-se uma mulher rica e independente, ainda jovem e bonita, e não estava disposta a desperdiçar sua juventude com nenhum outro casamento de aparência. Não precisava mais disso. Dali para a frente, podia fazer o que bem entendesse.

Com tudo isso, era natural que despertasse a curiosidade e a inveja das damas da sociedade da época. Luísa, além de tudo, representava uma ameaça. Seu comportamento livre fazia com que levasse para a cama qualquer homem por quem se interessasse, fosse casado ou solteiro, novo ou velho, rico ou pobre. Luísa gostava do amor, e ser amante era sua principal diversão. O pai chegara a cortar relações com ela, proibindo-a de ir à sua casa, o que acabou por afastá-la do resto da família. Mas isso não impedia que tivesse inúmeros amigos na corte. Não eram raros os jovens que disputavam a sua companhia, e ela se deliciava, vendo o efeito que neles produzia quando adentrava os salões.

Apesar do desprezo da família, apenas um de seus muitos primos, Carlos Castanheira, não cortara relações com ela. Apaixonado pela moça desde a mais tenra infância, não a largava um minuto sequer. Carlos era também um fidalgo, e sua fortuna incalculável colocava-o na cômoda posição de poder enfrentar sem medo a fúria e a intransigência do tio. Devido a sua amizade com Luísa, a família cortou relações com ele também, e Carlos passou a residir com a prima, tornando-se seu amante mais fiel.

Tanta dedicação não podia passar despercebida a Luísa. Carlos era inteligente, astuto, gentil e educado. Além disso, era um homem extremamente atraente e simpático, e era disputadíssimo pelas moçoilas solteiras da corte. Mas Carlos não estava interessado. Amava Luísa profundamente, e a moça também o amava, à sua maneira. Ela o colocava a par de suas aventuras, e ele não se incomodava. Tinha também as suas conquistas e gostava de novas experiências. Desde que Luísa voltasse para seus braços ao final de cada aventura, estava tudo bem. Depois, a fim de evitar escândalos por parte de seus amantes, davam-lhes régias recompensas, para que partissem sem fazer escândalos.

Mas, com o capitão Nicanor, fora diferente. Ele era bonito, másculo, viril. Um homem incomum, rude e, ao mesmo tempo, gentil. Sabia tratar uma mulher como ninguém. Era excelente amante, ardoroso e ousado; um mestre na arte de amar. Isso foi um deleite para a fogosa Luísa. Por mais que Carlos fosse seu cúmplice, Nicanor tinha uma fúria selvagem que a deleitava, e ela se entregou a ele com uma paixão avassaladora, como jamais se havia entregado a mais ninguém.

Pensando nessas coisas, ela se debruçou sobra a amurada e acenou. Muitos amigos, sabendo de sua chegada, vieram recebê-la no cais. Ela estava radiante, saudando-os à distância, quando ouviu a voz de Carlos atrás de si:

— Então, Luísa, feliz com a volta?

Ela encarou o primo, tentando imprimir-lhe um certo distanciamento, e respondeu:

— Sim, Carlos. Estou fora há quase um ano. É bom voltar para casa. E você? Não está feliz?

Carlos olhou bem fundo em seus olhos negros. Não era nenhum tolo e percebia que havia algo de diferente naquele Nicanor. No princípio, Luísa agira como sempre fizera. Pulava para a cama do capitão e depois voltava para ele. Mas no decorrer da viagem, passou a evitá-lo e a tratá-lo com frieza, esquivando-se de sua companhia. Aquilo nunca acontecera, e Carlos podia ver um brilho diferente nos olhos de Luísa quando olhava para Nicanor. Pela primeira vez em sua vida, Carlos sentiu medo de perdê-la, e seu coração se contraiu. Aquilo não poderia acontecer.

Segurando-lhe as mãos longas e finas, Carlos declarou, a voz trêmula de emoção:

— Eu, mais do que ninguém, ansiava pela chegada.

Fingindo não perceber a intenção por detrás daquelas palavras, Luísa retrucou com desinteresse:

— É mesmo? Por quê? Não gostou da viagem?

— Você sabe por quê — respondeu ele, chegando o rosto bem próximo do seu.

Afastando-se dele, Luísa revidou friamente:

— Não posso imaginar o motivo. Foi uma viagem tão divertida!
— Não se engane — rebateu Carlos de chofre. — Ele jamais será seu.
Luísa gelou e respondeu, tentando aparentar naturalidade:
— Não sei do que está falando.
— Sabe, sim. Estou falando do nosso capitão.
— Deixe de ciúmes, Carlos, por favor. Você me conhece...
— No entanto, torno a dizer que ele jamais será seu.
Sentindo a raiva crescer dentro do peito, Luísa esbravejou:
— Quem lhe disse? E o que é que você tem com isso?
— Nada. Só não quero que você tenha uma decepção e sofra.
— Pois agradeço muito a preocupação, mas não preciso de você. Sei me cuidar sozinha.
— Sei que sabe. Mas, ainda assim...
— Não me aborreça, Carlos. Você é meu primo e meu amante. Não é meu dono.
Furiosa, Luísa voltou-lhe as costas e foi para o outro lado. Não queria mais ouvir aquela conversa tola e inútil. Era óbvio que Nicanor seria seu. Ela não tinha a menor dúvida. Sentia por Carlos, mas já não o amava mais. Amava Nicanor, e ele seria seu, de uma maneira ou de outra. Era só esperar.

De volta aos tumultuados ares da corte, Luísa retomou sua vida social intensa. Logo que chegou, mandou preparar uma festa em seu castelo de Lisboa, para matar a saudade dos amigos. Todos os nobres e fidalgos de Portugal foram convidados, inclusive seu pai, que nem se deu ao trabalho de responder ao convite. Luísa sempre o convidava, não por amor, mas para afrontá-lo. O pai, orgulhoso e moralista, revoltava-se com aqueles convites, mas não cedia a suas provocações.

A festa estava magnífica, e ninguém queria perder a oportunidade de comparecer ao castelo da arquiduquesa de Linhares. Os homens iam porque a admiravam, gostavam de sua beleza, de sua conversa inteligente, de seus gestos livres. As mulheres compareciam porque a invejavam e porque não queriam perder a oportunidade de testemunhar mais uma de suas extravagâncias. Depois, quando a festa terminava e elas se iam, falavam mal de Luísa por trás, chamando-a de libertina e devassa. Luísa sabia desses comentários maldosos, mas não se incomodava. Aquelas mulheres tinham a sua serventia. Era através delas e de seus mexericos que Luísa cada vez mais despertava a curiosidade e a atenção dos homens, e isso era o de que mais gostava.

Naquela noite, em especial, Luísa estava deslumbrante, pronta para receber o capitão Nicanor como seu convidado de honra. As horas, contudo, foram passando, e ele nada de aparecer, o que a deixava inquieta e transtornada. Lá pelas tantas, quando já não esperava mais que ele viesse, o capitão finalmente apareceu, trazendo pelo braço belíssima dama, cujos traços delicados os presentes não deixaram de admirar.

Vendo o seu amado adentrar os salões ao lado de tão bela companhia, Luísa ficou furiosa e partiu ao seu encontro feito uma bala de canhão: rápida e pronta a destruir. Acercando-se dele, procurou manter a calma e a pose. Afinal, era uma arquiduquesa e não conquistara a admiração de homens e mulheres fazendo escândalos em sua própria casa. Tentando aparentar tranquilidade, saudou os recém-chegados com um sorriso frio e perscrutador:

— Capitão Nicanor, que honra me causa a sua presença!

— Alteza — respondeu ele, fazendo uma mesura —, a honra foi minha em receber o seu convite. Mas deixe que lhe apresente. Esta é minha esposa, Agripina de Sousa. Agripina, apresento-lhe Sua Alteza, Luísa de Mello Alves, arquiduquesa de Linhares.

Um raio não a teria fulminado com mais violência. Ao ouvir aquelas palavras, Luísa quase desmaiou. Sentiu-se mal, teve uma tonteira e precisou se apoiar no braço que Nicanor, de forma estudadamente cerimoniosa, lhe estendia.

— Sente-se bem, Alteza? — indagou ele, com ar de fingida preocupação.

— Alteza — interrompeu Agripina interessada —, quer que chame alguém?

— Não... não... Estou bem. Foi apenas uma leve indisposição, nada mais — Luísa se recompôs, armou um sorriso artificial e continuou: — Seja bem-vinda à minha casa, dona Agripina. Espero que se divirta. E agora, se me dão licença, preciso ver como estão os outros convidados.

Luísa fez uma reverência e saiu espumando. Então aquele idiota era casado. Por que não lhe dissera? E o que estaria pretendendo, levando a esposa ali sem nem avisá-la? Será que queria afrontá-la? Ou teria sido essa a maneira que encontrara de lhe dizer que tudo estava acabado? O covarde. Sequer tivera a dignidade de lhe dizer pessoalmente.

Sentindo que ia explodir, Luísa subiu a seus aposentos. Precisava pensar e se recompor. Era uma mulher da mais alta sociedade de Lisboa e não pretendia dar motivo para que seus inimigos rissem dela. Isso não. Jamais seria motivo de escárnio. Preferia, antes, esmagá-los a todos.

Luísa estava sentada na cama, o rosto afundado entre as mãos, quando ouviu passos perto de si. Olhando para o chão, viu duas pontas de botas masculinas e já sabia a quem pertenciam antes mesmo de fitá-lo.

— O que quer? — indagou, sem nem levantar o rosto.

— Luísa — falou Carlos com ternura —, eu tentei avisá-la.

— Avisar-me de quê? De que ele era casado?

— Sim, mas você não quis me ouvir.

Luísa olhou para ele e suspirou, deixando que as lágrimas escorressem pelo seu rosto. Carlos, penalizado, sentou-se a seu lado e pousou-lhe a cabeça em seu ombro, acrescentando cheio de compreensão:

— Não fique triste, meu amor. Isso vai passar.

— Triste, eu? Não se deixe enganar pelas minhas lágrimas. Não sou mulher de desistir facilmente. Se Nicanor pensa que pode servir-se de mim e depois me descartar, está muito enganado. Ele não sabe com quem está lidando.

— O que pretende fazer? Vingar-se? Destruí-lo?

— Destruí-lo? Não. Pretendo destruir seu casamento.

— Isso é loucura, Luísa. Você só vai se ferir. Ele jamais deixará a esposa por você.

— Como sabe?

— Quis lhe contar no navio, mas você não me deu ouvidos. Os comentários entre a tripulação eram de que o capitão é louco pela mulher e que jamais a trocaria por outra. Ainda que linda e rica feito você.

Luísa sentiu o ódio crescer dentro dela e, faces em fogo, esbravejou:

— Isso é o que ele pensa! Não sou mulher que se rejeite ou abandone! O que ele fez? Usou-me? Pois está muito enganado se pensa que vou resignar-me a ser usada e abandonada como um traste. Não vou. Nicanor há de ser meu, custe o que custar!

— Não seja louca, Luísa. O que você pode fazer?

— Ainda não sei, mas vou encontrar um jeito. Sou poderosa, influente, e ele é um joão-ninguém. Esmago-o antes mesmo que possa implorar o meu perdão.

Angustiado, Carlos segurou-a pelos ombros e, olhando fundo em seus olhos, tentou contemporizar:

— Para que isso, Luísa? Então não a amo? Nós sempre nos demos bem, não foi? Por que estragar tudo agora? Nicanor foi apenas uma aventura como tantas outras. Deixe-o para a mulher e volte para mim, como sempre fez. Foi um jogo, Luísa, já terminou.

Ela o olhou com desdém. Desvencilhando-se dele, respondeu friamente:

— Foi um jogo? Pode ser... Mas eu jamais sairei perdedora. Jamais!

— Por favor, querida, esqueça Nicanor. Já acabou.

— Não, não acabou. Agora é que vai começar.

— Mas, e eu? Por quanto tempo mais devo ficar esperando?

Ela soltou um suspiro e fitou-o com olhar gélido, acrescentando com frieza:

— Creio que chegou a hora de dizermos adeus.

— O que quer dizer com isso?

— Quero dizer que nosso romance é que acabou. Não o quero mais em minha vida.

— Você não pode estar falando sério.

— Nunca falei tão sério em toda a minha vida. Você já me cansou, não o desejo mais. Por favor, junte suas coisas e vá embora.

— Mas Luísa, e o nosso amor?

— Amor? — ela esboçou um sorriso de desgosto. — Lamento, Carlos, mas acabou. Nosso amor se esvaiu ao vento. Depois que conheci Nicanor, não posso amar mais ninguém. Amo Nicanor e só a ele, e ele tem que ser meu.

Carlos encheu-se de ódio. Amava Luísa, e aquele capitãozinho aparecera do nada para tentar roubá-la dele. Tinha que impedi-lo. Era preciso, ele sim, destruir o capitão. Faria qualquer coisa para tirá-lo de seu caminho. Luísa não podia amá-lo. Fora ferida em seu orgulho pelo único homem que ousara desfazer-se dela. Só podia ser isso e, por mais dolorido que fosse, caberia a ele mostrar-lhe essa verdade.

De repente, a visão se desfez, e Clarissa voltou para a beira da praia, ao lado de Tonha. Estava indignada e confusa. Por que vó Tonha lhe mostrava aquelas coisas?

— Sabe, minha filha — respondeu Tonha, no mesmo instante —, às vezes Deus nos permite ver as coisas de ontem para que possamos compreender as de hoje e melhorar as de amanhã.

— Não sei se compreendo muito bem... O que foi tudo isso?

— Será que você, realmente, não compreende o que se passou?

— Sei que fui Luísa, e Abílio, Nicanor. Mas o que houve entre nós não justifica o que estou atravessando hoje.

— Vocês se comprometeram pelo poder, pelo ciúme, pela posse. Luísa nunca amou Nicanor, mas não soube perdê-lo para a esposa.

— Mas ele me usou!

— Só se pode usar alguém que se permita ser usado. E depois, numa relação, há interesses mútuos, e cada qual tira proveito daquilo que mais lhe convém. Quando a relação é de amor, o proveito que ambos retiram é o mais sublime e gratificante. Não há cobranças nem queixumes, nem orgulho, nem posse. Só felicidade e prazer. Mas vocês se ligaram pela atração física e pelo sexo. Não havia nada além disso que pudesse preencher os seus corações, e toda relação desse feitio tende a se esgotar quando se esgotam as novidades do sexo. É preciso estar consciente dos riscos e saber perder. E você não soube perder o homem que era objeto de seus desejos para a mulher que ele realmente amava.

— Mas eu também o amava!

— Você não o amava. Se o amasse de verdade, teria deixado que partisse quando ele escolheu ficar com a esposa. Mas você se sentiu ferida em seu orgulho, porque perder Nicanor representava muito mais do que a perda do amante, representava, sobretudo, a perda de um poder que você julgava absoluto. Só que não há poderes absolutos, principalmente sobre as coisas do coração. Se não podemos mandar em nossos próprios corações, que dirá naqueles que não nos pertencem. Ninguém pode determinar, a si próprio ou a outrem, de quem vai gostar e por quanto tempo.

Ela refletiu por alguns instantes, até que tornou curiosa:

— Mas o que aconteceu depois? O que fiz a Nicanor para que ele, hoje, no corpo de Abílio, se vingasse de mim dessa maneira?

— Ele não está, propriamente, se vingando de você. Está tentando superar as dificuldades, mas elas permanecem ainda em estado latente em sua alma. São sentimentos que ele não consegue definir, mas que não se perdem no decorrer dos anos. É preciso modificar esses sentimentos, não desprezá-los.

— É por isso que ele se empenha em me espezinhar? Porque não consegue, intimamente, superar o mal que lhe fiz?

— Você não lhe fez nenhum mal. Viveu de acordo com a sua maturidade espiritual naquela época, agindo da forma que achava certa. Assim como ele, hoje, age da maneira que julga mais adequada, embora, internamente, esteja se esforçando para se modificar. Esforço esse que você ainda não se empenhou em empreender.

— Mas o que posso fazer, vó Tonha? A presença de seu Abílio me causa repugnância... Não foi você mesma quem disse que não se pode mandar no coração? Então, não tenho culpa de não gostar dele. Como esforçar-me para aceitá-lo se só o que sinto por ele é desprezo?

— Abra o seu coração e será mais fácil. Você está fechada na sua verdade e se faz cega a qualquer outra.

— Eu!? Seu Abílio é quem se julga o dono da verdade, não eu.

— Você está tão preocupada com o seu sofrimento que não consegue enxergar que há outros sofrendo ao seu redor.

— Se está se referindo a seu Abílio, ele sofre porque quer. Ninguém mandou me tirar da minha casa.

— Se é assim, você também quer sofrer. Por que foi pedir para reencarnar junto dessa família?

— Mas eu não pedi!

— Você sabe que pediu. E está sofrendo por sua própria teimosia. Mas não precisa ser assim. Ninguém tem que sofrer. Basta se colocar disponível para a vida que ela se encarrega de lhe mostrar o caminho certo. Não resista, Clarissa, desarme-se e entregue-se ao seu destino. Fica difícil e cansativo caminhar contra a força do vento.

— Não sei se posso fazer o que me pede. Por mais que tente, não consigo compactuar com a tirania de Abílio.

— Não precisa concordar com ele. A submissão embota o crescimento e estimula o dominador a permanecer na tirania. Divirja dele, mas com amor. Exponha suas opiniões, suas ideias, sem medo de contrariá-lo, mas faça isso com respeito e amorosidade. Não é preciso gritar nem brigar, mas seja enérgica quando necessário. Seja firme, não agressiva. Se você conseguir proceder dessa maneira, em breve verá que Abílio também irá desarmar-se e passará a confiar em você, e você se surpreenderá com o homem maravilhoso que ele é.

— Maravilhoso? Acho difícil de acreditar.

— Pois acredite. Abílio revestiu-se de uma capa, e caberá a você ajudá-la a cair.

— Não sei se serei capaz.

— Não foi capaz com Vicente?

— Com Vicente foi diferente. Ele é um menino ainda, muito revoltado e perdido...

— Exatamente como o pai. Mas você teve com Vicente uma paciência e uma determinação que não tem com Abílio, não é verdade?

— Sim, é verdade.

— E viu como foi fácil conquistá-lo?

— Vicente é um menino carente. Precisa de amor...

— Abílio também. A diferença é que você prontamente reconheceu em Vicente um espírito amigo, cujas afinidades logo a fizeram quebrar a muralha de gelo que ele erguera entre vocês.

— Vicente, espírito amigo? Mas quem? — Ela pensou por alguns instantes, e logo o identificou em seu passado. — Teria sido Carlos?

— Isso mesmo. Você e Carlos são espíritos afins, e foi fácil para você entender-se com ele. Mas sua reconciliação deve ser com Abílio. Não perca essa oportunidade, Clarissa, pois será a única nesta vida.

Clarissa abaixou os olhos e começou a chorar. No fundo, sabia que Tonha tinha razão. Sentia que precisava aprender a amar Abílio assim como já conseguia amar Vicente. Mas tudo lhe parecia tão difícil! Ele era irascível e grosseiro, e ela, revoltada com o destino que o pai lhe selara. Como fazer para superar a antipatia natural que sentia por ele?

Como que escutando seus pensamentos, Tonha apanhou a mão de Clarissa e respondeu com simplicidade:

— Ore, Clarissa, ore...

Em seguida, levou-a de volta ao corpo físico e desapareceu no ar.

CAPÍTULO 10

Nos dias que se seguiram, Clarissa resolveu mudar de comportamento. Sentia vontade de acabar com aquela briga entre ela e Abílio. Afinal, eram casados, e se podiam viver em paz, por que instaurar uma guerra dentro de casa? Aquilo não levava a nada. Ela não concordava com as coisas que ele fazia, mas não precisava destratá-lo daquela maneira. Precisava encontrar um jeito de remediar aquela situação, de passar por cima do próprio orgulho e concretizar a reaproximação. Mas como?

A oportunidade se fez num domingo de sol e muito calor, quando Angelina foi ao seu quarto logo pela manhã.

— Ah! Angelina, entre — disse Clarissa, vendo-a parada na porta. — Já vou descer.

— Por que não vamos passear hoje?

— Passear? Aonde gostaria de ir?
— Podemos fazer um piquenique. Há tantos lugares lindos que você não conhece...

Clarissa olhou-se no espelho. Já andava mesmo cansada de ficar por ali. Desde que chegara, o mais longe que havia ido fora até a praia, perto do forte São Mateus. A cidade, só conhecera no dia em que chegara, e pouco ou nada guardara de suas ruas. Viera cansada, traumatizada ainda pelas impressões do naufrágio, e não prestara muita atenção a nada.

— Tenho uma ideia melhor — falou Clarissa, após alguns minutos. — Por que não vamos até a cidade?
— À cidade?
— Sim. Mal a conheço. Gostaria de ver-lhe as ruas, a escola onde você e Vicente estudam, a igreja. Há uma igreja, não há?
— Na verdade, mais de uma.
— Então? Não gostaria de ser minha guia nessa excursão?
— Hum... se papai deixar.
— Vai deixar sim, tenho certeza.
— Você vai pedir a ele?
— Bem, Angelina, pensei que talvez você pudesse falar com ele.
— Sei... vocês ainda estão brigados, não é mesmo?
— É, sim.

Angelina pensou durante alguns segundos, com o dedinho indicador no lábio, até que concordou:
— Está certo. Vou falar com ele.
— Ótimo.
— Espere aqui que já volto.

Ela correu para o quarto do pai. Era cedo, e ele ainda não descera para o café. Bateu de leve na porta, e ele mesmo veio abrir.

— Angelina! — exclamou ele, surpreso porque ela raramente ia ao seu quarto. — Aconteceu alguma coisa?

— Acontecer, não aconteceu nada. Mas gostaria de pedir-lhe uma coisa.

— O que é?

— Sabe, papai, é que Clarissa e eu estivemos pensando... gostaríamos de dar um passeio na cidade. Isto é, se o senhor concordar, é claro...

Abílio mordeu o lábio e encarou a filha. Pensava que Clarissa iria embora, mas ela, por um motivo que ele desconhecia, resolvera ficar. Ela era sua esposa, e ele não podia trancá-la dentro de casa. Reconhecia que ela nunca saía e pensou que talvez fosse uma boa ideia levá-la até a cidade. Quem sabe assim não arejasse as ideias?

— Está bem, minha filha — disse ele por fim. — Após o café, eu as levarei. Tenho mesmo que acertar umas coisas com o compadre Maurício, e posso deixá-las na praça e depois buscá-las. Que tal?

— Oh! Papai, é perfeito! Obrigada!

Instintivamente, Angelina correu para o pai, atirou-se em seu pescoço e estalou-lhe um beijo na face, deixando-o desconcertado e enrubescido. A filha sempre fora uma menina muito meiga, mas, depois que Leonor se fora, acabara por afastar-se dele e raramente o beijava. Ou será que fora ele quem se afastara dela? Mas aquele beijo encheu-o de prazer, e ele desajeitadamente afagou a cabecinha da filha.

Depois do café, Angelina e Clarissa se prepararam para sair. A moça enfeitou o vestido de Angelina e prendeu-lhe uma fita no cabelo, penteando-o com graça e jovialidade. Em seguida, arrumou-se com apuro, empoou o rosto e saiu. Abílio já as estava esperando ao lado da charrete, junto com Tião, que iria guiar os bois. As moças subiram na traseira do carro e se acomodaram, Clarissa sem trocar uma palavra com Abílio. Ele ajudou a filha a subir e, depois que ela se ajeitou, estendeu a mão para auxiliar Clarissa. Ela tomou-lhe a mão meio sem jeito e, por uns instantes, seus olhos se cruzaram.

Abílio sentiu um estremecimento, e Clarissa se emocionou. O que estaria acontecendo? Por que sentia aquela emoção por um homem que detestava?

Depois que ela subiu, seus olhos pousaram na janela da sala, e ela viu Vicente, que os espiava por detrás do vidro. Mesmo à distância, Clarissa pôde perceber uma nuvem de ódio sobre o seu semblante. Sem prestar atenção ao rapaz, Tião pôs o carro em movimento, e os bois começaram a se movimentar. Não haviam rodado dois metros quando Clarissa gritou:

— Espere! Pare!

Tião freou os animais, confuso. Pensou que ela tivesse caído, mas não. Ela e Angelina estavam bem. Logo que ele parou, Clarissa se levantou, pôs as mãos em concha ao redor da boca e chamou:

— Vicente! Vicente!

Abílio estremeceu. O que ela estava pretendendo? Enfrentá-lo? Ele voltou os olhos para a casa e viu quando o filho apareceu na porta da frente.

— O que foi? — indagou ele, a voz carregada de raiva.

— Venha cá, Vicente, venha conosco! Vamos passear!

O rapaz ficou confuso, sem saber o que fazer. Seu coração, no momento em que escutara a voz de Clarissa, quase saltou pela boca, e ele pensou que iria desmaiar de tanta felicidade. Mas, vendo-a na charrete, ao lado da irmã e do pai, desanimou. Não queria a companhia deles, não os tolerava.

— Venha, Vicente! — insistia Clarissa.

Abílio pensou em mandar Tião tocar o carro avante. No entanto, ela falava com o filho, e ele não podia virar-lhe as costas abruptamente. Sabia que Vicente o odiava, mas não sentia o mesmo por ele. O filho não se abria com ele, e Abílio não sabia como conquistar-lhe o amor e a confiança.

Vendo que ele não se decidia, Abílio resolveu intervir:

— Se quer vir conosco, Vicente, apresse-se.

— Venha, Vicente, por favor — continuava Clarissa a pedir.

— Por que quer que ele vá? — interrompeu Angelina. — Ele é um intrometido e só vai atrapalhar.

— Não fale assim de seu irmão, Angelina — cortou o pai. — Não está direito.

Ela abaixou os olhos e sussurrou:

— Desculpe, papai.

— Então, sinhozinho, como é? — perguntou Tião. — Vem ou não vem?

Após alguns minutos de reflexão, pesando bem os prós e os contras, Vicente resolveu aceitar. O pai e a irmã que se danassem. Gostava de Clarissa e só aceitava o convite por causa dela, para estar junto dela, gozar de sua companhia, de seu riso, de sua beleza. Sem responder, bateu a porta de casa e saiu correndo, alcançando a charrete em poucos segundos. Subiu na parte de trás e sentou-se ao lado de Clarissa, sorrindo para ela. Abílio fingiu não perceber a enorme simpatia que fluía entre eles e deu ordem a Tião para partir.

Em silêncio, Tião novamente pôs o carro em movimento, e eles partiram. No caminho, Clarissa ia se deliciando com a paisagem, aproveitando para desfrutar de toda aquela inigualável beleza. Subitamente, ouviu a voz de Vicente, que lhe perguntava:

— Aonde vamos?

— Não sei, dar um passeio. Quero conhecer a cidade, sua escola, ir à igreja...

— É melhor irmos à igreja primeiro — sugeriu Angelina. — Depois poderemos passear pela cidade.

— Por que quer ir à igreja, Clarissa?

Ela fitou o horizonte, deu um suspiro profundo e respondeu:

— Gostaria de rezar um pouco. Agradecer a Deus por estar viva.

Abílio, discretamente, fitou Tião pelo canto do olho. Estaria sendo sincera ou apenas disfarçando?

— Você é religiosa? — indagou Vicente. — Costumava ir sempre à igreja em sua terra?

Clarissa jogou a cabeça para trás, aproveitando o sol da manhã, e respondeu, sem abrir os olhos:

— Não sei se sou religiosa. Acredito em Deus e em suas várias manifestações. Sei que Deus existe e que pode nos ouvir em qualquer lugar: na igreja, em casa ou no terreiro dos negros.

Terminou essa frase abrindo os olhos e olhando bem dentro dos olhos de Vicente, que retrucou:

— Se é assim, por que quer ir à igreja? Por que não reza em casa mesmo ou pede a Tião que a leve...

— Basta, Vicente! — ordenou o pai. — Já falou demais.

Vicente calou-se. Efetivamente, falara demais. O pai não gostava que eles falassem sobre o lugar que Tião frequentava, porque não queria que ninguém soubesse que ia com ele. Desde que a mãe partira, ele se voltara para aquelas crendices.

Seguiram o resto do percurso em silêncio, cada qual imerso em seus próprios pensamentos. Quando chegaram à cidade, Clarissa, Angelina e Vicente saltaram, e as moças seguiram direto para a igreja Nossa Senhora da Assunção. Chegaram bem na hora da missa, e Clarissa assistiu ao culto com respeito, orando fervorosamente. Embora não julgasse necessários templos ou imagens para se ligar a Deus, reconhecia que um ambiente preparado ajudava muito, e aquela igreja tinha uma aura benfazeja que lhe trouxe grande paz.

Depois da missa, saíram. Vicente as aguardava do lado de fora, sentado perto do coreto, e levantou-se assim que as viu, correndo ao seu encontro. Ladeada por Vicente e Angelina, Clarissa saiu a caminhar pelas ruas. Ruas? Na verdade, havia pouquíssimas ruas, iluminadas por lampiões a querosene, cortadas por becos e travessas, onde se viam algumas casas de pau a pique e sobrados residenciais. Visitaram o convento e a igreja de Nossa Senhora da Guia, a Ordem Terceira de São Francisco, foram à Rua da Praia, onde se concentrava o comércio da cidade, fechado naquele dia, ladeada pelo canal do Itajuru, de águas verdes e cristalinas.

    Por volta do meio-dia, voltaram para a praça, sentaram-se e comeram o lanche que Clarissa havia preparado. Estavam cansados, porém, felizes. Divertiram-se muito, e Clarissa tinha que concordar que a cidade, apesar de pequena, tinha seu encanto. O céu e o mar emprestavam-lhe um colorido natural e fantástico, e ela agora começava a reconhecer-lhe a beleza. Cabo Frio era, realmente, um lugar majestoso, onde a natureza fora pródiga em seus atributos, concentrando ali o que tinha de mais maravilhoso.

    — E então, Clarissa — perguntou Vicente — , o que achou de nossa cidade?

    — Confesso que estou impressionada — respondeu ela, sem tirar os olhos de Angelina, que corria atrás de uns cachorrinhos, gritando para a menina: — Cuidado, Angelina, olhe os cavalos e as carroças!

    Angelina olhou para ela e sorriu.

    — Não se preocupe — disse. — Terei cuidado.

    Angelina voltou para a calçada, trazendo no colo um dos cachorrinhos, e continuou a brincar com ele. Vendo a menina em segurança, Clarissa voltou-se para Vicente e continuou:

    — A cidade está ainda muito atrasada, mas as belezas naturais são incríveis.

    — Contudo, você há de convir comigo que a falta de estradas torna a cidade pouco interessante para se visitar.

    — Sim, claro. É difícil alguém se interessar por um lugar cujo único acesso é por mar e cuja travessia pode ser bastante perigosa.

    — É verdade. Ou é isso, ou são quatorze horas a cavalo, pelo meio do mato.

    — Isso é impossível. Ninguém em sã consciência...

De repente, ouviram um grito, e Clarissa deu um salto, procurando por Angelina. A menina havia desaparecido, bem como o cãozinho com que brincava. Olhando um pouco mais além, viu uma pequena aglomeração perto de um carro de bois e seu coração disparou. Vicente lançou-lhe um olhar que dizia tudo e correu, e Clarissa correu atrás dele. Quando chegaram, Angelina estava caída no chão, em frente à carroça, desmaiada, um filete de sangue escorrendo-lhe da testa. Clarissa empalideceu e quase desmaiou, e Vicente, mais que depressa, ajoelhou-se ao lado da irmã, encostando o ouvido em seu peito.

— Ainda respira — disse aliviado.

— Não tive culpa — desculpava-se o velho que dirigia a carroça. — Ela saltou na minha frente, veio correndo. Não tive tempo de desviar...

O homem estava desolado. Efetivamente, Angelina, tentando segurar o cãozinho, correra atrás dele, mas o animalzinho fugira, e a menina não conseguiu se desviar da carroça a tempo.

— Angelina! Angelina! — chamava Clarissa. — Pode me ouvir? Pelo amor de Deus, Angelina, diga alguma coisa.

Angelina não respondia. Estava inconsciente e não escutava nada. Subitamente, ouviram uma voz tonitruante, surgida do meio da multidão:

— Deixem-se passar! Sou o pai da menina, deixem-me passar!

Quando Clarissa viu Abílio se aproximando, deu um salto e exclamou, agarrando sua mão e puxando-o para perto de Angelina:

— Oh! Graças a Deus que chegou, seu Abílio! Ajude-me! Precisamos levá-la a um médico.

— Senhor, não tive culpa — continuava o velho a se desculpar. — Foi um acidente, não tive culpa. Ela correu atrás do cão, não tive tempo...

Mas Abílio nem ouvia o velho. Sem dizer palavra, abaixou-se ao lado da filha e ergueu-a no colo, falando para Tião, parado logo atrás dele:

— Vá buscar a carroça.

Mais que depressa, Tião saiu em busca da carroça, e logo acomodaram a pequena na parte de trás, deitando sua cabeça sobre o colo de Clarissa. Entraram rapidamente e partiram.

— Depressa! — ordenou Abílio. — Para a casa de pai Joaquim.

Tião estalou o chicote no lombo dos bois, que partiram em direção à casa de pai Joaquim. Quem seria ele? Clarissa estava intrigada, mas achou melhor não fazer perguntas. Estava concentrada na menina e pedia a Deus que a salvasse.

— Como aconteceu? — indagou Abílio asperamente.

Vicente olhou para Clarissa. Sabia que viria tempestade por ali e preferiu não dizer nada. Não era culpa dele se a irmã fora parar debaixo de uma carroça. Clarissa, porém, respondeu calmamente:

— Nós estávamos conversando, enquanto Angelina brincava com o cachorrinho. De repente, escutamos um grito e, quando olhamos, ela estava caída perto da carroça.

— Você se distraiu, Clarissa. Angelina é uma criança, e você deveria estar tomando conta dela. Foi uma irresponsabilidade!

Clarissa mordeu os lábios, com raiva. Tinha vontade de gritar com ele, mas conteve-se. Ao invés disso, escolheu bem as palavras e respondeu em tom sereno, porém, firme:

— Tem razão, seu Abílio, eu me distraí. Já havia lhe chamado a atenção uma vez e confesso que pensei que ela estivesse em segurança na calçada. Quando a vi deitada no chão, senti uma dor profunda, e se algo acontecer a ela, serei eu a única culpada.

Começou a chorar baixinho. Estava tão sentida e era tão sincero o seu pranto, que Abílio se condoeu. Pensou em dizer-lhe algo que a confortasse, mas não sabia o quê. Vendo que Abílio não dizia nada, e pesaroso pela situação da moça, Tião adiantou-se:

— Não precisa se preocupar não, sinhá Clarissa, que a sinhazinha Angelina não vai morrer.

Angelina começou a gemer e a mexer a cabeça, virando-a de um lado para outro. De repente, abriu os olhos e, vendo Clarissa chorando e acariciando seus cabelos, balbuciou:

— Clarissa... o que... o que foi... que aconteceu?

— Psiu! Minha menina, não fale. Você sofreu um acidente, mas, logo, logo, vai ficar boa.

Angelina fechou os olhos e adormeceu. A cabeça doía e rodava, e ela não tinha mesmo vontade de falar. Abílio, que se voltara assim que ela começara a gaguejar, virou-se novamente para a frente e olhou de soslaio para Tião, que não disse nada.

Poucos minutos depois, o carro parou ao lado de uma casa de pau a pique, num lugar um pouco mais afastado da cidade, e eles desceram. No mesmo instante, um negro bem velhinho, apoiado numa bengala e fumando um cachimbo perfumado, veio ao seu encontro.

— O que foi que houve? — indagou, olhando para a menina, deitada no colo de Clarissa.

— Pai Joaquim, por favor ajude-me — implorou Abílio. — Minha filha sofreu um acidente. Foi um carro de bois...

— Tragam a menina para dentro.

Abílio ergueu-a novamente e entrou com ela, esquecendo-se de Clarissa e Vicente, que o seguiram em silêncio. Deitou-a sobre uma cama de palha e esperou. Pouco depois, pai Joaquim reapareceu, vindo dos fundos da casa. Havia saído para colher algumas ervas. Em silêncio, examinou a testa de Angelina, experimentou o corte e ela gemeu de dor. Ele apanhou as ervas e sumiu dentro da cabana, voltando alguns minutos depois com algo que parecia ser um emplastro. Cuidadosamente, deitou-o sobre a testa de Angelina, que se remexia ao contato daquelas ervas frias e úmidas. Quando terminou, cobriu-a com um lençol e falou:

— Não se preocupe, sinhô Abílio. A menina vai ficar boa. Foi só o susto. Um galinho aqui, uma dorzinha de cabeça, mas, logo, logo, vai passar.

Abílio e Clarissa suspiraram aliviados. Até Vicente relaxou.

— Podemos levá-la? — perguntou Abílio.

— Sim, não vejo problema. Mas não tirem as ervas até amanhã de manhã. Deixem a menina descansar por hoje, e amanhã já estará melhor. Não foi nada sério, pode crer.

Abílio agradeceu emocionado, beijou a mão do velho e saiu, carregando Angelina. Clarissa ia atrás dele sem dizer palavra. Ela conhecera bem os escravos para saber que aquele homem era um curandeiro. Agora tinha certeza. Abílio participava mesmo do culto dos negros e, pelo visto, era muito conhecido no meio. Com essa certeza, Clarissa olhou para ele, que ia sentado no banco da frente, e pensou que, se ele acreditava na religião dos negros, não devia ser assim tão ruim. Deveria haver algo de bom nele, algo que ele escondia, mas que ela acabaria por revelar.

Clarissa terminou de acomodar Angelina na cama, após servir-lhe uma deliciosa sopa de legumes acompanhada de suco de laranja. A menina dormiu imediatamente. Estava cansada e com um pouco de dor de cabeça, e não custou nada a adormecer. Clarissa desceu as escadas e foi ao encontro de Abílio. Ele estava sentado no alpendre, apreciando o espetáculo do vento, que levantava caracóis de areia, quando ela chegou e sentou-se a seu lado. Abílio não disse nada, esperando que ela falasse alguma coisa. Após alguns minutos de silêncio, ela começou:

— Seu Abílio, gostaria que me desculpasse pelo episódio de hoje. Sei que fui descuidada, mas prometo que isso não irá se repetir. Ao ver Angelina caída sob aquela carroça, meu coração se apertou, e senti que, se a perdesse, estaria perdendo uma filha.

Uma forte emoção percorreu o peito de Abílio, e lágrimas vieram aos seus olhos. Sem nem se aperceber, gostara da aproximação de Clarissa, e sua voz soara doce aos seus ouvidos. Mas, ainda que quisesse, não sabia como demonstrar seus sentimentos e limitou-se a dizer:

— Não se preocupe, sei que não foi sua culpa. Foi um acidente, ninguém podia prever. E depois, pai Joaquim me garantiu que não foi grave. Apenas uma leve pancada, nada mais. Não precisa se acusar, porque nem eu a estou acusando.

Ela sorriu agradecida e sentiu como se o seu coração se abrisse e alcançasse o coração de Abílio, percebendo toda a angústia que lhe ia na alma. Pousou a mãozinha sobre a sua e indagou:

— O que é que o aflige tanto?

Naquele momento, Abílio e Clarissa estavam a um passo da reconciliação sincera. Ambos estavam tomados pela emoção, dispostos a perdoar e esquecer, prontos para o amor. Mas Abílio, desacostumado daqueles carinhos e preso ainda à imagem de Leonor, puxou a mão bruscamente e respondeu embaraçado:

— Não se preocupe comigo, estou bem. Como você, também fiquei preocupado com o acidente, mas já passou.

— Só isso? Nada mais?

— Não. E gostaria que não me fizesse tantas perguntas. Não sou homem de me curvar ao interrogatório de nenhuma mulher.

— Ora, seu ingrato! — esbravejou Clarissa, ruborizando de tanta raiva. — Venho aqui na melhor intenção, disposta a prestar-lhe minha solidariedade e acabar com essa desavença entre nós, e o senhor me trata como se eu fosse uma criadinha? Pois fique sabendo que estou arrependida e, de hoje em diante, não vou mover uma palha para tentar fazer as pazes com o senhor. Fique com o seu azedume, pois é o que mais combina com seu permanente estado de espírito!

    Voltou-lhe as costas, furiosa, tomando a direção da sala. Abílio, contudo, vendo que se excedera, e não querendo perder aquela oportunidade, ergueu-se de um salto, correu atrás dela e, puxando-a pela mão, fez com que ela se voltasse e o encarasse. Completamente aturdido, abaixou os olhos e disse quase num sussurro:

— Desculpe-me. Tem razão, fui grosseiro, perdoe-me.

    Ele sentiu vontade de tomá-la nos braços e beijá-la, mas conseguiu se conter. Não podia fraquejar e trair sua Leonor. No entanto, a proximidade do corpo de Clarissa, o calor que emanava de seu corpo, seu perfume suave, tudo isso fez com que ele fosse cedendo, e Abílio foi aproximando o rosto do dela, bem devagar, até quase tocar-lhe os lábios. Nesse instante, uma lufada de vento irrompeu pela sala, batendo janelas e portas, e jogando ao chão alguns papéis que se encontravam sobre a mesa. Clarissa, desconcertada, começou a gaguejar, abaixando-se para recolher as folhas espalhadas pelo assoalho:

— Nossa... que... que vento... forte... Dá até medo...
— É o sudoeste. Quando bate, é assim mesmo.

    Tentando descontrair a tensão do momento, Clarissa continuou naquela conversa, sem o menor interesse:

— É o mesmo que nos afundou?
— Não. Aquele foi o nordeste. Este é o sudoeste.
— Nordeste, sudoeste, tudo são ventos, não é mesmo?
— São.

    Ela terminou de recolher os papéis, colocando-os de volta sobre a mesa e segurando-os para que não voassem novamente. O vento, alheio ao que se passava, continuava a invadir a casa, entrando pelos corredores, alisando os móveis, uivando pelas frestas. Como que enfeitiçado, Abílio continuava parado no mesmo lugar, vendo Clarissa perto dele, os cabelos em desalinho, tentando segurar as folhas entre os dedos. Estava inebriado e confuso, lutando desesperadamente para não sentir o que sentia. Aquilo não era possível. Não fora para isso que se casara.

— Seu Abílio! — gritou Clarissa, despertando-o para a realidade. — Por que não fecha a porta e as janelas? Assim será impossível...

— O quê? — tornou Abílio atônito.

— As janelas. Feche-as ou o vento derrubará tudo.

— O quê? Ah! Sim, as janelas.

Virou-se apressado, correndo a fechar portas e janelas. O vento, preso do lado de fora, parecia enfurecido, vergastando as vidraças com furor, numa luta desesperada para entrar. Tudo fechado, Clarissa soltou os papéis e retrucou, acompanhada pelo incessante uuuuu... da ventania.

— Obrigada. Bem, e agora, se me permite, vou me recolher. Já está tarde, e estou exausta. Boa noite.

Abílio sentiu vontade de detê-la e chegou a esboçar um movimento em sua direção, mas retrocedeu. Não podia fazer aquilo. Não estava direito. Mordendo os lábios e esfregando as mãos nervosamente, respondeu, a voz vibrante de emoção:

— Boa noite.

Depois que apagou a vela, Clarissa cobriu-se e ficou a escutar o gemido do vento: uuuuu... Ela já estava acostumada e não se assustava mais. No entanto, sentia medo. Um medo indescritível, como nunca antes havia experimentado. Não temia o vento nem o abandono, nem a ameaça de ruína. Sentia medo de Abílio. Por um motivo que ela desconhecia, Abílio passara a povoar seus pensamentos, e ela não conseguia dormir, de tanto pensar nele. Estaria se apaixonando? Não acreditava. Talvez estivesse impressionada com o seu jeito, a sua firmeza, a sua determinação. Clarissa pensava que ele poderia ser um homem bastante agradável, se assim o desejasse. De repente, notou que já não sentia mais nojo dele. Chegava mesmo a admirá-lo. Ele era um homem até que atraente, másculo, embora de feições sulcadas pelo tempo e pela dor.

 Ela estava assim pensando quando, novamente, ouviu um gemido reverberando por detrás do barulho do vento. Era um uuuuui... prolongado, como se alguém estivesse em profundo sofrimento. Apurou os ouvidos e escutou. O barulho parecia vir do fim do corredor, e ela pensou em levantar-se e ir até lá. Será que deveria? Não, melhor seria ficar ali, no conforto de seu leito, e não se envolver com aquilo. E se fosse algum espírito atormentado? Ela desmaiaria se visse um. Fechou os olhos e tentou dormir, mas aquele uuuuui... sentido, misturado ao uuuuu... do vento, deixou-a confusa e curiosa. Ela precisava vencer o medo e descobrir o que era. Ergueu-se na cama e acendeu a vela na mesinha ao lado, apurando novamente os ouvidos. Os ruídos continuavam lá, mas agora cada vez mais intensos. Lutando para vencer o medo, disse para si mesma, em voz alta:

 — Ora, ora, Clarissa, deixe de ser medrosa e levante-se. Espíritos não fazem mal a ninguém. Há que se temer os vivos, não os mortos.

 Enchendo-se de coragem, apanhou a vela, levantou-se, abriu a porta e saiu para o corredor, tentando ver na penumbra. Logo que olhou para o fim do corredor, estacou horrorizada, com medo de dar mais um passo. Ela viu. No instante mesmo em que saíra, vira um vulto entrar no último quarto, e seu sangue gelou. Pensando rapidamente, resolveu ir até lá. Foi caminhando pelo corredor às escuras, sentindo nos pés a friagem do assoalho, enquanto o barulho do vento ensurdecia seus ouvidos: uuuuu... Mas não ouvia mais o gemido humano. Quando chegou à porta do quarto que pertencera a Leonor e no qual vira o vulto entrar, parou e encostou o ouvido à porta, tentando perceber algum som. Efetivamente, parecia-lhe que, ao longe, alguém chorava. Já não eram mais gemidos que escutava, mas o pranto agoniado de alguém. Clarissa levou a mão à boca e abafou um grito. Aquilo só podia ser o espírito atormentado de Leonor. Tinha certeza.

Experimentou o trinco. Não estava trancado, e ela empurrou. A porta se abriu lentamente, acompanhada de um *nheeeé...* aguçado, e ela entrou. O quarto estava vazio. No mesmo instante, os ruídos cessaram. Cautelosamente, Clarissa pousou a vela sobre a mesinha de cabeceira e estudou o aposento em que se encontrava. Era um quarto amplo, cheirando a mofo e escuro. Parecia intocado havia muito tempo, a poeira se acumulando sobre os móveis. Fora mobiliado com gosto. Cama, uma mesinha perto da porta, algumas poltronas cuidadosamente dispostas, um pesado armário encostado na parede. Perto da janela, um sofazinho de veludo verde, sobre o qual jazia uma espécie de camisola. Ela chegou mais perto e segurou na mão aquela peça de roupa. Era de linho, arrematada por riquíssimo bordado inglês. Só podia ter pertencido a dona Leonor. Clarissa pousou novamente a camisola sobre o sofá e afastou as cortinas da janela. Estavam sujas, cobertas de poeira, e ela espirrou diversas vezes. Soltou-as e se virou bruscamente em direção ao corredor, em busca de ar fresco. Quando se virou, um vulto parado à porta fez com que ela estacasse e levasse a mão ao peito, gritando apavorada. O vulto soltou uma gargalhada e aproximou-se dela:

— Assustei você?

— Vicente! Isso não se faz. Quase me mata de susto!

Ainda rindo, ele continuou:

— Desculpe-me, não foi de propósito.

— O que está fazendo aqui?

— Eu é que lhe pergunto. O que você está fazendo aqui, mexendo no quarto de minha mãe?

Ela ficou confusa. Não queria parecer intrometida e não tinha vontade de falar com ele sobre o que vira e ouvira. Já conhecia sua opinião a respeito e não estava disposta a escutar seus sarcasmos.

— Nada — respondeu ela, finalmente. — Não estou fazendo nada.

— Sei... E levantou-se no meio da noite para vir aqui fazer nada? Ora, Clarissa, a quem quer enganar?

— Não quero enganar ninguém. E depois, não creio que lhe deva satisfações.

— Você está no quarto de minha mãe, e isso é um bom motivo para explicar-me o que fazia, quer você queira, quer não. — Ela não respondeu, e ele prosseguiu: — Já sei. Aposto como foram os fantasmas. Foram eles, não é mesmo? Você andou vendo fantasmas de novo. Ora, Clarissa, francamente. Por que não me chamou logo? Eu os teria assustado com uma cruz. Há, há, há!

— Não vejo graça nenhuma.

— Não? Pois eu vejo. Você é tão engraçada, Clarissa. Há, há, há!

— Pare com isso, Vicente! Por que está me tratando assim? Parece até que está com raiva de mim. Por quê? O que foi que lhe fiz?

Vicente calou-se, aturdido. No fundo, estava descontando nela a sua frustração. Vira-a com o pai na sala e enchera-se de raiva. Ouvindo a ventania, ele havia descido para fechar as janelas, pensando que não havia ninguém na sala, e escondeu-se no pé da escada assim que viu o pai e Clarissa olhando-se daquele jeito estranho. Aquilo enchera-o de inveja e despeito, embora não quisesse sentir aquelas coisas. Dando-se conta do que estava fazendo, mudou o tom de voz e considerou:

— Tem razão, Clarissa, perdoe-me. Eu estava apenas brincando.

— Pois é uma brincadeira de muito mau gosto. Não gosto que troquem de mim.

— Está bem, sinto muito, já disse. Não queria aborrecê-la. Mas não mude de assunto. Acho que está apenas desviando a conversa para não ter que dizer o que fazia no quarto de minha mãe.

— Creio que não preciso dizer mais nada. Você já descobriu tudo, não é mesmo?

Ela passou por ele feito uma bala e voltou ao seu quarto. Não estava zangada, mas preocupada com o que vira e ouvira. Era mesmo um espírito que rondava ali, e ela precisava ajudá-lo. Tudo lhe dizia que o espírito era de dona Leonor, que parecia não haver ainda encontrado descanso. Mas por quê? Teria sido porque se suicidara? Ela sabia que os suicidas iam para um lugar de muito sofrimento, e talvez Leonor estivesse presa num desses lugares, sofrendo e implorando por ajuda. De qualquer forma, estava disposta a ajudar. Mas o que faria? Orar. Clarissa iria orar para que Deus se apiedasse daquela alma e mandasse um de seus emissários para buscá-la e confortá-la.

Angelina despertou mais disposta. A cabeça ainda doía um pouquinho, mas era uma dor bem mais amena do que a que sentira no dia anterior. Quando abriu os olhos, a primeira coisa que viu foi Clarissa ao lado dela, segurando na mão uma bandeja com o café.

— Como está hoje? — indagou com um sorriso. — Sente-se melhor?

Ela bocejou, espreguiçou-se e levou a mão à testa, fazendo uma careta, e respondeu:

— Estou melhor, obrigada.

— Ótimo. Agora, deixe-me ajudá-la a recostar-se e tomar o café.

— Obrigada, Clarissa, estou faminta.

Ela começou a comer e Clarissa ficou admirando-a. Era uma menina tão bonita e tão meiga! Por que o pai a tratava daquele jeito, quase a ignorando? No dia anterior, ela pudera ver o medo e a preocupação estampados em seus olhos, e sentira que ele deveria amar a filha. No entanto, Abílio era um homem duro e frio, incapaz de demonstrar ou expressar seus sentimentos. Será que amava mesmo os filhos ou sentia-se preso ao dever de educá-los?

Nesse instante, ouviram leves batidas na porta, e Abílio entreabriu-a, perguntando baixinho:

— Posso entrar?

— Pode sim, seu Abílio. Ela já está acordada.

Abílio entrou e sentou-se na cama ao lado dela.

— Que susto nos deu ontem, hein, mocinha?

Ela abaixou os olhos e respondeu com voz sumida:

— Desculpe, papai.

— Espero que tome mais cuidado da próxima vez.

— Pode deixar, papai, isso não vai se repetir.

— Ótimo...

Clarissa estava abismada. Depois do que a menina passara, ele nem sequer perguntava se ela estava melhor? Nem uma palavra de carinho ou de conforto? Nada, apenas repreensão? Mal contendo a indignação, ela o olhou com raiva e disparou:

— Seu Abílio, sei que não perguntou, mas, caso se interesse, sua filha está bem melhor hoje.

Ele endereçou-lhe um olhar de desdém e retrucou friamente:

— Sei que está. Por isso não perguntei.

— Como pode saber?

— Pai Joaquim garantiu que estaria.

Ela abriu a boca, estupefata. Está certo que acreditava no poder dos escravos e de suas ervas e poções. Mas aquilo já era demais! Só porque pai Joaquim lhe falara que Angelina iria melhorar não era motivo para ignorá-la. Clarissa pensou em rebater, mas mudou de ideia. Estava interessada no quarto de Leonor e não queria que ele se zangasse com ela.

Depois que a menina terminou de se alimentar, Clarissa pegou a bandeja e saiu. Ia descer, mas parou no topo da escada e se virou, olhando para o fim do corredor. Cuidadosamente, colocou a bandeja no chão, bem perto da parede, e seguiu para o quarto de Leonor. Ao parar diante da porta, hesitou. Será que estaria agindo direito? Apertou o trinco, mas a porta não cedeu. Estava trancada. Quem a trancara? Teria sido Vicente? Ou Abílio?

Essa pergunta levou-a a outra: quem teria aberto a porta na noite anterior? Por certo, fantasmas não abriam portas. Eles as atravessavam. Mas, se fora uma pessoa que a abrira, onde se escondera? Quando ela entrara no quarto, não vira ninguém. Teria mesmo sido uma pessoa de carne e osso que vira? Mas que a porta estava aberta, isso estava. Na sua opinião, só uma pessoa podia tê-la aberto, e essa pessoa era Abílio. Angelina estava ferida e dormia profundamente. Vicente surgira depois e a surpreendera por trás. Só Abílio não aparecera. Por quê? Teria ferrado no sono e não escutara nada? E por que a porta agora estava trancada? Ela precisava saber.

Decidida, voltou-se para a escada e apanhou a bandeja, descendo os degraus de par em par. Na sala, não havia ninguém. Vicente já havia saído para a escola, e Abílio não estava. Onde estaria? Ela virou o rosto para a cozinha e praticamente adivinhou: só podia estar com Tião. Saiu pela porta dos fundos e se dirigiu para a sua cabana, aproximando-se bem devagar. Chegando bem perto, podia ouvir vozes saindo de uma das janelas. Clarissa se abaixou e, quase engatinhando, foi postar-se bem debaixo da janela, apurando os ouvidos o máximo que podia. A primeira voz que reconheceu foi a de Abílio:

— ... tenho certeza. Por pouco ela não descobre tudo.

— Hum... isso está ficando perigoso — retrucou Tião, com voz de extrema preocupação.

— Sei disso, mas o que quer que faça? Oh! Meu Deus, por que fui fazer aquilo, por quê?

— Não adianta agora ficar se lamentando. Fez, está feito.

— Mas Tião, você não entende. Eu não tinha o direito de acabar com a vida dela...

— Mas foi ela quem pediu.

— Mesmo assim. Eu não tinha esse direito...

— Acalme-se. Sinhá Leonor estava sofrendo, fazendo vosmecê e os meninos *sofrer*. Sabe que o maior sofrimento dela era esse.

— Eu sei, eu sei...

— E depois, ela ia ser levada embora. Ninguém queria isso, não é mesmo?

— Não...

— Por isso ela pediu para vosmecê fazer o que fez. Para parar de sofrer.

— Não, Tião. Ela não parou de sofrer. Ela fez isso para que nós não sofrêssemos. E para quê? De que adiantou?

— Por favor, sinhô, não pense mais nisso. Vosmecê agora tem outra esposa. É nela que deve pensar e deve cuidar para que ela não descubra nada.

— Ela vai descobrir. Sei que vai. Oh! Meu Deus, o que será de mim? O que será de meus filhos se eu for preso?

— Nem me fale uma coisa dessas! Vosmecê não vai ser preso, não fez nada.

— Mas Leonor...

— Sinhá Leonor fez a vontade dela. Vosmecê não fez nada!

Abílio chorava descontrolado, e Clarissa empalideceu, saindo dali abaixada, o mais depressa que podia. Apavorada, correu ao seu quarto e trancou a porta, arfando e suando frio, de medo e indignação. Aquela revelação era estarrecedora e esclarecia muitas coisas. Teria Abílio matado a esposa? Teria tido a coragem de acabar com a sua vida, acabando também com o seu sofrimento? Pelo que pudera perceber, fora um pedido da própria Leonor. E Abílio concordara, desferira-lhe o golpe fatal. O que teria feito? Teria atirado nela? Envenenado-a? Afogado-a? Clarissa estava horrorizada. Por mais que compreendesse que Leonor havia pedido a Abílio que desse cabo de sua própria vida, não podia concordar com o que ele fizera. Um homem que era capaz de matar, ainda que por piedade, era capaz de qualquer coisa. Ela ficou apavorada. E se ele resolvesse acabar com ela também?

Tentando manter a calma, procurou raciocinar com clareza. Não. Na certa, Abílio matara a esposa porque ela insistira, mas roía-se de remorso. Estava claro que ele se arrependera e sentia muita dor pelo que fizera. Bom sinal. Ao menos não era um monstro. Clarissa ficou a imaginar o desespero que deveria tê-lo levado àquele ato extremo e sentiu pena, muita pena. Abílio era um homem atormentado, e ela agora podia compreender por que agia com tanta frieza. Ele tentava proteger-se e não pensar. Se pensasse muito na esposa amada, por cuja morte fora diretamente responsável, poderia até enlouquecer.

Pensando em tudo isso, Clarissa concluiu que ele não seria capaz de matá-la. Decididamente, Abílio não era um assassino cruel e sanguinário. Tivera coragem, reconhecia, mas não era um criminoso. Agira movido pelo desespero; seu, de Leonor e dos filhos. Os filhos... será que sabiam? Vicente deveria saber ou, ao menos, desconfiava. Só isso explicaria o ódio que tinha do pai. Várias vezes lhe falara que o odiava pelo que havia feito a eles e à mãe. Sim, Vicente sabia. Contudo, por mais que se revoltasse, não se sentia forte o suficiente para entregá-lo à justiça. E será que deveria? Será que Abílio deveria ser punido pelo crime que cometera? Sim, porque ele matara, cometera um crime, deveria ir para a cadeia. Mas Abílio não era um criminoso comum. Não matara por ganância, vingança ou prazer. Matara por amor e piedade, se é que isso era possível.

Apesar de tudo, Leonor não encontrara a paz tão esperada. Vivia vagando pela casa, atormentada e infeliz. Não conseguira desprender-se do mundo material e continuava presa à família. Aquilo não era bom. Ela devia seguir seu caminho. No entanto, como prosseguir em sua jornada espiritual quando o marido e os filhos sofriam pela sua escolha? Sim, porque Leonor era tão responsável quanto Abílio. Se ele matara, ela escolhera morrer. Suicidara-se. Não importava que não fosse com suas próprias mãos. Abílio servira-lhe de instrumento, tal qual uma faca ou um revólver. Ele apenas fizera aquilo que ela ansiava, mas que não tinha coragem para realizar. E agora, o que faria? Clarissa precisava ajudar. Ela já estava morta mesmo, e não havia como fazê-la arrepender-se de seu gesto e voltar à vida. Portanto, só o que tinha a fazer era tentar ajudar o seu espírito a se desprender da matéria. E era isso o que estava disposta a fazer.

Esperou até a hora do almoço, quando todos se reuniram à mesa. Angelina, bem melhor, descera para juntar-se aos demais. No meio da refeição, com ar de aparente casualidade, Clarissa indagou:

— Seu Abílio, por que não posso entrar no quarto de dona Leonor?

Ele empalideceu e olhou de soslaio para Vicente, que não mexia um músculo sequer, o rosto enterrado no prato de comida.

— Por que quer entrar lá? — revidou ele rispidamente. — Não há nada para você naquele lugar.

Angelina não compreendeu nada e encarou Clarissa com ar perscrutador. Ela afagou-lhe a mãozinha e, encarando Abílio, considerou:

— Ora, seu Abílio, não vejo por que não.

— Porque não e pronto. Era o quarto de minha falecida esposa, e ninguém deve entrar lá, está ouvindo? Ninguém!

— Mas por quê? O senhor ainda não me respondeu.

— O que quer, menina? — ele estava ficando nitidamente irado.

— Eu? Nada.

— Então, por que não se ocupa com a casa e deixa o resto como está?

— Seu Abílio — ponderou ela com firmeza —, casei-me com o senhor e, com isso, tornei-me sua esposa. Quando aqui cheguei, o senhor mesmo me disse que a casa agora também me pertencia, e que eu poderia fazer o que quisesse. No entanto, nega-me acesso a um de seus cômodos. Por quê?

— Já disse. Porque pertenceu a minha esposa.

— Sua esposa sou eu.

Ele abriu a boca, abismado, e retrucou:

— Aonde quer chegar, Clarissa?

— Bem, seu Abílio, o senhor agora é meu marido, e devo confessar que não estou nada satisfeita com essa sua... digamos... fixação... em sua falecida esposa.

— Fixação? Como se atreve?

— Então não é? Mantém o quarto trancado, cheirando a mofo, intacto, até com a camisola dela sobre o sofá. Por quê?

— Como sabe disso?

— Entrei lá na outra noite, quando alguém, não sei quem, destrancou a porta e esqueceu-se de trancá-la.

— Fez mal.

— Não, não fiz. Como o senhor mesmo disse, sou sua esposa, dona desta casa. O que me faz mal é saber que meu marido me trata como uma estranha, tolhendo meus movimentos dentro da mesma casa que tanto afirma ser minha!

Abílio soltou a colher, limpou os lábios com o guardanapo e encarou-a. Aquela conversa o estava deixando nervoso. Os filhos não diziam nada, mas ele não podia se furtar a responder-lhe. Suspirou profundamente e retrucou:

— Não estou entendendo, Clarissa. Por que é tão importante para você entrar no quarto de minha... primeira esposa? O que quer lá?

— Quer mesmo que diga?
— Sim, quero.
— Pretendo rezar por sua alma.
Ele levantou-se indignado, gritando:
— O quê? Mas como? Por quê? Com que direito...?
— Não sei por que ficou tão zangado. Rezar nunca fez mal a ninguém e não é nenhuma ofensa.

Abílio, aturdido, não sabia o que dizer. Como negar-lhe isso? Aí mesmo é que ela iria desconfiar. Afinal, ela tinha razão. Uma prece não era ofensa alguma, e ele não tinha motivos para discordar. Sem saber o que dizer, encarou Vicente, como que buscando socorro, e o rapaz respondeu:

— Não vejo que mal possa haver nisso, papai.
— Nem eu... — concordou Angelina.

Abílio sentou-se novamente. Não tinha desculpas para negar o que ela lhe pedia. E também não podia agir como se estivesse casado com Leonor, ao invés de Clarissa. Leonor fora sua mulher um dia, mas agora partira. Fosse em que circunstância fosse, o fato era que já não estava mais entre eles, e sua mulher agora era Clarissa. Se lhe negasse isso, ela iria desconfiar cada vez mais e acabaria por descobrir tudo em pouco tempo. Ele olhou demoradamente para os filhos, depois para Clarissa, e considerou:

— Está bem, Clarissa. Se é o que quer... Só lhe peço que, ao menos, não mexa em nada.

Ela sorriu, demonstrando toda a euforia e excitação que sentia naquele momento, e respondeu:

— Não se preocupe, seu Abílio, não pretendo mexer em nada. Vou apenas abrir a janela para entrar um pouco de ar, tirar o pó e orar. Nada mais.
— Muito bem. Que assim seja então.

Ao final da refeição, Clarissa levantou-se, sentindo-se vitoriosa. Tinha certeza de que, com o tempo, a alma atormentada de Leonor conseguiria partir. Ela sentia um certo receio, é claro. Mas sabia que podia contar com a ajuda de vó Tonha. Afinal, não fora ela quem a preparara para aquilo tudo? Vó Tonha, provavelmente, já sabia o que a aguardava e contava com ela para levar um pouco de alívio àquela família. E era isso mesmo o que iria fazer.

CAPÍTULO 11

Finalmente, após longos anos de namoro e espera, Luciano e Jerusa iam casar-se na pequena capela da fazenda São Jerônimo, onde já haviam sido realizados inúmeros casamentos da família Sales de Albuquerque. Os pais de ambos os noivos estavam felizes, principalmente porque as fazendas haviam voltado a florescer, graças à generosa doação de Abílio. Fortunato, no entanto, sentia um aperto no coração. A reestruturação das fazendas custara-lhe a felicidade da filha, e isso o atormentava dia após dia. Por mais que se esforçasse, não podia esconder um certo desgosto ao pensar em Clarissa, sozinha e perdida numa terra estranha, ao lado de um homem rude e grosseiro, cuidando de filhos que, provavelmente, lhe seriam hostis.

Nas cartas que escrevia, Clarissa nunca falava de sua vida naquela cidade longínqua e, até então, ninguém ficara sabendo do naufrágio de que fora vítima. Todos desconheciam sua relação com Abílio e os filhos, e nem sabiam que a casa, ao que tudo indicava, era *assombrada*. Ela apenas dizia que estava passando bem, pedia notícias e se despedia. Nada mais.

Com a proximidade do Natal, Flora alimentava a esperança de que a filha viesse com o genro para assistir ao casamento e passar as Festas na fazenda. Escrevera-lhe diversas cartas, convidando-a, mas Clarissa sempre recusava seus convites, deixando a mãe frustrada e confusa. Será que ela estava tão zangada com eles a ponto de não querer mais ir visitá-los? Diante dessa desconfiança, Clarissa se viu obrigada a contar-lhe a verdade. Sua última carta chegou no dia do casamento de Luciano, e Flora a abriu, lendo-a avidamente:

"Querida mamãe:
Sei que o Natal se aproxima e que a senhora muito gostaria de ter a família toda aí reunida. No entanto, não posso ir e peço que, por favor, não insista. Se antes não lhe contei o motivo de minha recusa, foi apenas para não a preocupar. Não quero que pense que não vou porque estou ainda magoada com o que papai me fez, porque não estou. Já superei isso e aceitei meu destino. Creio, contudo, que chegou a hora de lhe contar o que aconteceu. O navio em que viajávamos foi apanhado por ventos fortes, e nós naufragamos quase na entrada da barra de Cabo Frio. Foi um infortúnio fatal para muitos da tripulação e dos viajantes e, não fosse a coragem do senhor Abílio, também eu teria sucumbido.
Por isso é que lhe imploro: não me peça para ir aí. Não poderia suportar outra travessia do oceano. Depois do naufrágio, fiquei apavorada e tomei verdadeiro horror ao mar e navios, e não aguentaria passar por tudo de novo. Ainda me lembro do pavor

que senti ao me ver sob as ondas, quase sufocando, e do desespero de meu marido para nos salvar. Foi terrível.

Por favor, mamãe, não fique preocupada. Estou bem agora. Diga a Luciano e Jerusa que estarei aqui rezando por eles e aguardando ansiosamente a sua chegada.

Lembranças ao papai e a todos, da sua, Clarissa."

Quando terminou de ler a carta, Flora desatou a chorar e correu a mostrá-la a Fortunato. O marido pegou-a com cuidado, leu-a, e seus olhos encheram-se de lágrimas. Levantou-se da poltrona em que estava sentado, aproximou-se da janela e disse com voz angustiada:

— O que foi que fiz à minha filha?

— Você fez o que achou que era certo — respondeu a mulher, abraçando-o pelas costas e tentando consolá-lo.

— Nós quase a perdemos... Meu Deus! O que seria de mim se ela tivesse morrido? Eu jamais poderia me perdoar.

— Isso não aconteceu.

— Mas poderia ter acontecido.

Mal conseguindo conter a frustração, Flora acabou por desabafar:

— Devia ter pensado nisso antes de mandá-la para longe.

Fortunato encarou a mulher com profundo desgosto e considerou:

— Você me acusa, não é mesmo? Não me perdoa.

— Não é isso — respondeu ela desconcertada. — Não quis acusá-lo de nada. Você é meu marido, e não cabe a mim discutir suas ordens.

— Mas não concorda com o que fiz, não é? Vamos, diga a verdade, por favor.

— Se quer mesmo saber — falou ela, reunindo coragem —, não concordo, não. Meus filhos são meu maior tesouro, e não há dinheiro no mundo que pague o amor que sinto por eles. E deveriam ser o seu também! Você devia se preocupar com eles, principalmente com Clarissa, que é moça e é a mais jovem. Devia protegê-la, não atirá-la às feras!

Fortunato deixou cair os braços, vencido, e ainda tentou argumentar:

— Foi um ato de desespero! Você sabe que jamais teríamos conseguido reerguer a fazenda sem o dinheiro do senhor Abílio.

— Havia outras soluções. Você poderia ter tomado o empréstimo.

— Mas os juros, as garantias...

— Tudo isso foram desculpas para justificar a sua atitude. Havia outros meios, mas você não quis. Por quê? Por que vendeu nossa filha quando havia outras formas de reerguer as fazendas?

Ele a olhou em lágrimas e sussurrou:

— Não sei. Juro que não sei. Hoje concordo com você que poderia ter optado por outra solução. Mas na época... não sei... a ideia me pareceu tentadora, era mesmo a salvação de nossa lavoura, e era como se, à Clarissa, coubesse aquele destino.

— Foi você quem selou o destino dela no dia em que a vendeu ao senhor Abílio.

— Não sabe o quanto venho me atormentando por isso. Sempre amei Clarissa... mas preciso confessar uma coisa, uma coisa terrível, um sentimento monstruoso contra o qual venho tentando lutar desde que o tive pela primeira vez.

Ele parou de falar, contido pelos soluços, e Flora retrucou angustiada:

— Mas o que é, homem? Que sentimento é esse, tão horrível a ponto de deixá-lo nesse estado?

— Não sei... Foi como... um prazer... um prazer mordaz...

— Prazer? — indignou-se ela.

— No princípio, recusei a oferta com veemência. Mas depois, sabendo da vultosa importância que seu Abílio me oferecia, fiquei tentado. O preço era alto, mas Clarissa me devia isso.

— Como? Como podia ela dever-lhe algo tão monstruoso?

— Não sei! — gemeu, quase em desespero. — Foi uma sensação que até hoje não posso definir... Era uma oportunidade que não podia perder.

— Está louco, Fortunato?

— Não sei, Flora, não sei! Deus sabe o quanto me arrependi depois que ela partiu. Mas já era tarde...

— Não era tarde para aproveitar o dinheiro que o senhor Abílio lhe deu — rebateu ela com azedume.

— O que mais eu poderia fazer? Já havia feito a... *transação*. Não tinha mais como voltar atrás. Por favor, Flora, não me odeie por causa disso.

— Eu não o odeio. Só não o entendo.

De repente, a porta do quarto se abriu e Valentina entrou, sendo logo repreendida pelo pai:

— Valentina! Por que não bate antes de entrar?

— Desculpe, papai, mas todos já estão esperando. Está na hora.

Fortunato e Flora se olharam. Era hora do casamento do filho, e precisavam ir. Valentina, porém, percebendo algo estranho no ar, indagou curiosa:

— Aconteceu alguma coisa? Mamãe, a senhora estava chorando! Por quê?

Em silêncio, Flora estendeu a ela a carta de Clarissa. Valentina apanhou-a e leu calmamente. À medida que ia lendo, seu semblante ia se modificando, mas, em nenhum momento, deu sinais de dor ou pesar. Quando terminou de ler, comentou friamente:

— Ainda bem que não aconteceu nada de grave com ela, não é mesmo? Bom, isso já passou. Vamos andando. Seu filho a espera.

— Sua irmã quase morreu num naufrágio — objetou Flora. — Isso não a comove?

— Quanto drama. O navio naufragou, e daí? Foi lamentável, mas Clarissa está bem. Não podemos fazer nada. Nem há o que se fazer.

— Ela passou por tudo isso graças a mim — avaliou Fortunato. — Para me salvar da ruína. Salvar a todos nós, inclusive a você e seu marido.

— Clarissa cumpriu com a sua obrigação de filha. Não fez nada de mais.

— Você podia ao menos reconhecer o sacrifício dela.

— Está bem, reconheço. Ela se sacrificou, mas e daí? Não precisa se transformar em mártir por causa disso.

Flora já ia contestar quando a porta se abriu novamente. Dessa vez era Roberto, que vinha chamá-los.

— O que foi que aconteceu? — indagou nervoso. — Luciano já está aflito. Quer chegar à igreja antes da noiva.

Sem dizer mais nada, Fortunato saiu em companhia de Flora, logo seguido pela filha e pelo genro. Valentina não gostava de Clarissa. Desde que ela nascera, sentia na irmã um certo perigo, uma ameaça, como se ela, a qualquer momento, pudesse tirar o que lhe pertencia. O porquê daquele sentimento, Valentina não sabia e nunca se interessara em descobrir.

A cerimônia foi simples, rápida e maravilhosa. Jerusa estava linda, ostentando na cabeça uma guirlanda toda feita de flores de laranjeira. Havia muitas pessoas presentes, tanto da fazenda Ouro Velho como das demais fazendas da região, além de alguns parentes distantes, vindos de São Paulo e da Bahia. A casa estava toda em rebuliço, com os criados correndo de um lado para outro, ajeitando a decoração, enfeitando bolos e doces, aprontando os quartos que receberiam alguns hóspedes.

No dia seguinte, Luciano e Jerusa se despediram. Pretendiam passar a lua de mel no Rio de Janeiro e, em seguida, partiriam para Cabo Frio, a fim de passar o Natal com Clarissa. Se ela tinha medo de viajar de navio, o irmão e a cunhada não tinham e pretendiam levar-lhe um pouco da alegria perdida. Flora, porém, sabendo do naufrágio, tentara demovê-los dessa ideia:

— Meu filho, — disse ela — sei que você e Jerusa sentem saudades de Clarissa. Nós também sentimos. Mas você acha que seria prudente arriscar-se nessa viagem?

— Sua mãe tem razão — concordou Fortunato. — Andei me informando e descobri que já ocorreram vários naufrágios naquelas águas, sempre por causa dos ventos.

— Ora, papai, e daí? Não tenho medo e tenho certeza de que Jerusa também não tem.

— Mas Luciano, — insistia a mãe. — é perigoso. Vocês podem se afogar...

— Nós não vamos nos afogar.

— Pense bem, meu filho. Você se casou ontem. Pense em sua mulher.

— Jerusa também não tem medo. Temos certeza de que nada nos acontecerá.

Por mais que tentassem, Fortunato e Flora não conseguiram demovê-los daquela ideia, e eles logo partiram para a capital, levando alguns presentes e lembranças de todos.

Em Cabo Frio, Clarissa mal podia conter a ansiedade com a chegada próxima de Luciano e Jerusa. Perdera o casamento, mas teria a sua companhia no Natal. Auxiliada por Angelina, ajeitou para eles um quarto próximo ao seu, de frente para a praia, para que se deleitassem todas as manhãs com a visão multicolorida do mar. Comprou tecidos novos para as cortinas, colocou lençóis de linho e colchas de renda que havia encomendado na capital, encerou o chão, lustrou os móveis e pôs vasos com flores onde era possível. Tudo para agradar os recém-casados.

Com tanta ocupação, Abílio pensou que ela se esqueceria um pouco de ir ao quarto de Leonor para rezar. Mas isso não aconteceu, e Clarissa, todos os dias, continuava suas orações em favor da alma da falecida. Ela até pedira a Angelina que a acompanhasse, mas a menina se recusara. Dissera que as lembranças da mãezinha querida eram por demais dolorosas e pedira a Clarissa que a poupasse daquela dor. A moça, sensibilizada, não insistiu, comovida com o sofrimento da pequena enteada.

Todos os dias, às seis da tarde em ponto, Clarissa adentrava os aposentos da finada esposa de Abílio e punha-se a orar durante cerca de meia hora. Sua prece era sempre sentida e sincera, pronunciada em voz alta. A princípio, ela sentira um pouco de medo. E se o espírito de dona Leonor, atraído pelas orações, resolvesse aparecer para ela? Morreria de medo. Ainda assim, achou que não podia desistir. Era preciso ir avante em sua missão. Como Leonor nunca se fizera visível, ela começou a sentir-se mais confiante e segura.

Numa certa manhã de domingo, Clarissa passeava pela praia em companhia de Angelina, catando conchinhas na areia.

— Veja essa que linda! — falou Angelina, exibindo-lhe uma concha grande e rosada.

— É mesmo uma beleza! — concordou Clarissa.

Angelina fez um olhar de tristeza e deixou escapar num desabafo:

— Minha mãe adorava conchas. Fazia colares com elas.

— É mesmo? Você nunca me falou nada.

— Mas é verdade. Mamãe criava coisas lindas com as conchinhas.

— Por que não me mostra?

— Não sei se papai deixaria. Ele as guarda em uma caixa, no quarto de mamãe.

— Então você poderá me mostrar.

Angelina olhou para a concha em sua mão e depositou-a dentro do cesto que levava, abaixando-se para apanhar outra, que a onda acabara de trazer. O verão se aproximava e fazia calor, mas o mar, batendo em seus pés, causava-lhes uma agradável sensação de frescor. Clarissa se deliciava, deixando-se molhar até os tornozelos. Após alguns instantes, indagou:

— De que morreu sua mãe, Angelina?

A menina levou um susto. Clarissa nunca lhe perguntara nada sobre a morte da mãe, e aquilo a deixara confusa. Desviando o olhar da moça, balbuciou:

— Por... por que quer saber?

— Por nada. Curiosidade.

— Não creio que deva se envolver com isso, Clarissa.

— Por que não? O que há de tão misterioso por trás da morte de dona Leonor?

— Não há nada de misterioso. Mas é que mamãe... — abaixou a voz e balbuciou hesitante: — ... se matou por nossa causa. Não queria que sofrêssemos por causa de sua doença.

— Doença?

— É. O reumatismo.

— Ouça, Angelina, sei que o reumatismo provoca muitas dores, mas não creio que ninguém se matasse por causa dele.

— O que quer dizer?

— Quero dizer que não acredito que sua mãe tenha se matado só porque estava com reumatismo.

— Não? Mas então... o que... o que acha que... — Angelina estava extremamente confusa, sem saber ao certo o que dizer.

— Acho que ela se matou por um outro motivo.

— Que motivo?

— Não sei bem, mas é o que gostaria que me dissesse.

— Clarissa, por favor... — suplicou Angelina, tentando se afastar dela.

Clarissa, porém, segurou-a pela mão e continuou:

— Por que não me conta? Não confia em mim?

— Não é isso. É que... não posso.

— Não pode? Por quê? O que a impede?

— Nada... ninguém... Por favor, deixe-me ir. Não quero mais catar conchinhas.

— Do que tem medo, Angelina?

— Medo? Não tenho medo de nada.

— Então por que não quer ficar e conversar comigo?

— É porque... papai...

— Papai...

— Nada, nada. Por favor, Clarissa, solte-me. Deixe-me ir ou será pior...

Clarissa, assustada, soltou-a e retrucou:

— Pior por quê? O que ou quem a impede de falar sobre isso? Seu pai?

Angelina não respondeu. Soltou o cesto de conchas no chão, sentou-se na areia e começou a chorar. Não aguentava mais aquilo. Aquele segredo era um tormento para o seu coraçãozinho infantil. Clarissa, percebendo a sua angústia, sentou-se ao lado dela, segurou-lhe a mão e prosseguiu:

— Confie em mim, Angelina. Eu só quero ajudá-la.

— Para quê? — retrucou ela com ar cético. — Não há nada que ninguém possa fazer. Minha mãe se foi. Não há como trazê-la de volta.

— Mas eu posso ajudar a aliviar o seu coração. Sinto que você sofre, seu irmão sofre. Há tristeza em seu olhar, e Vicente é um menino muito rebelde, que odeia o pai. Por quê? O que seu pai fez?

Angelina suspirou e disse com voz sumida:

— Nada. Meu pai não fez nada. E acho que é por isso que Vicente tem tanta raiva.

— Como assim, não fez nada?
Ela encarou Clarissa com ar grave e perguntou:
— Se eu lhe contar, promete não falar nada a ninguém?
— Prometo.
— Nem a papai?
— Muito menos a ele.
— Nem a Vicente?
— Não, pode acreditar.
— Está bem. Mamãe estava muito doente, sim, mas não era reumatismo. Ela sofria de... de...
— De quê, Angelina? Fale logo, pelo amor de Deus.
— De lepra.
Clarissa meneou a cabeça, compreensiva, e considerou:
— Eu já imaginava.
— Já?
— Sim. Um comendador, amigo de meu pai e do senhor Abílio, contou-lhe essa história. Disse que muitos desconfiavam de que ela estava leprosa.
— Oh! Clarissa, você não sabe o que é essa doença. Durante muito tempo, mamãe conseguiu ficar oculta. Mas depois, com a doença avançando, tivemos que fugir do Rio de Janeiro. As pessoas começaram a desconfiar e tinham medo, e não gostavam de se aproximar de nossa casa. Até as crianças eram proibidas de brincar conosco, e meu irmão sofreu várias discriminações no colégio. Os diretores, suspeitando que havia o filho de uma leprosa entre eles, exigiram que meu pai o tirasse da escola, antes que ele fosse expulso. Eu era bem pequena, quase não me lembro.
— Foi por isso que fugiram?
— Sim. Papai ouvira falar em um acampamento de leprosos, e o médico recomendou que mandasse mamãe para lá. Nós viemos, mas papai não quis... Recusou-se a interná-la. Nós também não queríamos. Até que um dia...
Angelina desatou a chorar, e Clarissa incentivou-a:

— Um dia...

— Um dia apareceram uns homens. Eram da cidade e haviam ouvido falar de uma mulher leprosa vivendo em nossa casa. Disseram que era perigoso e que estavam aqui para exigir que papai a levasse embora. Meu pai negou que ela estivesse leprosa. Disse que sofria de reumatismo e que viera para se tratar, tomando banhos de sol. Minha mãe nunca se afastou de nossa casa. O mais longe que ia era até a praia, em frente. Mas algumas pessoas estavam desconfiadas e com medo, e queriam que ela fosse embora. Meu pai sempre negou a doença, mas muitos não acreditavam. Ninguém nunca havia visto mamãe. Papai tomava muito cuidado com isso.

— Mas então, por que ela se matou?

Angelina hesitou e respondeu insegura:

— Por que ela se matou...? Porque... porque já não suportava mais as dores... Sofria com a rejeição e tinha medo de que nós passássemos a ser discriminados novamente. Por isso, certa manhã... disse que ia tomar sol e... dizem que se atirou ao mar. Nunca mais foi vista.

— E seu pai? Onde estava nesse dia?

— Meu pai? Não sei. No quarto, talvez. Talvez com Tião. Quando papai descobriu, ficou desesperado, e nós também.

— Há quanto tempo foi isso, Angelina?

— Há uns três anos. Desde então, temos sofrido muito.

— Posso imaginar.

— E aí apareceu você, e foi como se eu pudesse novamente reencontrar minha mãezinha.

Clarissa abraçou-a emocionada. Estava certa do sentimento da menina por ela. Angelina era uma criança meiga e carente. Perdera a mãe muito cedo, e era natural que sentisse a sua falta. No entanto, será que conhecia a participação do pai naquele caso? Não, com certeza. Angelina não demonstrava sinais de desconfiança sobre o que o pai fizera. Apesar disso, Clarissa estava quase certa de que Abílio matara a esposa. A pedido da própria Leonor, era certo, mas, ainda assim, a matara.

    Como devia ser grande o sofrimento daquela família! Será que Abílio não agira corretamente? Afinal, a mulher sofria de uma doença incurável, que lhe ia arrancando os pedaços aos poucos, causando-lhe enorme sofrimento. Não teria ele feito uma caridade, terminando logo com aquela tortura sem fim? Não. Abílio matara, e só quem tinha o direito de tirar a vida era Deus, e ela estava bem certa de que Abílio não era Deus. Por mais compreensíveis e louváveis que fossem as suas intenções, ele não tinha esse direito.

    No entanto, podia compreender o seu gesto desesperado. E agora, ele se deixava corroer pelo remorso, desaguando suas lágrimas no ombro de Tião. Sim, Tião o ajudara, com certeza. Era seu cúmplice fiel e amigo. Teria sido por isso que Abílio se voltara para a religião dos negros? Teria encontrado ali um refúgio e um consolo para sua consciência atormentada? Era bem possível. Talvez ele, descrente de tudo e de Deus, tivesse tirado a vida da esposa sem pensar nas consequências, mas depois, arrependido, voltara-se para a espiritualidade dos escravos, como uma forma de aliviar e aplacar sua consciência. Fosse como fosse, Abílio envolvera ainda os filhos em sua loucura, e ela tinha certeza de que Vicente conhecia toda a verdade, e era por isso que o odiava.

    Clarissa olhou para Angelina, que chorava agarrada a ela, e apertou-a ainda mais contra o peito. Gostava muito daquela menina e não queria que sofresse. Carinhosamente, beijou-lhe a cabecinha perfumada e falou com ternura:

    — Não se preocupe com nada, Angelina. Eu estou aqui e vou tomar conta de você.

    E juntou às lágrimas de Angelina as suas lágrimas sentidas, pedindo a Deus que lhe desse forças para ajudar aquela pobre menina.

CAPÍTULO 12

Ao abrir a porta dos fundos, Abílio deu de cara com Clarissa, que vinha trazendo nas mãos a cesta de roupas que acabara de recolher do varal.

— Vai sair? — perguntou ela, tentando imprimir à voz um tom casual.

— Vou, sim. Por quê? Deseja alguma coisa?

— Posso saber aonde vai?

Ele a encarou com ar ameaçador e respondeu irritado:

— Não, não pode. Vou resolver uns assuntos que não lhe dizem respeito.

Pensando que a havia intimidado com seu tom de voz rude, Abílio voltou-lhe as costas e seguiu em direção a Tião, que já estava sentado no carro de bois que os levaria à cidade.

— Algum problema, sinhô?

— Espero que não.

Ele sentou-se ao lado de Tião e ordenou-lhe que pusesse o carro em movimento. O outro obedeceu e chicoteou levemente os animais, que começaram a andar calmamente. O carro passou ao lado de Clarissa e quando já estava quase na frente, a moça veio correndo, gritando toda esbaforida:

— Esperem, por favor, esperem!

Tião freou os bois e virou-se para trás. Clarissa, em poucos segundos, alcançou a carroça, chegando com o rosto afogueado.

— A sinhá deseja alguma coisa da cidade?

— Desejo, sim — respondeu Clarissa, enquanto subia na traseira do carro. — Desejo ir com vocês.

— Você o quê? — fez Abílio atônito.

— Disse que quero ir com vocês. Por quê? Alguma objeção?

Tentando controlar a raiva, Abílio mordeu os lábios e cruzou os braços.

Quando falou, estava tremendo, mas ainda tentou ser o mais educado que sua indignação permitia:

— Desculpe, Clarissa, mas creio que não entendeu. Disse que vou sair para tratar de uns assuntos particulares. Você não pode me acompanhar.

— Por que não? Prometo não atrapalhar.

— Clarissa — tornou com raiva —, vou tentar não me aborrecer com você e levar em consideração o fato de que ainda é quase uma menina, teimosa e arrogante. E agora, por favor, desça do carro ou serei obrigado a tirá-la à força.

Tião olhou para ele espantado e tentou contemporizar:

— Sinhá Clarissa, escute. A sinhazinha não pode ir. Ia ficar aborrecida.

— Como sabe, Tião? Talvez eu goste muito.

— Mas goste muito de quê, meu Deus? Pois se nós não vamos a nenhum lugar de divertimento...

— Sei que não. E sei aonde é que vão.

— Sabe?

— Sei, sim. Vão assistir ao ritual, não é mesmo? O culto africano.

Tião e Abílio se entreolharam espantados. Como ela podia saber? Tião pensou em protestar, mas Abílio interrompeu-o com a mão e acrescentou:

— Tem razão, Clarissa, vamos mesmo ao terreiro de pai Joaquim. Mas é um lugar muito pobre e sem conforto. Tenho certeza de que você não iria gostar.

— O senhor está enganado. Creio mesmo que apreciaria muito conhecer o terreiro de pai Joaquim. É onde levamos Angelina naquele dia, não é?

Ele meneou a cabeça e, lutando desesperadamente para não perder a paciência, continuou argumentando:

— O lugar não é apropriado para mocinhas. Ouça o que estou dizendo e volte para casa.

— Não sou uma mocinha, seu Abílio, sou sua mulher. E depois, já estou acostumada a frequentar o culto dos negros. Em minha fazenda, eu sempre presenciava e até participava.

— Sua fazenda é um lugar rico e bem arrumado, muito diferente dos terreiros daqui.

— Ainda assim, gostaria de ir.

Abílio, já agora bastante irritado, desceu da carroça, deu a volta e ergueu Clarissa, retirando-a do carro. Ajeitou-a sobre seu ombro e saiu carregando-a para a porta de casa, enquanto ela gritava:

— Solte-me, seu grosso, animal! Isso é uma afronta, um desrespeito! Quem pensa que é para me tratar desse jeito?

Com cuidado, Abílio colocou-a no chão e, dedo em riste, esbravejou:

— Escute aqui, Clarissa, você é uma menina mimada e sem educação, e se eu fosse seu pai, dava-lhe uma boa surra!

Sustentando seu olhar colérico, ela retrucou calmamente:

— Acontece, seu Abílio, que o senhor não é meu pai, mas meu marido. E se meu pai nunca me bateu, não seria o senhor o primeiro a encostar-me a mão.

Ele não respondeu. Durante alguns minutos ficou a olhá-la com um misto de perplexidade e admiração. Apesar de seu atrevimento, tinha que reconhecer que ela era uma mulher de fibra e não se deixaria dominar com facilidade. Abílio soltou um suspiro profundo, virou as costas e foi andando, torcendo para que ela não o seguisse. Não estava disposto a prosseguir naquela disputa. Clarissa, porém, permaneceu parada na porta, vendo-o afastar-se, sem esboçar nenhum movimento. Não queria mesmo ir. Fizera aquilo só para provocá-lo. Abílio chegou perto da carroça e subiu rapidamente, ordenando em seguida:

— Vamos.

Tião pôs o carro em movimento. Depois que saíram da propriedade e tomaram a estrada de areia batida, Tião voltou-se para Abílio e perguntou:

— O que será que deu em sinhá Clarissa?

— Não sei. Ela anda estranha. Primeiro veio com aquela história de rezar para Leonor. E agora isso. O que estará pretendendo?

— Não sei, mas algo me diz para tomar cuidado. Sinhazinha Clarissa é esperta...

— É intrometida, isso sim.

— Continuo achando que vosmecê devia mandar *ela* embora...

— Não posso — respondeu ele num sussurro. — Por mais que queira, não posso mandá-la embora.

— Por quê?

— Já disse. Eu a tirei de casa, da família. Não posso agora desfazer-me dela. Não seria direito.

— Será esse o único motivo?

Abílio olhou para ele, confuso, e começou a gaguejar:

— Sim... sim... isto é... eu não... eu não sei... não sei o que faria sem ela... As crianças... isso, as crianças... já se acostumaram com ela. E Angelina...

— A quem quer enganar, sinhô Abílio? A mim ou a vosmecê?

Ele estava cada vez mais confuso. No fundo, não sabia o que responder. Por mais que sua razão lhe dissesse que ele, como homem honrado que era, não poderia desfazer-se de Clarissa como se ela fosse um traste velho, havia mais alguma coisa que o impedia de mandá-la de volta, e ele respondeu num sussurro:

— Não sei o que quer dizer.

— Quero dizer que vosmecê está apaixonado por sinhazinha Clarissa.

— O quê? Ficou louco? Clarissa é uma menina...

— Ela já é mulher. Sua mulher.

— Mas, e Leonor? Não posso trair minha esposa.

Tião freou o carro no meio da estrada e olhou para ele. Podia ver toda a confusão em seu olhar e sentiu pena. Abílio era um bom homem e estava perdido em sua própria consciência, lutando para enfrentar o conflito que lhe ia na alma. Com a sinceridade de sempre, Tião ponderou:

— Sinhô Abílio, penso que já se aproxima a hora de sinhá Leonor partir de vez.

— O que quer dizer, Tião? Por acaso enlouqueceu, é?

— Não, não estou louco. Mas escute o que estou falando. Logo, logo, sinhá Clarissa vai tomar o lugar de sinhá Leonor em sua vida e em seu coração.

— Isso não! Nunca! Jamais trairei minha Leonor!

Tião achou melhor não discutir. Só Abílio não via o que estava mais do que claro. Percorreram o resto do caminho em silêncio, até que chegaram à casa de pai Joaquim onde, no terreiro dos fundos, eram realizados os cultos em louvor a seus orixás.

Desde que perdera a esposa, Abílio passara a dedicar-se à religião africana. Em meio a toda a dor que sentia, o culto dos escravos surgiu como uma verdadeira tábua de salvação, levando a seu coração atormentado um pouco de paz e de conforto. Ainda se lembrava de como tudo acontecera.

Fora logo após a descoberta do vestido esfarrapado de Leonor. Quando vira as vestes da mulher na praia, Abílio pensou que sucumbiria também. Estava consumado e não havia mais como voltar atrás. Mas aquilo não era justo. Por que fora perder a mulher naquelas circunstâncias? Por que Deus o castigava daquele jeito, atirando sobre a esposa aquela doença maldita, para a qual não havia cura e da qual todos fugiam espavoridos? Ele estava em seu quarto, chorando, segurando nas mãos o vestido roto de Leonor quando Tião entrou.

— Vá embora, Tião, não quero nada com você.

— Sinhô Abílio, já faz três dias que está trancado aí. Não está direito. As crianças precisam de vosmecê.

— As crianças precisam da mãe, mas isso não posso lhes dar.

— Seja forte. Vosmecê não pode viver assim.

— Saia, Tião, deixe-me. Quero morrer.

— Morrer? Se vosmecê morrer, então todo o sacrifício de sinhá Leonor terá sido em vão. É isso o que quer?

Ele olhou para Tião com os olhos banhados em lágrimas e respondeu soluçando:

— O que quer que eu faça? Não posso viver sem a minha Leonor! Não posso! Não posso!

Cada vez mais penalizado, Tião abaixou-se junto a ele, segurou-o pelos ombros e disse, encarando-o fundo dentro dos olhos:

— Sinhô Abílio, toda dor parece que não termina, mas isso não é verdade. Vai passar, eu sei.

Sentindo a compreensão e a amizade nas palavras do amigo, Abílio agarrou-se a ele e retrucou aos prantos:

— Tião, Tião! O que posso fazer para suportar essa dor? Por favor, ajude-me! Tenho meus filhos, não posso abandoná-los. Mas não consigo esquecer. Por favor, ajude-me! Ajude-me!

Tião estava emocionado e engoliu em seco. Nunca vira tanto sofrimento no coração de um homem. Apertando os olhos para não chorar, considerou:

— Por que não vem comigo ao terreiro de pai Joaquim? Ele poderá ajudar vosmecê.

Abílio enxugou as lágrimas com as costas das mãos e respondeu secamente:

— Não acredito nessas bobagens.

— Pois devia. O mundo está cheio de espíritos...

— Isso são crendices de negros ignorantes. Não existem espíritos.

— Mesmo assim, por que não vem comigo? Não tem nada a perder. Se nossa reunião não ajudar vosmecê, se não fizer vosmecê se sentir mais calmo e confiante, ao menos terá servido para distrair vosmecê um pouquinho.

— Não quero me envolver com esses fetiches.

— Não são fetiches, sinhô. São as verdades da alma.

— Hum... não sei, não. A única verdade da alma é que ela não sobrevive à morte.

— Isso é que não é verdade. A alma é eterna — Abílio fez um ar de dúvida, e ele insistiu: — Ora vamos, sinhô, o que tem a perder?

Abílio suspirou desanimado. Ele tinha razão. Embora não acreditasse em nada daquilo, o que teria a perder indo até lá? Ao menos teria alguma distração.

Naquela época, além de Tião, Abílio possuía uma escrava, de nome Olinda, que ajudava Leonor com as tarefas domésticas e cuidava das crianças. Apesar de não acreditar na religião dos negros, Abílio sempre permitira que eles se ausentassem para ir àquelas reuniões. Só que, naquele dia,

Olinda ficou em casa com as crianças e ele foi, em companhia de Tião, rumo ao terreiro de pai Joaquim.

Lá chegando, sentou-se num banquinho e ficou admirando o desenrolar do ritual. Os atabaques começaram a tocar e os negros foram para o centro do terreiro, dançando e exibindo estranhos objetos. Eram todos ex-escravos, manifestando no culto a alegria da liberdade recém-conquistada.

Abílio até que achou interessante aquele ritual. Era como um espetáculo, mas não se interessou em conhecer-lhe os fundamentos. Estava distraído, pensando em sua desgraça, quando Tião apareceu, trazendo pela mão um velhinho, que vinha apoiado num cajado.

— Sinhô Abílio — disse ele —, gostaria que conhecesse pai Joaquim. É o nosso zelador aqui.

Abílio encarou-o sem maior interesse. Era apenas um velho como todos os outros e não tinha nada de especial. Cumprimentou pai Joaquim com um aceno de cabeça, levantou-se e disse para Tião:

— Vamos embora. Não há mais nada para se ver aqui.

Virou as costas para ambos, dirigindo-se para onde o carro de bois estava parado, quando escutou a voz firme de pai Joaquim:

— O sinhô pensa que pode escapar de sua consciência, mas não pode, não.

Ele estacou, virou-se para o velho e indagou:

— Como assim?

— Sua consciência vai atormentar o sinhô até o fim de seus dias.

— Mas o que é isso? — esbravejou. — Tião, o que foi que andou dizendo a esse velho?

— Eu?! — fez Tião indignado. — Não disse nada não, sinhô. Até parece que faço mexericos.

— Pois então, a que está se referindo, velho?

Pai Joaquim encarou-o com bondade e respondeu:

— Sinhô Abílio, se veio até aqui para conhecer o meu terreiro, por que não aproveita e conversa comigo?
— Não tenho nada a lhe falar.
— Mas eu tenho.
— Não vejo em que a sua conversa possa me interessar.
— E se eu falar de sua esposa?

Abílio olhou para Tião, com raiva. Estava certo de que ele dera com a língua nos dentes, o que poderia acabar por causar-lhe imensos transtornos. Tião, no entanto, percebendo o que ele estava pensando, foi logo dizendo:

— Está enganado se pensa que eu falei alguma coisa, sinhô. Sempre lhe fui fiel, e vosmecê sabe disso.

— Seja o que for que esteja pensando, sinhô Abílio — retrucou pai Joaquim —, Tião não tem nada com isso. Sei o que se passa em seu coração, mas não foi Tião quem me disse.

— Não? — Abílio estava incrédulo. — Então, quem foi?
— Foram os orixás.
— Ora essa, era só o que me faltava. Desabalar-me até aqui para escutar essas sandices.

Pai Joaquim aproximou-se de Abílio e soprou algo em seu ouvido, sem que Tião pudesse escutar. Ele ergueu as sobrancelhas, perplexo, e indagou atônito:

— Como sabe disso? Nunca contei nada a ninguém. Nem a Tião.

— Pois é, sinhô Abílio. Os orixás leram em seu pensamento e me contaram. Mas não se preocupe. Não estou aqui para julgar nem para ameaçar o sinhô. O que os orixás dizem é segredo, e ninguém pode revelar.

— Eu... eu... não sei o que dizer — retrucou Abílio, visivelmente confuso.

— Não diga nada. O sinhô precisa muito mais ouvir do que falar.

— Ouvir?
— Sim. Venha comigo.

Pai Joaquim conduziu-o para dentro de sua casa, enquanto os atabaques continuavam a tocar em seu ritmo frenético. A casa era mais uma choupana, porém, muito asseada e agradável, e Abílio relaxou. Embora de uma pobreza extrema, aquela casa tinha alguma coisa especial que fazia com que ele se sentisse bem naquele lugar. Na verdade, os espíritos já haviam preparado o ambiente, nele depositando vibrações de amor e tranquilidade, e Abílio captara os fluidos benéficos, sentindo-se bem e em paz consigo mesmo. Pai Joaquim indicou-lhe um banquinho, sentando-se em outro, bem em frente a ele. Segurando-lhe as mãos com firmeza, foi logo falando:

— Sinhô Abílio, não quero que pense que sou alguma espécie de feiticeiro ou bruxo, e que estou aqui para lhe fazer algum mal. Não é nada disso. Quando Tião foi me chamar para me apresentar ao sinhô, eu nada sabia a seu respeito. Durante todo esse tempo em que ele frequenta a minha casa, nunca me falou nada sobre o sinhô. Quero que saiba que Tião é um servo muito fiel e dedicado.

— Eu sei.

— Pois é. Quando ele me chamou, disse apenas que queria que eu conhecesse o seu sinhô, e eu vim, certo de que o sinhô precisava de minha ajuda.

— Desculpe-me a franqueza, mas como pode você, um homem pobre e ignorante, prestar-me algum tipo de auxílio?

— A sabedoria da alma é infinitamente superior aos conhecimentos da carne. Sou um homem ignorante, sim. Não sei ler nem escrever, mas entendo de coisas que o sinhô nem imagina que possam existir.

Abílio notou uma leve alteração no tom de voz de pai Joaquim e percebeu que ele falava com muita desenvoltura para um negro ignorante e analfabeto, mas não fez nenhum comentário sobre isso, prosseguindo em sua conversa:

— Por exemplo...

— Por exemplo, os espíritos.

— Não acredito nessas bobagens.

— Não? Pois os espíritos, agora mesmo, me dizem que sua mulher...

— Não quero falar sobre minha mulher — cortou ele rispidamente, levantando-se decidido. — Não lhe dou o direito de tocar no nome dela, e nem você, nem qualquer espírito vai me convencer a conspurcar o seu nome!

— Tenha calma — retrucou ele serenamente. — Ninguém quer convencer o sinhô de nada. Muito menos disso aí que o sinhô falou, que eu nem sei o que é.

Abílio calou-se abruptamente, olhando para ele com ar atônito. De repente, desatou a rir. Sim, estava diante de um velho ignorante, que nem entendia o que ele dizia e que, provavelmente, não tinha nada de útil a lhe dizer. Segurando o riso, falou em tom de mofa:

— Desculpe-me, pai Joaquim, não queria ofendê-lo. E agora, se me der licença, voltarei para casa.

— Já se esqueceu do que lhe falei há pouco?

Abílio olhou para ele intrigado. Realmente, o velho lhe dissera algo que ninguém sabia. Só ele e Leonor. Como descobrira?

— Confesso que fiquei intrigado — respondeu ele, mudando de tom. — Como foi que soube disso?

— Já lhe disse. Os orixás me contaram. Essa é uma grande mágoa que o sinhô tem, não é mesmo? — ele não respondeu, e pai Joaquim continuou: — Pois não devia exigir tanto de si mesmo. Cada um faz aquilo que pode, vai até onde pode. Quem não sabe nadar, não se atira no mar. E quem se atira, corre o risco de morrer afogado. Ou então, acaba aprendendo sozinho. É a lei da vida.

— Não entendo o que quer dizer.

— Ninguém pode tentar ser mais do que é nem andar mais rápido do que as pernas permitem. E ninguém deve se sentir culpado por causa disso. Veja o sinhô. O sinhô tem uma filha bem pequena, não tem?

— Sim. Angelina só tem nove anos.

— Pois então? Imagine agora se o sinhô vai querer que ela ande tão depressa como o sinhô. Não pode. Ela não aguenta. É por isso que digo: cada um faz o que pode, e não há nada de errado nisso.

— Continuo não entendendo aonde quer chegar.

— O sinhô é um homem inteligente, estudado, mas não entende nada das coisas de Deus, não é verdade?

— Não, não entendo. Deus não levaria minha Leonor...

Arrependeu-se no instante mesmo em que falou. Não queria falar da mulher, pois tinha medo de que aquele homem descobrisse toda a verdade sobre o que fizera. Pai Joaquim, porém, com extrema naturalidade e amor, objetou:

— Deus não levou sua Leonor, e nós sabemos disso, não é mesmo? Mas o fato é que o sinhô perdeu sua esposa. Foi essa a sua escolha. Sua e dela. Mas não fique se lamentando, que isso não resolve. Se as coisas aconteceram assim, é porque foi o melhor. Todas as coisas que acontecem na nossa vida são para o nosso bem. Nós é que não conseguimos enxergar desse jeito.

Abílio sentiu vontade de contestar, mas não conseguiu. Não tinha mais ânimo. As palavras daquele velho calavam fundo em sua alma. Ele sabia o que havia acontecido, era óbvio, mas Abílio sentia que podia confiar nele. Aquele homem era cúmplice, não de seu gesto tresloucado, mas de seus sentimentos. Era cúmplice porque podia compreender toda a dor que lhe ia no coração.

Não conseguindo mais se conter, Abílio ajoelhou-se ao lado de pai Joaquim e, olhos banhados em lágrimas, abriu seu coração para ele, contando-lhe todos os infortúnios por que passara desde a descoberta da doença da esposa. Pai Joaquim escutou-o pacientemente e, quando ele terminou, passou a mão sobre sua cabeça e falou:

— Tenha calma, sinhô, nem tudo está perdido. Reze e peça a Deus para ajudar o sinhô, que Deus vai ajudar.

— Não sei rezar.

— Sabe, sim. Ninguém precisa conhecer palavras bonitas para falar com Deus. Deus escuta qualquer prece.

— Não creio que escutará as preces de um condenado feito eu.

— Quem condenou o sinhô? Não foi Deus, com certeza, porque Deus não condena ninguém. Quem condenou o sinhô foi o sinhô mesmo, que não consegue se perdoar pelo que fez.

— Perdoar? Como posso me perdoar?

— Perdoando. Tentando entender que o sinhô e sinhá Leonor fizeram o que achavam certo e melhor. Mais tarde, vão aprender a fazer diferente.

— Será? Não teremos mais essa oportunidade...

— O espírito é eterno, as escolhas, infinitas. Se alguém erra na vida, é para poder fazer certo depois.

— Como? O erro está feito, acabou.

— Nada acaba na vida, mas vai se transformando para colaborar com a natureza. Quando nós morremos, nosso corpo vira pó e vai para os bichos da terra comer. Mas nosso espírito se liberta e volta para o mundo invisível, de onde saiu, e nós temos a chance de rever todos os nossos atos, pensamentos e palavras. Depois, se achamos que algo não está bom, que não fizemos direito, podemos pedir para voltar à Terra, quando então temos a oportunidade de fazer tudo diferente. Ninguém vive uma vida só, e é por isso que sempre podemos refazer o que não ficou bem-feito.

— Isso tudo é muito estranho, pai Joaquim. Preciso de tempo para me acostumar.

— Peça ajuda a Deus, meu filho.

— Deus vai é me castigar.

— Deus não castiga ninguém. Somos nós que nos sentimos castigados quando nos atormentamos com o julgamento que fazemos de nós mesmos. Não existem castigos na vida, mas oportunidades de aprender.

— Acha mesmo isso, pai Joaquim? Acha que você está aprendendo por ter nascido no corpo de um negro? Aprendendo a quê? A sofrer?

— Pode ser. Não sei o que fiz em outras vidas para escolher passar por esse sofrimento. Mas uma coisa é certa: fui eu que escolhi nascer escravo, porque minha alma não conseguiu acreditar que eu podia e merecia vivenciar algo diferente e menos sofrido. Se eu acreditasse que não preciso sofrer para crescer, teria escolhido um outro caminho.

— Isso tudo é muito confuso. Não sei ao certo se acredito nessas coisas.

— Vai acreditar, tenho certeza. E eu vou estar aqui esperando o sinhô. Estou certo de que encontrará conforto em minha casa. Pode vir quando quiser.

Quando saiu dali, Abílio sentiu-se mais confortado. Embora não pudesse ou não quisesse acreditar nas palavras de pai Joaquim, o fato era que elas lhe causaram imenso bem. Ele ainda ficou um pouco mais assistindo o ritual, já olhando-o com outros olhos, e depois voltou para casa. No caminho, ia em silêncio, até que Tião indagou:

— Desculpe se me intrometo, sinhô, mas o que foi que pai Joaquim falou que deixou vosmecê tão impressionado?

Abílio suspirou e abaixou a cabeça. Ele se considerava um homem digno, e aquela lembrança, dentre tantas outras, deixava-o com raiva de si mesmo. No entanto, Tião era seu amigo, e sabia que podia confiar nele. Ainda sem levantar os olhos, foi contando:

— Há alguns meses, quando Leonor começou a ter essas ideias, passou a me infernizar quase que diariamente, tentando me convencer a fazer o que ela queria. No princípio, não quis concordar. Era uma loucura, e eu a amava. Mas Leonor estava fora de si, transtornada com a doença e com os filhos. Naquele dia, ela agia feito louca. Começou a gritar que queria morrer e que eu teria que acabar com ela. Eu me recusei, acusei-a de insana, e ela começou a me bater, chamando-me de covarde, de monstro, de desleal. Fiquei furioso, mas não respondi e tentei aparar os seus golpes da melhor forma possível. Sabia que ela estava doente e podia compreender a sua revolta. Mas ela não desistia. Até que, em dado momento, avançou para mim e começou a unhar o meu rosto, gritando que me odiava e que eu era um porco nojento. Nesse momento, eu perdi a cabeça e dei-lhe uma leve bofetada. Ela desatou a chorar e eu, arrependido, corri para ela e abracei-a, implorando seu perdão. Ela havia se descontrolado e pediu-me que eu a perdoasse também. Nós choramos juntos e, desde esse dia, nunca mais tocamos no assunto. Mas eu jurei que jamais encostaria a mão em minha mulher ou em qualquer outra novamente.

— E pai Joaquim sabia disso?

— Sabia. Disse-me que eu me sentia envergonhado por haver perdido a cabeça e desferido um tapa em minha mulher. Isso me arrasou.

— Entendo... Bem, sinhô Abílio, mesmo assim, espero que tenha gostado de pai Joaquim.

— Gostei muito. Não só pelo que ele me disse, pelas palavras tão sábias, vindas de um velho analfabeto. Mas, principalmente, pelo seu amor e pela sua compreensão. E depois, o lugar, apesar de pobre, é extremamente agradável. Gostei das músicas, das danças, do aspecto sereno daquelas pessoas. Fez-me muito bem.

— Pretende voltar, então?

— Sempre que o ritual acontecer. Penso que lá conseguirei reunir forças para continuar a viver e a criar os meus filhos.

De volta aos dias atuais, Abílio pensou no quanto havia se modificado e percebeu que algo dentro dele começava a se transformar novamente, e ele se lembrou de Clarissa.

Lembrou-se do dia em que quase lhe batera e no quanto se arrependera, com medo de repetir o gesto nefasto que, anos antes, havia feito com Leonor. Mas não era só isso. Será que Tião estava certo, e ele se apaixonara pela moça? Um leve estremecimento o acometeu, e ele se encolheu todo. Não sabia se estava apaixonado, mas tinha certeza de que já não queria mais viver sem ela.

CAPÍTULO 13

Da porta da sala, Clarissa observava Vicente, cuja cabeça subia e descia por entre a espuma branca das ondas. Ele erguia o corpo e mergulhava em seguida, afundando e sumindo na água, só reaparecendo mais além, depois da arrebentação. Parecia sentir imenso prazer naquilo. O mar estava sereno e límpido, e as ondas quebravam à distância, percorrendo um longo percurso para depois morrer na beira da praia. Clarissa não podia ver o rosto de Vicente. Distinguia apenas o seu porte másculo, seminu, nadando ao longe, misturando-se àquele verde tão cristalino. Parecia que uma mina de cristal se havia derretido ali, de tão transparente e cintilante era a água.

Ela estava extasiada. Daria tudo para dar um mergulho com menos roupas, mas sabia que Abílio não consentiria. No entanto, não podia se conformar. Que mal poderia haver em dar um mergulho só? Pensando nisso, tomou uma decisão. Ainda era cedo, Angelina dormia e Abílio havia saído com Tião para resolver uns assuntos. Bastava que se levantasse, tirasse o vestido e se atirasse na água. Nem precisava tirar tudo. Entraria com suas roupas de baixo.

Clarissa correu para a beira da praia, perto de onde Vicente se encontrava. Ao vê-la, o rapaz se aproximou e esboçou um sorriso, cumprimentando-a com jovialidade:

— Bom dia, Clarissa.

Ela desviou o olhar de seu peito nu e tentou aparentar naturalidade:

— Bom dia, Vicente. O que faz aqui logo cedo?
— Vim dar um mergulho. Está fazendo tanto calor!
— É verdade...
— Por que não entra também?
— Hum... era nisso mesmo que estava pensando.

Em silêncio, ela começou a se despir, e Vicente abriu a boca, atônito.

— O que está fazendo? — indagou perplexo.
— Tirando minhas roupas.
— O quê? Mas você não pode.
— Por que não? Você não está despido?
— Mas é diferente. Sou homem. E não estou nu. Estou de ceroulas. — Vendo que ela começava a desabotoar a blusa, exclamou: — Ficou louca, é!? E se meu pai a pega?
— Não se preocupe, não vou tirar tudo.

Ela tirou a blusa, soltou a saia e ficou só de corpete e combinação. Já estava bem melhor e mais leve. Aproximou-se da beira e experimentou a água. Estava fria, mas seria ótimo para refrescar do calor. Aos pouquinhos, Clarissa foi entrando, sentindo na pele aquela água deliciosa. Mais um pouco e chegou perto da arrebentação, com Vicente atrás dela, sem dizer nada. De repente, parou. Não conseguia ir além. Tinha medo de perder o pé e afundar. Ela não sabia nadar e não queria morrer afogada. Já passara por aquela experiência uma vez; não desejava repeti-la.

— Aqui está bom — disse, voltando-se para o enteado.

As ondas eram pequenas e quebravam bem perto dela, mas fortes o suficiente para impulsionar o seu corpo para frente e para trás. Ela ria, deliciada, e se abaixava para sentir o contato da água em todo o seu corpo. Vicente, que já começava a se acostumar com a presença dela, chegou mais perto e, vendo a sua alegria, pôs-se a rir e a atirar água nela, fazendo chafarizes com as mãos.

— Venha — chamou ele. — Vamos entrar mais um pouco.

— Não, não, aqui está bom. Não quero ir além, tenho medo.

— Mas não há perigo.

— Não quero. Sei das correntezas...

Vicente achou melhor não insistir. Sabia que ela ficara com medo depois do naufrágio, e era natural.

— Então mergulhe — estimulou ele. — Molhe a cabeça.

— Não sei se tenho coragem.

— Vamos, eu a ajudo.

Segurando-a pelas mãos, ele foi abaixando seu corpo na água, até que seu pescoço ficou praticamente imerso. Aos pouquinhos, ela foi se abaixando, levando a cabeça para dentro d'água. Já começava a mergulhá-la quando sentiu a água em seu nariz e levantou apavorada. Aquela sensação... parecia que estava afundando e que não conseguia respirar. Aquilo a apavorou e ela tentou fugir. Lembrou-se do navio, da queda na água, da massa líquida encobrindo sua cabeça, impedindo-a de respirar. Ela começou a gritar, e Vicente segurou-a firmemente pelos pulsos, tentando contê-la. Mas ela estava transtornada, sem conseguir raciocinar direito, sentindo falta de ar. Só o que queria era fugir dali.

— Solte-me! — gritava, enquanto se debatia, ofegante. — Arf! Arf! Arf! Quero respirar! Arf! Arf! Não consigo respirar! Arf! Arf!

— Clarissa, acalme-se! Você está na praia.

— Não! Estou afundando! Arf! Arf! As ondas! Oh! Meu Deus!

Ela se debatia loucamente, tentando desvencilhar-se dele, mas, quanto mais lutava, mais ele a segurava. Até que, não podendo mais suportar aquela agonia, Vicente estreitou-a de encontro ao peito e começou a acariciá-la, dizendo baixinho em seu ouvido:

— Sh... Calma, está tudo bem. Eu estou aqui. Estarei sempre aqui. Calma, não se preocupe, vou cuidar de você...

Aos poucos ela foi se acalmando, até que começou a raciocinar. De repente, deu-se conta de que estava na praia, e não no navio, encostada ao peito másculo de Vicente. Aquele contato lhe causou um estremecimento, e ela se afastou, encarando-o em silêncio. Foi quando percebeu o quanto ele era bonito, os cabelos castanhos, a pele bronzeada de sol, os olhos tão verdes que pareciam duas gotas do mar, os músculos bem torneados, que lhe davam aquele ar de deus recém-saído das ondas.

Clarissa fitou-o, horrorizada com seus próprios pensamentos. Afastou-se dele e começou a recuar, as costas voltadas para o horizonte. Ele estendeu a mão para segurá-la, mas ela se retraiu toda, o corpo indo e vindo ao sabor das ondas. Nesse vaivém, ela foi se aproximando novamente de Vicente, até que uma onda um pouco mais forte, estourando em suas costas, jogou-a de encontro a ele, e ele abriu os braços para ampará-la.

Clarissa entrou naquele abraço como se houvesse sido feita para ele, e seus rostos se encontraram, seus olhares se cruzaram, os lábios quase se tocando. Ela abriu a boca para protestar, mas Vicente, levado pela emoção, colou seus lábios aos dela, num beijo ardente e prolongado, que Clarissa correspondeu sem pensar em mais nada. Ambos estavam em êxtase, até que as mãos de Vicente começaram a deslizar pelo seu corpo, e ela se assustou. Imediatamente, repeliu-o e desferiu-lhe um tapa no rosto, dizendo cheia de indignação:

— Como ousa? Sou sua madrasta...

— Mas não é minha mãe.

Ele permaneceu estudando-a, louco de vontade de abraçá-la e dizer o quanto a amava, mas Clarissa, assustada com seus próprios sentimentos, levou a mão ao peito e começou a se afastar, lutando para vencer as ondas que se agarravam em suas pernas. Pouco depois, alcançou a praia. Apanhou suas roupas e correu sem as vestir, torcendo para não encontrar ninguém pelo caminho. Deu a volta na casa e foi para o terreiro atrás. Apanhou água do poço e jogou sobre sua cabeça, esfregando-a com o sabão que estava ao lado. Em seguida, toda molhada, correu para dentro de casa, passando pela cozinha, pela sala, subindo as escadas e trancando-se no quarto, deixando atrás de si um rastro de água pelo chão. Ninguém a vira.

Clarissa estava apavorada. Por mais que detestasse Abílio, ele era seu marido, e ela era uma mulher direita. Como podia ter-se deixado levar pela emoção do momento e permitido que Vicente a beijasse? Vicente... ele era atrevido e rude, mas havia algo nele que mexia com ela. Era seu enteado, mais novo do que ela, mas mesmo assim... não podia resistir.

Aquele beijo... Clarissa adorara aquele beijo, mas não podia sequer admitir para si mesma. Não era direito. O que faria dali para a frente? Como proceder para que Abílio não percebesse o que lhe ia no coração? E se Vicente começasse a persegui-la? Não. Ele não parecia o tipo de rapaz que corre atrás de uma moça. No entanto, os olhares, esses sim, poderiam ser reveladores. Mas Clarissa não deixaria que aquilo acontecesse novamente. Casara-se com Abílio e iria honrar o seu nome, e não manchá-lo com uma traição da pior espécie. Dali para a frente, estava decidida: jamais voltaria a ficar a sós com Vicente e não permitiria que ele tocasse naquele assunto ou insinuasse qualquer coisa. Faria com que ele visse que ela fora tomada por um acesso de loucura, fruto das dolorosas lembranças que a água sobre o nariz lhe causara, e que não estava lúcida o suficiente para impedir aquela infâmia.

Vicente, por sua vez, sentia-se angustiado. Vendo Clarissa afastar-se, quis sair atrás dela, mas o senso de dignidade o impediu. Ele não era um cafajeste, à espera de que o pai virasse as costas para lhe roubar a jovem esposa. Era um homem decente e também se deixara levar pelo momento, sensibilizado com o sofrimento de Clarissa e perturbado pela proximidade de seu corpo. Mas aquilo não iria se repetir. Ele estava disposto a afastar-se dela e evitar a sua presença. Passaria o máximo de tempo longe de casa, fugiria se preciso fosse. Não iria atirar o seu nome e o de sua família na lama só porque se apaixonara pela esposa de seu pai. Ele era um homem distante, e Vicente o odiava, mas era seu pai. Devia-lhe, ao menos, respeito. E isso, ele sabia que não poderia lhe negar.

Pouco depois, Angelina descia para o café. Quando chegou à sala, encontrou a mesa posta. Clarissa já havia voltado e serviu-lhe um copo de leite e um pedaço de bolo.

— Onde está todo mundo? — perguntou.
— Seu pai saiu, não disse aonde ia.
— E Vicente?
— Não sei. Acho que está na praia.

Vicente entrou logo em seguida. Vestia uma calça que lhe batia nos tornozelos e uma camisa branca, desabotoada até a altura do umbigo. Quando o viu, Clarissa sentiu um arrepio. Trazia os cabelos ainda molhados, e os olhos faiscaram quando encontraram os dela. Ele a encarou em silêncio e entrou, passando direto pela mesa, sem nem cumprimentar a irmã.

— Não vem tomar café, Vicente? — perguntou ela, com sua vozinha infantil.

— Não. Estou sem fome.

— Onde esteve? Nadando?

— Não é da sua conta, pirralha. Meta-se com a sua vida.

— Nossa, que azedume! — queixou-se ela, fazendo beicinho.

— Deixe, querida — intercedeu Clarissa. — Vicente deve estar aborrecido. Não ligue para ele.

Vicente não disse nada e prosseguiu seu caminho, subindo as escadas e trancando-se no quarto. Clarissa não queria falar com ele, mas precisava chamá-lo. Estava na hora de sair ou ele chegaria atrasado à escola. A contragosto, foi bater à porta de seu quarto.

— Vicente! — chamou. — Está na hora. Sabe que seu pai não gosta que se atrasem.

Ele não respondeu. Ela sabia que ele estava lá dentro e que escutara o seu chamado, mas não estava disposta a insistir. Cumprira o seu papel. Se não a atendera, era problema dele. Que ficasse em casa e depois aguentasse a fúria do pai. Ela rodou nos calcanhares e começou a descer as escadas. Precisava, ela mesma, levar Angelina.

Quando estavam saindo de casa, Abílio vinha chegando em companhia de Tião e foi logo perguntando:

— Onde está Vicente?

— Ele está lá no quarto — respondeu Angelina.

— Não vai à escola?

— Não sei, seu Abílio — esclareceu Clarissa. — Fui chamá-lo, mas ele não respondeu.

Abílio balançou a cabeça e não disse nada. O que estaria aquele menino fazendo?

— Quer que eu leve sinhazinha Angelina, sinhô? — era a voz de Tião, que o tirava de seu devaneio.

— O quê? Ah! Sim, Tião, por favor.

Angelina subiu no carro de boi e se foi com ele, enquanto Clarissa voltava para dentro de casa em companhia de Abílio.

Ele subiu, e ela foi arrumar a casa. Não tinha vontade de conversar, e ele também não parecia interessado em nada que ela tivesse a dizer.

— Mas o que é que está acontecendo, Vicente? — indagou Abílio, irrompendo pelo quarto do filho — Por que faltou à escola?

Vicente encarou-o com desprezo e respondeu sem interesse:

— Não estou me sentindo bem.

— Ah! Não, é? E o que está sentindo, posso saber?

— Não sei. Um mal-estar.

— Deixe de mentiras, menino, porque sei que não tem nada. Quando saí você estava indo em direção à praia. Vai querer me convencer de que agora está passando mal?

— Acho que tomei muito sol.

A muito custo, Abílio conseguiu controlar a raiva. Sabia que Vicente ainda o acusava pelo que acontecera à mãe e não conseguia se conformar.

— Sei que você está mentindo — retrucou Abílio. — Contudo, não quero me desgastar com você. Mas não vá pensando que isso vai se tornar um hábito, porque não vai. Você vai concluir os seus estudos e depois vai para o Rio de Janeiro, para cursar uma universidade. Não é isso o que quer? — Ele não respondeu, e Abílio prosseguiu: — De qualquer forma, é o melhor para você.

— E se eu não quiser mais ir? — revidou ele em tom de desprezo, só para provocar o pai. — Posso ter mudado de ideia.

— Não, não pode. Você vai para a capital e pronto. Vai estudar e se formar, e viver longe daqui.

— Por quê? Gosto daqui.

— Esta cidade não é para você. Quero um futuro melhor para você.

— E o que eu quero, não importa? Quem lhe deu autorização para decidir as coisas por mim? Deus? Ou mamãe?

Abílio mordeu os lábios com tanta força que sentiu um gosto amargo de sangue. Tinha vontade de esbofetear o filho, mas controlou-se. Ao invés disso, ergueu-o pelo colarinho e, encarando-o com fúria, esbravejou:

— Não preciso da autorização de ninguém para mandar em meus filhos! Você vai para a capital e pronto. Já estou até providenciando sua matrícula na universidade.

Vicente sustentou seu olhar e colocou as mãos sobre as do pai, soltando-as de seu colarinho. Estava abismado. Como o pai podia decidir sobre sua vida à sua revelia? Virou-lhe as costas e sentou-se na cama, dizendo com raiva:

— Matriculou-me na universidade? Mas em que curso?

— No de medicina. Não era o que queria? Ser médico?

— Não sei. Ainda não me decidi.

— Pois decida-se logo. Ainda há tempo de trocar de curso, se você desejar. Pode estudar o que quiser, contanto que estude. Está me ouvindo?

Abílio rodou nos calcanhares e saiu, batendo a porta atrás de si e deixando Vicente furioso. Por que o pai tinha que ser tão arrogante e prepotente? Quem pensava que era para tramar o seu futuro pelas suas costas? E se ele mudasse de ideia e não quisesse ir?

Mas Vicente sabia que iria. Concordava com o pai: era o melhor que tinha a fazer. Ainda mais agora, que se descobrira apaixonado por Clarissa. Ele não podia ficar e se arriscar a pôr tudo a perder, traindo-se diante do pai.

Naquela noite, Clarissa deitou-se cedo para dormir. Os acontecimentos do dia a haviam desgastado sobremaneira. Vicente a deixara confusa e transtornada, e ela passara o dia a pensar no que havia acontecido. Abílio subiu mais tarde. Recebera a visita de seu gestor de negócios, que cuidava de suas joalherias na capital, e teve que levá-lo até a cidade. Já era tarde, e o homem foi para a casa de um conhecido, que costumava alugar-lhe um quarto sempre que tinha negócios a tratar ali. Abílio jamais ofereceu pousada ao homem, que o achava esquisito, mas nunca disse nada. Ele era generoso e pagava bem, e isso já era o suficiente para não reclamar.

Ao passar pela porta do quarto de Clarissa, Abílio viu luz por debaixo da porta, sinal de que ela ainda estava acordada. Já ia passar direto, mas mudou de ideia. Aproximou-se da porta, já ia bater, mas desistiu. As palavras de Clarissa ainda ecoavam em sua mente. Ela dissera que tinha nojo dele, o que o machucara profundamente. Devia seguir direto para o seu quarto, mas não conseguiu. Fazia já algum tempo desde a última vez que a amara e sentiu o desejo crescer em seu corpo. Afinal, era sua mulher, e ele tinha lá os seus direitos.

Mesmo hesitante, resolveu bater e esperou, até que ela mandou que entrasse.

— Boa noite — disse ele, entrando e sentando-se ao lado dela.

— Ah! Seu Abílio, é o senhor. Faz tempo que não vem aqui. O que deseja?

Ele abaixou os olhos, constrangido, e sussurrou:

— Não sabe?

Sem esperar resposta, beijou-a desajeitadamente. Tomada pela surpresa, Clarissa quis recuar, mas não se atreveu. Ele era seu marido e fazia muito tempo que não a procurava. Abílio deitou-a na cama e a amou, sem que ela demonstrasse nenhum sinal de prazer ou satisfação. Entregava-se a ele por obrigação, mecanicamente, sem nenhum sentimento ou emoção. Percebendo-lhe a indiferença, Abílio se arrependeu. Na época de Leonor, costumava ser um homem ardoroso, mas com Clarissa era diferente. Temia deixá-la chocada e não queria mais lhe dar a chance de dizer que ele a enojava. Por isso, limitou-se a agir rapidamente, só para saciar seu desejo, e, assim que terminou, levantou-se, ajeitou a roupa e concluiu friamente:

— Obrigado, Clarissa. Durma bem.

Saiu vagarosamente, fechando a porta sem fazer barulho. Depois que ele se foi, Clarissa virou-se para o lado e começou a chorar, pensando em Vicente. Como seria bom se pudesse amá-lo, ao invés de Abílio! Assustou-se com seus próprios pensamentos e recriminou-se intimamente. Como podia pensar aquelas coisas? Vicente era seu enteado, e ela já decidira que nunca mais lhe daria a oportunidade de se aproximar dela, muito menos de tocá-la novamente.

Com um suspiro, apagou a vela e fechou os olhos, tentando dormir. Foi quando escutou novamente aquele gemido, vindo do fim do corredor: uuuuui... Ela se ergueu na cama e olhou pelo vidro da janela. Como não havia vento, aquele barulho tinha que ser de outra coisa. Apurou os ouvidos e escutou novamente: uuuuui... O espírito de dona Leonor parecia haver voltado.

Imediatamente, Clarissa tornou a acender a vela e levantou-se, saindo para o corredor. Estava escuro e silencioso, mas ela foi avante, caminhando em direção ao último quarto. Quanto mais se aproximava, mais nítido ficava o barulho: uuuuui... Aquele som era de arrepiar e parecia saído das paredes. Era mesmo um gemido, e Clarissa concluiu que só podia ser de Leonor. Ao chegar à porta de seu quarto, empurrou o trinco e entrou, indo ajoelhar-se bem no centro do aposento. Com fervor, elevou o pensamento a Deus e começou a rezar em voz alta:

— Senhor, aqui estou para interceder pela alma de nossa querida irmã, Leonor. Que ela possa, neste momento, receber todo o amor que...

De repente, fez-se um ruído infernal. Das paredes do quarto, começou a soar um estrondo aterrador: bum! bum! bum! Ela estacou, mortificada, gelada de pavor. O ruído ia se alastrando, como se quisesse invadir o quarto, e ela ficou apavorada. Uma lufada de vento bateu a porta, e ela quase desmaiou de susto. Tentando controlar o pânico, correu para esta e a escancarou, quase caindo ao dar um encontrão em Abílio, que acabava de chegar.

— Seu Abílio! O que faz aí?

— Eu é que lhe pergunto. O que veio fazer no quarto de minha ex-esposa, no meio da noite?

— Ouvi um barulho e...

— Um barulho?

— Sim. O senhor também ouviu?

— Foi o vento. Começou a ventar há pouco. E parece que vai chover. Ouvi os trovões...

— Será?

Ao invés de responder, ele lhe fez outra pergunta:

— Por que está fazendo isso? Por que não deixa Leonor em paz?

Desconcertada, ela procurou justificar-se:

— Ela jamais terá paz dessa maneira. Bem se vê que seu espírito está atormentado e não consegue descanso. — Ele a olhou confuso, e ela continuou: — O senhor não pode dizer que não acredita. Sei que frequenta o ritual dos negros, que é todo baseado no culto dos mortos.

— Eu não disse que não acredito. Apenas não vejo motivos para você mexer com essas coisa.

— Não estou mexendo com nada. Venho aqui apenas para orar. E o senhor devia ficar satisfeito.

Ele suspirou desanimado, segurou em seu ombro e falou com voz de súplica:

— Faria um favor para mim?

— Um favor...? O que é?

— Será que poderia me deixar sozinho no quarto de Leonor? Por favor, preciso ficar a sós com minhas lembranças.

— Está bem, seu Abílio, é justo o que me pede. Sei o quanto sofre e vou respeitar sua dor.

— Obrigado.

Ele entrou no quarto e trancou a porta a chave. O que será que iria fazer? Será que iria rezar? Clarissa não conseguiu conter a curiosidade e encostou o ouvido na porta, tentando escutar alguma coisa. Só o que ouviu foi um *clique* abafado e concluiu que ele deveria estar remexendo nas gavetas. Pobre Abílio! Jamais conseguiria se perdoar por haver tirado a vida da esposa. Ele acabara com seu sofrimento, mas não conseguira dar-lhe a tão esperada paz.

— Clarissa — chamou uma voz atrás dela, fazendo-a sobressaltar-se.

— Ah! Angelina. O que é, meu bem?

— Será que eu poderia dormir na sua cama?

— Por quê?

— É que ouvi um barulho horrível... os trovões...

— Está com medo?

— Hã, hã.

— Está bem, então. Não se preocupe, os trovões não podem feri-la.

Clarissa seguiu de mãos dadas com Angelina, entrando em seu quarto e acomodando-a em sua cama. Cobriu-a, deitou-se a seu lado e apagou a vela, dando-lhe, em seguida, um beijo de boa-noite. Os trovões pipocavam à distância, e o clarão dos raios penetrava pela janela, causando-lhe um aperto inexplicável no coração.

Confusa, olhou para Angelina. A menina, sentindo-se segura com a proximidade de Clarissa, fechou os olhos e falou sonolenta:

— Não me deixe sozinha, por favor. Tenho medo...

Logo adormeceu, mas Clarissa só conseguiu conciliar o sono altas horas da madrugada. Quando finalmente dormiu, vó Tonha estava a seu lado, pronta para partir com ela em mais uma de suas visitas ao mundo espiritual.

Dessa vez, Clarissa tornou a ver aquela estranha aldeia de negros. Parecia-lhe muito familiar, embora nunca tivesse visto aquele lugar. Ela estava parada perto de uma árvore, tendo ao lado vó Tonha, que lhe dizia para ter calma. Naquele instante, uma menina de seus nove ou dez anos vinha sendo arrastada por um homem grande, enquanto, a seu lado, uma mulher chorava desolada. A mulher aproximou-se da menina, em lágrimas, e desabafou:

— Mudima, minha filha, eu a amo muito. No entanto, nada pude fazer, pois o chefe da tribo a vendeu ao homem branco...

A menina chorava desesperada, não queria ir, até que um homem branco apareceu e colocou em seu pescoço uma espécie de coleira, puxando-a com violência.

Mudima esperneava cada vez mais, e o homem, já sem paciência, puxou-a com mais força ainda, e ela caiu ao chão, sendo arrastada por seu verdugo.

Ao fundo, um velho observava. Olhar frio e distante, apoiava-se em seu cajado e olhava aquela cena com um estranho brilho de satisfação. Era o chefe da aldeia e fora ele quem vendera Mudima, juntamente com outros homens, ao comerciante branco, que lhe oferecera fumo e cachaça em troca da valiosa carga.

Depois que a algazarra cessou, o velho virou as costas e partiu para dentro de sua choupana, mas foi detido pelo olhar acusador de Iadalin, mãe de Mudima, que, dedo em riste, dizia impiedosa:

— É um homem perverso, Tata[1] Igboanan. Um dia ainda vai se arrepender e vai receber de volta todo o mal que nos fez passar.

Sem esperar resposta, Iadalin partiu desabalada para fora da aldeia. Estava arrasada e precisava pensar. Igboanan, abatido, entrou em sua choupana e fingiu que ia rezar. Como

---
1 Pai

gostava de Iadalin! Mas ela não queria ser sua. Ele era um velho, já possuía duas esposas, e ela, cheia de juventude e vida, casara-se com um jovem guerreiro da tribo e com ele tivera quatro filhos, sendo Mudima sua filha adotiva.

Igboanan nunca se conformou com a perda da amada e vivia esperando uma chance de se vingar. Até que, naquele dia, a oportunidade surgiu. Ao receber a visita do homem branco, que lhe pedia uma negrinha de seus nove ou dez anos, Igboanan lembrou-se de Mudima. Era escrava, filha de valente guerreiro de uma tribo vizinha, cuja mãe havia sido feita escrava após a derrota daquele povo. Quando Mudima nascera, a mãe não resistira ao parto, e a menina fora criada por Iadalin como se fosse sua própria filha. Mas não passava de uma escrava, e os escravos não tinham direitos ou privilégios. Assim, Igboanan vendeu-a ao homem branco para se vingar de Iadalin, que muito sofreu com a perda da menina.

Sem nada entender, Clarissa assistia aquelas cenas sem delas participar, como mera espectadora, sentindo no coração uma profunda dor. O que significava tudo aquilo? Por que vó Tonha lhe mostrava aquelas coisas? Ela lançou à outra um olhar inquisidor, e Tonha, segurando-a pela mão, com ela alçou voo, indo pousar na praia, no mesmo lugar em que sempre costumavam conversar.

— Vó Tonha, o que significa tudo isso? Não consigo entender.

— Calma, minha menina — retrucou Tonha, com doçura. — Tenha paciência e confie.

— Por que me mostrou essas coisas?

— Seu irmão em breve chegará, e muitos segredos irão se desvendar.

— Meu irmão tem alguma ligação com o que acabamos de ver?

— Tem, sim.

— O que vi foi uma de minhas encarnações?

— Foi. Estou lhe revelando suas vidas passadas porque é importante para que você se ajude no presente e ajude aqueles que a cercam. Embora você não se lembre de tudo ao acordar, as impressões do que vê retornam em forma de intuição, e você tem se orientado muito bem, fazendo as escolhas certas, de acordo com o que estou tentando lhe mostrar e ensinar.

— Mas... Quem são aquelas pessoas? E que lugar é aquele?

— Trata-se de uma aldeia, na África, mais precisamente em Angola, onde nasci.

— Foi o que pensei. E você estava lá.

— Estava.

— Era Mudima, não era?

— Era, sim.

— E eu? Quem era eu?

— Não sabe?

— Não, não sei.

— Pois então, não pense nisso agora. Você ainda tem dificuldade de se aceitar naquela vida, porque não gosta do que fez e não quer recordar. Mas é preciso.

— Não entendo, vó Tonha. Em que isso vai me ajudar?

— Você precisa conhecer a verdade para se libertar da culpa e do orgulho. A culpa a corrói imensamente, porque você não conseguiu ainda se perdoar. Quanto ao orgulho, a própria vida a está ensinando a domá-lo e utilizá-lo na dose certa e nos momentos certos. Mas agora venha, precisamos voltar.

Quando o dia amanheceu, Clarissa conseguiu reter na memória grande parte do que sonhara. Tonha estava sempre a seu lado, e Clarissa sentiu imensa saudade dela. A ex-escrava sempre fora sua amiga e costumava protegê-la da tirania do avô e da rigidez do pai.

O pai não era um homem mau. Apenas não tinha a menor consideração pelos escravos e achava mesmo que lugar de negro era na senzala. Até que não os maltratava. Dava-lhes uma alimentação razoável e permitia que festejassem seus orixás aos domingos. Nessas ocasiões, Clarissa sempre dava um jeito de comparecer, e o pai não se importava. Só não admitia desobediências ou arrogâncias.

Ela e o irmão detestavam a escravidão, e suas lembranças da infância eram povoadas pelas inúmeras vezes em que viram os pobres negros sofrerem a injustiça dos brancos. No dia em que a Princesa Isabel assinou a Lei Áurea, o pai e o avô, que então ainda vivia, trancaram-se em casa e recusaram-se a ir ver a debandada.

Vó Tonha, na época, não quis partir, e o pai acabou por permitir que ela ficasse. Já era velha, tinha noventa e sete anos, liberta pela Lei dos Sexagenários. Para onde iria? Vó Tonha viveu na fazenda apenas por mais alguns dias, o suficiente para contar-lhes a história de sua vida. Logo em seguida, foi encontrada em sua cama, olhar sereno, um meio sorriso nos lábios, como se estivesse dormindo. Clarissa chorou muito, até que, cerca de um ano depois, começou a sonhar com ela, e era como se vó Tonha ganhasse vida a seu lado, como sua amiga e protetora.

CAPÍTULO 14

Parada na beira do canal do Itajuru, Clarissa fitava com olhar marejado o navio que acabara de atracar, trazendo o irmão e a cunhada, que vinham do Rio de Janeiro, logo após a lua de mel. Quando viu Luciano, Clarissa não conseguiu conter a emoção. Soltou-se do braço de Abílio e correu para ele, atirando-se em seus braços e beijando-o na face, na testa. Estava tão contente que nem conseguia falar. Abraçou Jerusa também, permanecendo longo tempo cingida à prima e amiga, agora também sua cunhada.

— Minha amiga — sussurrou —, não sabe como senti saudades suas!

— Oh! Clarissa — exclamou Jerusa, mal contendo as lágrimas —, quanta saudade senti de você também.

Abílio chegou por trás dela e cumprimentou o cunhado:

— Como vai, seu Luciano?

— Muito bem, seu Abílio. É um prazer revê-lo.

— O prazer é todo meu — e, virando-se para Jerusa, fez uma reverência e saudou com formalismo — Senhora...

Ela respondeu ao cumprimento com um aceno de cabeça, e Abílio indicou-lhes o local onde se encontrava parado o carro de bois. Tião, a seu lado, auxiliou-os com a bagagem, e o grupo partiu para casa. Ao ver aquela carroça rústica, puxada por uma parelha de bois, Jerusa levou um choque. Pensava que iriam de carruagem e espantou-se com a precariedade do transporte oferecido por Abílio. Ela olhou discretamente para Luciano, que lhe fez um sinal imperceptível, e não disse nada. Depois de acomodados na traseira do carro, Abílio sentou-se ao lado de Tião, como sempre fazia, e puseram-se a caminho. Deixando o burburinho do porto, Abílio comentou:

— Peço desculpas pela carroça, dona Jerusa, mas é o meio de transporte mais prático que temos por aqui, além dos cavalos e dos burros. Mas a gente logo se acostuma.

Jerusa corou, percebendo que Abílio notara a sua indignação. Pensou em arranjar uma desculpa, mas não sabia o que dizer, e Luciano fez sinal para que se calasse.

O carro de bois foi seguindo adiante, passando pelos areais e pela floresta. Não havia muito o que se ver ali, e Jerusa pensou que Clarissa deveria estar muito infeliz naquele lugar. Era verdade que ela se encantara com a entrada da barra e com o próprio canal que servia de porto, mas a cidade parecia uma lástima. Não havia calçamento nem organização, e as casas não eram lá grande coisa.

— Como foi a viagem? — indagou Clarissa, tentando romper o visível mal-estar que acometia a cunhada.

— Ah! Foi ótima — respondeu Luciano. — O tempo estava bom e os ventos, favoráveis.

— Que bom. Confesso que fiquei preocupada e rezei ontem o dia todo, implorando a Deus que não enviasse nenhum nordeste ou sudoeste.

— Clarissa ficou traumatizada com o naufrágio — esclareceu Abílio. — E não a culpo. Passou por momentos realmente difíceis.

— Por favor, será que poderíamos falar de outra coisa?

— É claro, minha querida — concordou Luciano. — Desculpe.

A conversa se desviou para a cidade. Luciano e Jerusa queriam saber tudo sobre Cabo Frio, e Clarissa e Abílio trataram de os esclarecer. Quando finalmente chegaram, Luciano estava louco de vontade de conhecer a praia. Ao contrário da irmã, não sofrera nenhuma experiência trágica a bordo do navio e muito apreciara a travessia. Jerusa, não. Enjoara a viagem inteira e quase não conseguira manter nada no estômago. Mas Luciano estava extasiado. Concordava com Clarissa que o lugar era belíssimo. Ao ver a praia, chegou a perder a fala. Nunca havia visto tanta beleza junta.

— É mesmo muito bonito — concordou Jerusa. — Como o mar adquire essa cor?

— A coloração varia de acordo com a profundidade da água — esclareceu Abílio. — Onde o azul é bem escuro, é mais fundo e, à medida que vai ficando mais raso, também a água vai clareando, até atingir esse verde-claro que vocês estão vendo.

— É mesmo uma beleza!

— Vamos entrar — convidou Clarissa. — Devem estar cansados e com fome. Se desejarem, depois poderemos passear na praia.

— Estamos mesmo com fome — assentiu Luciano. — A comida do navio não era lá das melhores.

— É verdade — falou Jerusa. — E você sabe como Luciano foi acostumado por sua mãe, comendo os quitutes mais deliciosos.

— Pois vão experimentar as mais variadas delícias.

— Verdade? Quem é a cozinheira?
— Eu mesma.
— Você?
— Sim.
— Mas... e os criados?
— Não há criados aqui — apressou-se Abílio em responder.

Clarissa mostrou-lhes o quarto que lhes havia preparado. Apesar de acostumada aos luxos da fazenda e da capital, Jerusa era pessoa simples e não se incomodou com a decoração sem requintes. Luciano, por sua vez, não prestava atenção àquelas coisas. Só o que queria era uma cama confortável e macia para descansar.

— Bem — falou Clarissa, logo após Tião colocar as bagagens no chão —, agora vou deixá-los descansar. Se quiserem tomar um banho, Tião lhes trará água. Mais tarde, virei buscá-los para o jantar.

— Quando iremos conhecer os filhos do senhor Abílio? — quis saber Jerusa.

— Na hora do jantar. Agora, sintam-se à vontade e descansem. Depois nos veremos. Temos muito que conversar.

Clarissa saiu, e Tião foi logo atrás dela. Vendo-se a sós no quarto, Luciano foi até a janela e olhou o mar. Era lindo! Virou-se para Jerusa e perguntou:

— E então? O que me diz?
— Não sei bem. O lugar é bonito, mas não creio que seja muito civilizado.
— Bom, isso é. Pelo que pude perceber, parece mais um vilarejo. De qualquer forma, as belezas naturais compensam a falta de urbanização.
— Será?
— Creio que sim. E o que me diz de nosso anfitrião?
— O senhor Abílio? Não sei. É estranho. Muito formal.
— Acho que é o jeito dele. Pelo que sei, é um homem castigado pela vida.

— Será que a primeira mulher morreu mesmo leprosa?

— Não sei. É o que dizem. Meu pai me contou que ela se matou. Talvez não tenha conseguido suportar essa doença horrorosa.

— Que tristeza! E a pobre Clarissa, vir parar no meio de tanto infortúnio. Não é justo.

— No entanto, essa agora é a sua realidade. E ela não me pareceu assim tão infeliz.

— Sabe que também reparei? Será que ela gosta do senhor Abílio?

— Não sei. Tudo é possível.

Os dois estavam exaustos. A viagem fora cansativa e demorada, e eles, depois de se banharem na água que Tião lhes trouxera, deitaram-se para descansar e acabaram adormecendo. Acordaram com batidas na porta. Luciano foi o primeiro a despertar e esfregou os olhos, tentando enxergar na escuridão. Já era noite, e ele acendeu a vela na mesinha ao lado, cutucando Jerusa ao se levantar. Correu a abrir a porta, e Clarissa entrou, linda e sorridente, convidando-os para o jantar.

— Venham. O jantar está pronto, e os filhos do senhor Abílio já estão lá embaixo, ansiosos por conhecê-los.

— Não entendo, Clarissa — falou Jerusa, sonolenta. — Por que é tão formal com seu marido?

Clarissa parou e olhou para ela com ar de dúvida. Nunca havia pensado naquilo e por isso não sabia o que responder.

— Por quê? — repetiu ela. — Não sei. Acho que é porque não o vejo como meu marido, mas como um comandante, ao qual se deve respeito e obediência.

— Que horror!

— Sim, é um horror, embora isso não funcione muito comigo — Jerusa riu e ela continuou: — Você me conhece e sabe como é o meu gênio. Não gosto que me dominem.

— Nem me fale! — concordou Luciano, num gracejo. — Imagino que o senhor Abílio deva estar passando maus momentos com você.

— Mais ou menos. Bem, agora apressem-se. Estão todos esperando.

Quando Jerusa conheceu os filhos de Abílio, sentiu um estranho pressentimento. A menina era adorável, mas o rapaz tinha algo de esquisito que ela não soube definir. Olhando para ele e Clarissa, Jerusa sentiu um perigo rondando o ar. Ele era extremamente bonito, forte, viril, e seu olhar vivaz deixava entrever sua simpatia por Clarissa. Ela achou aquilo muito perigoso. Clarissa casara-se forçada com o senhor Abílio, mas não estava infeliz. Será que a cunhada tinha um caso com o enteado? Jerusa olhou de soslaio para Luciano, mas ele não percebeu. Estava entretido com a conversa ingênua de Angelina e nem reparou muito em Vicente. O rapaz, por sua vez, não demonstrou o menor interesse em seus hóspedes. Cumprimentou-os educadamente, mas não lhes dedicou muita atenção.

Terminada a refeição, Clarissa e Angelina começaram a tirar a mesa, levando os pratos para a cozinha. Lembrando-se de que o senhor Abílio lhe dissera que não havia empregados, Jerusa se prontificou a ajudar e imediatamente se levantou e pôs-se a recolher a louça também. Depois que retiraram tudo, Clarissa apanhou uma terrina e começou a lavar pratos e travessas. Jerusa estava impressionada, mas não disse nada. Não queria desgostar a cunhada. Ao invés disso, apanhou um pano sobre a mesa e começou a enxugar a louça, que Angelina ia guardando.

Enquanto isso, Abílio permaneceu sentado, fumando seu charuto, fazendo companhia a Luciano.

— É muito bonita a sua casa — disse este, para puxar conversa.

— Obrigado — respondeu Abílio, tentando parecer interessado.

— E o senhor foi muito gentil em nos receber.

— Foi um pedido de Clarissa, e não pude deixar de atendê-la. Espero que a presença de vocês a alegre um pouco mais.

— Minha irmã não está feliz?

— Não se trata disso. Mas eu sei que não é lá muito agradável ter que abandonar a família para viver com um estranho. Por mais que se acostume, nunca é a mesma coisa.

— É verdade — fez Luciano admirado.

— Clarissa se dá muito bem com meus filhos, principalmente com Angelina.

— Ela é uma menina encantadora.

— É, sim. E gosta muito de Clarissa também.

— Pude perceber.

Logo as moças retornaram à sala, e Clarissa chamou-os para um passeio na praia, aproveitando o luar. A ideia entusiasmou Luciano, que pediu licença para acompanhá-las. Abílio não queria ir. Precisava resolver uns assuntos, mas eles podiam ficar à vontade. Enquanto se retiravam, Abílio puxou Clarissa pelo braço e sussurrou em seu ouvido:

— Lembre-se: ninguém deve ir ao quarto de Leonor.

Clarissa puxou o braço e encarou-o com olhar frio, dizendo secamente:

— Não se preocupe. Ninguém tem o que fazer lá.

E saiu porta afora, indo juntar-se ao irmão, Jerusa e Angelina, partindo com eles em direção à praia.

O Natal se aproximava, e Clarissa conseguiu convencer Abílio a darem uma festa. As crianças ficaram entusiasmadas, principalmente Angelina, que sonhava em ganhar uma boneca nova. Desde que a mãe se fora, nunca mais ganhara um presente. Sabendo disso, Clarissa foi ter uma conversa com Abílio.

— Boneca? — perguntou ele surpreso. — E para que Angelina quer uma boneca?

— Para brincar — respondeu Clarissa impaciente — Para que mais seria?

Ele pensou durante alguns instantes e acabou por lhe dar razão. Antes de Leonor adoecer, sempre havia festa em sua casa. Mas depois de sua partida, nunca mais comemoraram nada. Nem Natal, nem aniversários, nada. Talvez já fosse mesmo hora de levar alguma alegria para o seu lar.

— Está certo, Clarissa, me convenceu. Ainda essa semana vou ao Rio de Janeiro para comprar uns presentes.

— Que ótima ideia!

— Não gostaria de ir?

Uma nuvem sombria passou pela sua mente, e ela objetou:

— Não, seu Abílio, obrigada. Prefiro ficar por aqui. Temos convidados, e não gostaria de deixá-los sozinhos.

Dali a dois dias, Abílio partiu sozinho para o Rio de Janeiro, deixando a casa aos cuidados de Tião. Depois de sua partida, Luciano e Jerusa sentiram-se um pouco mais aliviados. Apesar de cortês, o senhor Abílio era um homem estranho e distante, e, por mais que se esforçasse, não conseguia ocultar-lhes o desagrado.

— Que tal passearmos na praia? — sugeriu Luciano, completamente seduzido pelos encantos do mar.

— Agora? — Jerusa tentou protestar. — O sol já vai quase a pino.

— Ora, Jerusa, não seja desmancha-prazeres — tornou Luciano. — Ainda temos tempo antes da hora do almoço.

— E podemos levar nossas sombrinhas — concluiu Clarissa.

Jerusa ergueu os ombros, vencida, e acabou por concordar:

— Está bem. Luciano sempre me convence mesmo.

Ele estalou-lhe um beijo na face, e os três saíram para a praia. Fazia um dia muito bonito, com algumas poucas nuvens brancas a salpicar o azul do céu. Soprava uma brisa suave e refrescante, que arrefecia o calor dos raios solares, e os três puseram-se a caminhar. Luciano arregaçara as calças e tirara a camisa, caminhando por dentro d'água e molhando-se até a cintura. Mais atrás, Clarissa e Jerusa, protegidas pelas sombrinhas, seguiam de braços dados, conversando:

— Ontem à noite ouvi um barulho estranho — disse Jerusa.

— Foi o vento — retrucou Clarissa, rindo. — É assustador, não é?

— Nem me fale. Eu afundei o rosto no peito de Luciano e não quis nem abrir os olhos.

Clarissa soltou uma gargalhada e continuou:

— Não me admira. Eu bem que lhes ia avisar, mas quando começou a ventar, vocês não apareceram, e eu não quis incomodar. Pensei que não estivessem com medo.

— Luciano não estava. Mas eu fiquei apavorada. Nunca havia escutado barulho mais aterrador.

Clarissa silenciou por alguns minutos. Quando voltou a falar tinha a voz grave e preocupada:

— Jerusa, posso contar-lhe uma coisa? Não vai ficar com medo nem julgar-me louca?

— Não. O que é? Pode contar.

— Você sabe que seu Abílio era viúvo, não sabe?

— Sei.

— Pois é. Sua primeira esposa morreu de lepra...

— Então é verdade? Mas que horror, Clarissa!

— É, sim. Mas isso não é o pior. Creio que o espírito de dona Leonor não encontrou ainda a paz.

— Como é que você sabe?

— Sei porque ouço coisas pela casa.

— Como assim? São fantasmas?

— Às vezes ouço um gemido, um lamento, como se alguém estivesse em profundo sofrimento.

— Não será o ruído do vento?

— Não, é diferente. Por detrás dos uivos da ventania, posso perfeitamente distinguir um gemido de dor. É apavorante.

— Credo, Clarissa! Assim você me assusta.

— Não seja boba. Os gritos costumam partir do segundo andar, mais precisamente do quarto no fim do corredor, que foi de dona Leonor.

— E você acha que são dela?

— Tenho certeza.

— Mas por quê? O que ela quer?

— Acho que ela está atormentada porque se matou, e é por isso que quero ajudá-la.

— Ajudá-la? Mas como?

— Tenho ido constantemente ao seu quarto para rezar pela sua alma.

— Você é louca ou o quê? E se o fantasma de dona Leonor aparecer para você?

— Já pensei nisso e confesso que não sei o que faria. Acho que morreria de medo.

— Clarissa, decididamente, você é louca.

— Eu sei. Mas não posso evitar. Assumi esse compromisso e pretendo realizá-lo. E sabe o que mais?

— O quê?

— Outro dia, eu estava rezando quando ouvi batidas na parede.

— Batidas? Como assim?

— Era um bum, bum, bum assustador. Parecia que alguém socava ou batia com alguma coisa na parede do quarto. Fiquei apavorada.

— O que era?

— Não sei. O senhor Abílio apareceu, pediu-me para sair e trancou-se lá dentro. Depois disso, não ouvi mais nada.

— Estranho.

— Sim, muito estranho.

— O que acha que era?

— Acho que o espírito de dona Leonor deve ter ficado enfurecido com a minha presença ali.

— Nossa, Clarissa, e o que você fez?
— Nada. Fui embora e, no dia seguinte, lá estava eu de novo.
— E os barulhos?
— Pararam. Desde aquele dia, não os ouvi mais.
— Isso foi há muito tempo?
— Não. Foi pouco antes de vocês chegarem.

Jerusa apertou o braço de Clarissa e balbuciou:

— Tem razão... é mesmo assustador...
— Também acho. Mas não posso me deixar intimidar por um espírito que ainda está confuso e atormentado. É meu dever como cristã ajudá-lo a encontrar a paz.
— Tem certeza disso?
— Tenho, por quê?
— Por nada. Quero dizer, isso me parece tão aterrador!
— Até que agora já estou me acostumando. Os gemidos até soam familiares, e aquelas batidas, se tornarem a acontecer, não me pegarão mais de surpresa.

Pouco depois já era hora de voltar, e Luciano juntou-se a elas. O rapaz estava tão feliz que até Clarissa se espantou. Parecia que estava em casa.

— Sinto-me tão bem aqui! — disse ele. — É como se tivesse passado a minha vida toda perto do mar.
— É mesmo? — interessou-se Clarissa. — Nunca havia percebido esse seu interesse.
— É porque vivemos numa fazenda, longe da praia. E as idas à capital não me propiciaram conhecer o mar com a liberdade que sinto aqui.
— Que bom que está gostando. Tive medo de que se sentissem aborrecidos.
— De jeito nenhum! Isto é, falo por mim. Não sei quanto a Jerusa.
— Não se preocupe, querido, eu estou bem. Estranhei um pouco a falta de comodidade, mas já passou. E depois, só de estar junto de Clarissa já valeu a pena.

Clarissa sorriu para a cunhada, agradecida. Ela também estava muito feliz com a presença de Luciano e Jerusa, e gostaria que nunca mais fossem embora. No entanto, sabia que, logo após o Ano Novo, eles partiriam de volta à fazenda São Jerônimo.

— Como está papai? — indagou ela, lembrando-se do pai.
— Desde que você veio para cá, ele não é mais o mesmo. Não diz nada, mas sei que está arrependido do que fez. Vive se lamentando e suspirando pelos cantos. Mamãe é quem o aguenta.
— Mas, e a fazenda?
— Está se reerguendo. O senhor Abílio pagou um bom preço por você...
— Luciano! — censurou Jerusa. — Não fale assim. Não vê que Clarissa se entristece?
— Não se preocupe, Jerusa, isso não me incomoda mais. Na verdade, foi isso mesmo que aconteceu. O senhor Abílio pagou por mim, e papai me vendeu. Foi um negócio.
— Oh! Clarissa! — acrescentou Jerusa, em lágrimas. — Eu sinto tanto!
— Pois não devia. Já aceitei o meu destino. Hoje sou casada com seu Abílio e, diante do inevitável, devo fazer de tudo para tornar minha vida a mais agradável possível.
— Ele a trata com respeito?
— Sim... — ela hesitou. — O senhor Abílio é um homem muito estranho, mas procura fazer o melhor que pode. É temperamental e austero, e não gosta de ser contrariado. Mas não é um homem mau.
— Se você diz...
— É verdade. Ele vive atormentado pela morte da mulher e não se conforma com a doença que a consumiu. Por isso é tão arredio e frio. Mas não é mau. Basta ver como Tião gosta dele.

Nesse momento, alcançaram a casa e viram Vicente, que vinha ao seu encontro. Discretamente, Jerusa olhou para

Clarissa e notou o ar de contentamento que ela fez quando o viu. Jerusa não disse nada. Se a cunhada estava tendo um caso com o enteado, isso seria pior do que uma bomba. Contudo, Jerusa conhecia Clarissa e sabia que ela era uma moça honesta e digna, e jamais seria capaz de trair o marido com seu próprio filho. No entanto, o sentimento que existia entre os dois era verdadeiro e quase sólido. Ela percebera. Olhando discretamente para Luciano, viu que ele também notara algo. Vira, pelo seu olhar de desagrado, que o marido percebera a onda de emoção que irradiava daqueles dois quando se viam. E se isso fosse verdade, se eles estivessem mesmo apaixonados, a situação, além de delicada, era perigosa. Extremamente perigosa.

CAPÍTULO 15

Cinco horas da tarde. O sol se punha no horizonte, e apenas uma réstia de luz avermelhada se estendia sobre o mar. Da janela de seu quarto, Luciano apreciava aquele espetáculo da natureza. Nem ele poderia imaginar o quão impressionado ficaria com aquela cidade. Parecia que fora feito para viver no mar; parecia que nunca havia vivido longe do mar.

— Meu bem — chamou Jerusa —, não se cansa de ficar aí olhando a praia?

— Não. Confesso que nunca vi beleza maior em minha vida. Sabe, Jerusa, se houvesse nascido no Rio de Janeiro, com certeza, teria seguido carreira na Marinha.

— Ainda bem que não nasceu. Não gostaria de ver meu marido vestido de marujo.

— Sua tolinha!

Ela se aproximou da janela, e Luciano beijou-a com paixão. Depois, ao se virarem para a praia, estacaram admirados. Vicente estava sentado bem perto da água, e o vulto de Clarissa caminhava em sua direção. Luciano olhou para Jerusa com ar preocupado e comentou:

— Aqueles dois... não sei, não.
— O que tem?
— Não sei. Mas parecem se gostar.
— Deus me livre, Luciano, nem me diga uma coisa dessas!
— É verdade, Jerusa. Percebo o brilho em seus olhos quando se encontram.
— Será que são amantes?
— Não creio. Conheço minha irmã e a forma como foi criada. Por mais que ela rejeite o senhor Abílio, sua dignidade não permitiria que o traísse, ainda mais com o filho dele.
— Também acho...

Nesse momento, um ruído estranho chamou sua atenção, e Jerusa levou a mão aos lábios, sufocando um grito de susto.

— Você ouviu? — perguntou a Luciano.
— O quê?
— Esse barulho.
— Não ouvi nada.

Jerusa fez sinal para que ele esperasse e apurou os ouvidos, mas não escutou nenhum som.

— Você deve ter imaginado — concluiu Luciano.

Jerusa não respondeu. Passados alguns minutos, contudo, lá estava o som de novo: uuuuui...

— Mas o que é isso? — apavorou-se Jerusa.

Dessa vez, Luciano também ouviu e afastou o rosto da janela, encarando a mulher com seriedade. Ela já ia falar novamente, mas ele a interrompeu, levando o dedo aos lábios:

— Psiu!

Lá estava o barulho novamente: uuuuui... Luciano olhou-a espantado.

— Será o vento? — indagou Jerusa.
— Não creio. Não está ventando. Olhe pela janela e verá.

Efetivamente, não havia vento. Apenas uma brisa leve soprava do mar, mas não era suficiente para sacudir árvores ou janelas nem para gerar aquele efeito de lamúria. Na verdade, havia mesmo alguém gemendo. Luciano fez um sinal para que Jerusa se aquietasse e foi para a porta, abrindo-a bem devagar. O som ficou mais intenso e parecia vir do fim do corredor. Jerusa, apavorada, recuou para o fundo do quarto e encolheu-se toda. Não queria sair. Mas Luciano estava disposto a descobrir de onde vinha aquele ruído. Mandou que a mulher o aguardasse, fechou a porta e seguiu para o lugar de onde partia o barulho.

À medida que caminhava, o som ia ficando mais alto. Jerusa havia lhe contado sobre a conversa que tivera com Clarissa, e ele ficou perturbado. Como a irmã, tivera bastante contato com os negros e suas crenças para saber que existiam espíritos e que eles eram capazes de se comunicar com os vivos. E aquele gemido parecia tão real! Se houvesse mesmo algum espírito perdido por ali, ele estava disposto a encontrá-lo e, quem sabe, poderia até falar com ele.

Quando chegou em frente ao quarto de Leonor, parou e encostou o ouvido à porta. Realmente, o som parecia vir de lá de dentro. Experimentou o trinco e a porta cedeu. Não estava trancada. Ele entrou vagarosamente e espiou. Apesar de já estar anoitecendo, havia ainda claridade suficiente para que ele percebesse que não havia ninguém ali. Mas o uuuuui... continuava baixinho, quase num sussurro. Não era constante, mas intermitente, e parava de vez em quando, retornando em seguida. O que significava aquilo? Ele foi até o meio do quarto e olhou ao redor. Estava vazio. De repente, ouviu um bum! estridente vindo da parede do outro lado. Ele se assustou; não esperava por aquilo, mas não foi embora. Ao invés disso, aproximou-se da parede e chamou:

— Tem alguém aí? Responda! Quem está aí? Vamos, responda!

Subitamente, todos os ruídos cessaram. Ele permaneceu parado por mais alguns minutos, mas não escutou mais nada. Com certeza, o espírito de Leonor, vendo que havia sido descoberto, ocultara-se e se calara, para que ele não a descobrisse. Luciano, porém, continuou:

— Dona Leonor, se é a senhora quem está aqui, por favor, ouça-me. Nós não lhe queremos mal. Apenas desejamos que siga o seu caminho em paz. Por que não aparece e vem conversar comigo? Não tenho medo.

Nenhum som se fazia ouvir. Mas devia mesmo haver um espírito ali, e ele parecia muito confuso. A morta precisava encontrar a paz, e Luciano não se incomodaria de conversar com ela pessoalmente. Ele conhecia sua sensibilidade especial, algo que um francês denominara de mediunidade. Andava estudando a literatura espírita sem que o pai soubesse. Em uma de suas visitas à capital, adquiriu alguns livros bastante reveladores e ficou a par das maravilhosas experiências que procuravam comprovar a existência dos fenômenos espíritas.

Desde a mais tenra infância, Luciano demonstrava dons mediúnicos. Sempre que algum escravo desencarnava na fazenda, ele via o seu espírito que, muitas vezes, falava com ele, deixando-o deveras apavorado. Com o tempo, passou a observar os escravos em seus rituais e soube que cultuavam os mortos. Aprendeu muita coisa com vó Tonha, que conversava com ele sobre os eguns[1]. Mesmo assim, nunca comentou com ninguém sobre sua faculdade especial. Tinha medo da reação das pessoas, principalmente de seu pai, que logo o taxaria de louco e trataria de interná-lo. Apenas vó Tonha e Clarissa sabiam dessa sua aptidão.

Agora, porém, Luciano sentia que já era hora de utilizar os seus dons. Se um espírito precisava de ajuda, caberia a ele

---

1 Eguns: almas dos mortos.

dar-lhe o devido auxílio, esclarecendo-o acerca das verdades da alma. Falaria com Clarissa e se juntaria a ela naquela tarefa, e juntos empreenderiam uma espécie de sessão, onde invocariam o espírito de dona Leonor e falariam com ela.

O espírito não ia mesmo se apresentar, e Luciano resolveu ir embora. Não queria forçá-lo nem desrespeitá-lo. Saiu e fechou a porta, voltando-se para o corredor, quando viu Clarissa se aproximar. Já eram quase seis horas, e ela se aprontava para mais uma sessão de preces. Ótimo, pensou Luciano, assim poderia fazer-lhe companhia e dar início ao seu plano.

— O que está fazendo aí? — perguntou ela, vendo o irmão saindo do quarto de Leonor.

— Jerusa e eu escutamos aquele barulho do qual você lhe falou.

Ela abriu a boca, pasmada, e retrucou aflita:

— Por que não me chamaram?

— Você estava na praia com Vicente... não dava tempo.

Sentindo a insinuação na voz do irmão, Clarissa tratou de se defender:

— Não é nada disso que você está pensando, Luciano.

— Não estou pensando nada.

— Está, sim. Mas quero que saiba que só fui à praia porque precisava falar com Vicente sobre a festa de Natal.

— Não podia esperar?

— Não, não podia. Queria pedir-lhe que me comprasse algumas coisas amanhã, depois da escola.

— Sei... Mas isso não me interessa. Você é adulta e sabe muito bem o que faz da sua vida. Tenha apenas cuidado.

— Não estou fazendo nada, não precisa se preocupar. E agora, diga-me: por que veio até aqui?

— Já disse, escutei um barulho estranho e vim averiguar.

— E...?

— E o barulho sumiu na hora em que chamei pelo nome de dona Leonor.

— Você chamou por dona Leonor?

— Por que o espanto? Você sabe que não tenho medo.

— Sim, mas...

— Mas nada. Queria conversar com ela, mas ela não me atendeu. E você, o que faz aqui? Veio para sua sessão de orações?

— Isso mesmo.

— Posso juntar-me a você?

— Se é o que quer... Talvez você possa mesmo me ajudar.

Os dois já iam se encaminhando para o quarto de Leonor quando um *clique* chamou sua atenção. Viraram-se ao mesmo tempo e viram Angelina parada à porta de seu quarto, os olhos vermelhos delatando que havia chorado.

— Angelina! — exclamou Clarissa. — Aconteceu alguma coisa? Você está chorando!

Angelina saiu para o corredor e correu para ela, atirando-se em seus braços e soluçando:

— Oh! Clarissa, não posso mais!

— Não pode mais o quê?

— Não posso mais suportar essa angústia!

— Que angústia? Do que é que está falando?

Ela continuava a chorar descontroladamente, e Clarissa abraçou-a, tentando acalmá-la. Luciano permaneceu parado, confuso, uma estranha sensação a oprimir-lhe o peito. Havia alguma coisa errada, fora de lugar, e ele sentia isso, mas não conseguia descobrir o que era.

Vendo os soluços que sacudiam o peito de Angelina, Clarissa começou a acariciá-la, dizendo com voz suave e tranquila:

— Sh....! Minha querida, acalme-se. Controle-se, está tudo bem.

— Não, não está! Está tudo péssimo, tudo errado! Não suporto mais, não suporto...!

— O que é que está acontecendo? Você pode me contar. Confie em mim.

— Oh! Clarissa, ajude-me! Ajude-nos!

— A quem? Ajudar a quem? Diga, Angelina, não tenha medo. O que a transtorna tanto?

— É mamãe...

— Angelina!

Era a voz de Vicente, que se fazia soar tonitruante do alto da escada. A menina se assustou e engoliu um soluço, abaixando os olhos e chorando copiosamente. Em seguida, rodou nos calcanhares e voltou correndo para o quarto, trancando a porta.

— Você a assustou, Vicente — censurou Clarissa.

— Ah! Mas que pena — zombou ele. — Não era essa a minha intenção...

— Ora, que coisa! — continuou ela a repreender. — Onde já se viu gritar com a menina assim desse jeito? Por que fez isso?

— Angelina fala demais.

— Por quê? Porque ia falar de sua mãe? Qual é o problema? Aliás, não sei por que todos aqui fazem tanto mistério acerca da morte de dona Leonor...

— Vou lhe dar um conselho, Clarissa — disse Vicente em tom ameaçador. — Não meta o nariz onde não é chamada. A morte da minha mãe é algo que não lhe diz respeito.

Clarissa recuou assustada, e Luciano, tomando-lhe a frente, encarou o rapaz com ar sério e revidou:

— O que é isso, Vicente? Por acaso ameaça sua madrasta?

Vicente olhou para ele com ar desafiador, até que relaxou e respondeu:

— É claro que não. Gosto muito de Clarissa, e ela sabe disso. Mas o que lhe digo é para o seu próprio bem. Ela não deveria se meter com essas coisas.

— Que coisas? Sua mãe não morreu? Não se suicidou? Que mal há em falar sobre ela?

Ao invés de responder, Vicente olhou para Clarissa novamente e acrescentou em tom incisivo:

— Estou lhe avisando, Clarissa, não se meta mais nesses assuntos. Você sabe o quanto gosto de você e não gostaria de vê-la machucada.

— Machucada? — tornou ela atônita. — Por quê? Quem vai me ferir?

— A verdade, Clarissa. Você pode acabar descobrindo algo que talvez preferisse nunca haver descoberto.

— Não estou entendendo.

— Pense bem no que lhe disse. Depois, não diga que não a avisei.

Vicente fez meia-volta e voltou pelo mesmo caminho por onde viera, deixando Clarissa e Luciano embasbacados, sem saber o que pensar. Apesar do tom de ameaça que Vicente usara, estava claro que não a estava ameaçando. Parecia mais uma advertência, um aviso de que ela estaria mexendo com algo muito além de suas forças. Mas, o que seria? Só podia ter relação com o pai. Só Abílio seria capaz de infundir tanto terror nos filhos, a ponto de sentirem medo até de pensar na mãe.

Quanto mais pensava, mais Clarissa se convencia de que Abílio havia matado a esposa. Só que agora começava a duvidar dos motivos. Teria mesmo sido por piedade? Ou usara a doença como justificativa para cometer um crime hediondo, livrando-se da mulher que passara a representar um estorvo em sua vida? Essa hipótese a deixou estarrecida, mas ela começou a encaixar as coisas. Sim, efetivamente, Abílio livrara-se da mulher sob o pretexto de terminar com o seu sofrimento quando, na verdade, o que queria mesmo era reaver a sua liberdade, desfazendo-se de um peso morto em sua vida. Só que a sua consciência não lhe permitia alcançar a tão desejada liberdade.

Depois de Clarissa haver partilhado suas desconfianças com Luciano e Jerusa, os três decidiram que rezariam por Leonor todos os dias, invocando-a, se necessário. Não queriam a presença de mais ninguém, muito menos de Angelina, porque Clarissa temia que Abílio, com medo de que ela acidentalmente o incriminasse, acabasse mandando-a para algum convento no exterior.

Em silêncio, os três penetraram no quarto de Leonor. Ainda estava claro, e eles puxaram a mesinha para o centro do aposento, colocando três cadeiras ao seu redor. Preparado o ambiente, era preciso dar início aos trabalhos. Não sabiam bem como proceder, mas Luciano, meio familiarizado com aquilo pelas leituras que fazia, tomou a iniciativa, dizendo com voz grave e penetrante:

— Senhor, neste momento nos reunimos, pedindo-lhe a permissão para que possamos executar a nossa tarefa com amor e dedicação, levando ao coração de nossa pobre irmã Leonor um pouco de conforto e paz.

Em seguida, Luciano mostrou a Clarissa um dos livros que trouxera, indicando-lhe uma página, em que se lia: *Pelas almas sofredoras que pedem preces*. Era uma oração feita para espíritos sofredores, e Clarissa leu com interesse e fé. Depois, Luciano indicou-lhe a prece: *Por um suicida*, e Clarissa leu novamente, cheia de sentimento, mentalmente acompanhada pelos demais. Durante todo o tempo em que as orações se desenrolavam, Luciano pensava na alma atormentada de Leonor, pedindo-lhe que se manifestasse, se assim fosse de seu desejo e lhe fosse permitido. Leonor, porém, não aparecia.

Ao final da sessão, Jerusa proferiu uma prece de agradecimento e encerraram. Não haviam levado mais do que meia hora, o que foi considerado suficiente. Eles se levantaram, colocaram a mesa e as cadeiras no lugar e saíram, indo direto para o quarto de Clarissa. Depois que ela fechou a porta, perguntou para o irmão:

— O que sentiu, Luciano?

— Nada — respondeu ele, decepcionado. — Não senti absolutamente nada.

— Mas como? — indignou-se Jerusa. — Pois se não foi você mesmo quem disse que podia fazer contato com os espíritos, falar com eles, senti-los?

— É verdade — concordou Clarissa. — Era de se esperar que você sentisse alguma vibração.

— Pois não senti nada. Apenas uma leve sonolência, mas nada que pudesse indicar a presença de espíritos sofredores ali.

— O que acha que significa?

— Talvez dona Leonor não queira a nossa companhia e, por isso, não atendeu ao nosso chamado.

— Estranho. Por que será?

— Não sei. Talvez tenha medo, talvez não possa.

— O que devemos fazer? — indagou Jerusa. — Desistir?

— É claro que não — objetou Clarissa. — Seja como for, estou certa de que a alma de dona Leonor recebe a intenção de nossas preces, ainda que não esteja presente.

— Isso mesmo — considerou Luciano. — O espírito não necessita da proximidade nem da corporificação para receber os pensamentos que lhe são enviados. Mesmo longe, os nossos pensamentos o alcançam e são capazes de levar até o seu coração toda a intenção que neles colocamos. Por isso é que é importante termos sempre bons pensamentos.

— Luciano tem razão — concordou Clarissa. — O melhor que temos a fazer é mandar para dona Leonor aquilo que mais desejamos para ela: paz. Vamos sempre imaginá-la sorrindo, serena, tranquila, caminhando por bosques floridos, e nunca atirada em lugares escuros e chorando. Assim talvez consigamos elevar o seu padrão mental e trazê-la para junto de nós.

O espírito de Tonha esteve ali presente e acompanhou a reunião desde o início. Foi por isso que Luciano se sentiu sonolento, mas não pôde captar a vibração de nenhum espírito em sofrimento.

Nos dias que se seguiram, o grupo se reunia, sempre à mesma hora, e Clarissa lia as preces. Como sempre, Luciano sentia-se sonolento, mas nada que pudesse indicar que Leonor estivesse ali entre eles. Os ruídos, contudo, haviam diminuído. Quase não se ouviam mais aqueles gemidos, e eles concluíram que ela, apesar de temer a sua presença, efetivamente recebera os seus pensamentos e já começava a sentir-se melhor. Luciano, intimamente, alimentava a esperança de que ela, aos poucos, ganharia confiança neles e se apresentaria, a fim de receber, pessoalmente, as fervorosas preces que faziam por ela.

O Natal já estava bem próximo e, no dia seguinte, Abílio voltaria do Rio de Janeiro, carregado de presentes. Ele aproveitou para comprar vestidos e bonecas novas para Angelina, ternos e chapéus elegantes para Vicente, e até alguns artigos para Tião. Escolheu joias para Clarissa, lembranças para seu cunhado e a esposa e, o principal, enfeites para o Natal.

Na véspera de sua chegada, Clarissa não conseguia dormir. Sentia o coração apertado, como se alguma desgraça fosse suceder. Vendo que o sono não vinha, levantou-se da cama, apanhou a vela e desceu descalça, indo sentar-se no alpendre e sentindo a brisa fresca da noite acariciando seu rosto. Ela inspirou aquele ar de maresia e recostou a cabeça na balaustrada, fechando os olhos por uns instantes. Subitamente, sentiu que alguém a tocava e abriu os olhos assustada. Era Vicente, que se sentou a seu lado em silêncio. Os dois permaneceram calados por cerca de quase meia hora, apenas sentindo o aroma do mar que a brisa soprava em seus rostos, até que Vicente falou:

— Papai chega amanhã.

— Eu sei. Está ansioso por sua volta?
— Não sei, talvez.
— Pensei que o odiasse.
Ele deu um meio-sorriso e retrucou:
— E odeio.
— Então, por que sente a falta dele?
— Eu não disse que sentia a sua falta. Apenas concordei que estava ansioso para que voltasse.
— Qual é a diferença?
— Quero que meu pai chegue para acabar de uma vez com essa palhaçada que vocês andam fazendo, só por isso.
Clarissa deu um salto, indignada.
— O que diz? — indagou atônita. — Como ousa? Vir até aqui para me afrontar! Pois saiba que estamos tendo grandes progressos.
— Ah! Sim. Na certa minha mãe vai até aparecer...
— Quem sabe? Não seria nada de mais.
— É verdade. Todos os dias, defuntos levantam de seus túmulos para conversar com os vivos. Vão a suas casas, comem à sua mesa, até dançam com eles...
Furiosa, Clarissa pôs-se de pé e, apontando-lhe o dedo para o nariz, esbravejou:
— Ouça bem, seu menino malcriado e arrogante! Sou sua madrasta, e você me deve respeito! Não vou tolerar sarcasmos de um fedelho feito você...!
Enquanto ela esbravejava, Vicente ficou parado, sorrindo com ar debochado. Ela ficava linda com raiva. Quanto mais se enfurecia, mais linda ficava. Ela gritava com ele, mas ele nem escutava. Estava embevecido com a sua presença, o seu perfume, a sua voz. Sem se dar conta do que ela dizia, Vicente deixou escapar num sussurro:
— Eu a amo...
Ela parou a meio, o dedo suspenso no ar, bem diante do rosto dele. Instintivamente, Vicente segurou-lhe o dedo e levou-o aos lábios, e Clarissa corou, pondo-se a balbuciar:

— Vicente... mas... mas... o que pensa... o que pensa que está... o que está fazendo...?

Ele não respondeu e continuou a segurar-lhe a mão, e ela, sem perceber, apertou também a sua, até que a emoção a foi dominando, e um calor começou a subir-lhe pelo pescoço, afogueando-lhe o rosto e levando-lhe lágrimas aos olhos. Só então ela se deu conta do que estava acontecendo. Rapidamente, puxou a mão e levou-a à boca, horrorizada, virando-se e correndo feito louca para dentro de casa.

Vicente não a seguiu. Limitou-se a vê-la afastar-se, sem dizer uma palavra. Ele a amava imensamente, embora soubesse que aquele amor era uma loucura proibida. Ela era mulher de seu pai, e ele tinha que se controlar. Mas estava ficando difícil conter os sentimentos. Como fingir que não a amava se ardia de amores por ela, sentia o seu corpo queimar só de pensar nela, passava os dias tentando vê-la, ao menos de esguelha, por uma fração de segundos? Como negar que a amava, se os seus pensamentos eram todos para ela, desde o instante em que acordava até o último segundo antes de adormecer? E quantas vezes não sonhara com ela, sentindo a liberdade de poder tê-la só para ele, de amá-la, de senti-la, de tocá-la sem que ninguém pudesse interferir ou condená-lo?

Vicente suspirou e virou-se para a praia, quando deu de cara com Tião. O velho estava parado no pé da escadinha, olhando para ele com ar de recriminação.

— Tião! Que susto me deu! Não devia estar dormindo?
— Vosmecê não devia fazer isso.
— Fazer o quê?
— Se engraçar com a mulher do seu pai.
— Não estou me engraçando com ninguém.
— Não adianta, sinhozinho, eu vi.
— Você viu demais.
— Se vosmecê quer pensar assim, não posso fazer nada. Mas sou amigo de seu pai, e seu também, e não posso deixar de avisar.

— Avisar o quê? Vai contar a ele, é?

— Vosmecê sabe que não faço mexericos. Sei que é um bom moço e que não faria nada para desgostar seu pai. Ou faria?

Vicente encarou-o com ar sério e respondeu, sem tirar os olhos dos dele:

— Não, não faria. Você sabe que não faria. Preferia antes morrer a ter que trair meu próprio pai.

— Eu sei, e é por isso que estou lhe avisando: seu pai já percebeu...

— Tem certeza? — tornou ele, tomado de preocupação e sentindo uma pontada de remorso no peito.

— Tenho. Ele não disse nada, mas sei que já notou pelo jeito como vosmecês se olham. Só um cego para não perceber.

— Se é assim, então devo partir.

— Não é preciso se apressar.

— Não estou me apressando. Creio mesmo que já é tarde demais... Não posso me arriscar a ficar e trair meu próprio pai.

— Isso não precisa acontecer. Basta que vosmecê controle os seus instintos. O sinhozinho é muito impulsivo, e o seu coração bate feito o dela. Mas isso não pode acontecer, não pode.

— Isso não vai acontecer — repetiu ele, convicto. — Eu lhe garanto.

Vicente saiu dali com o coração pequenininho. Não gostava do pai, mas não podia traí-lo. Estava preso a ele por um dever de honra e fidelidade que não saberia explicar. Era preciso evitar encontrar-se com Clarissa. Tinha que controlar seus sentimentos. De uma forma ou de outra, era preciso deixar de amá-la.

CAPÍTULO 16

Abílio chegou de viagem por volta das seis horas, entrou e pousou a mala no chão, tirando o chapéu e passando as costas da mão na testa. Estava cansado e queria descansar. Pouco depois, Tião apareceu, carregado de embrulhos, e perguntou:

— Onde coloco essas coisas, sinhô?
— Pode levar para o meu gabinete.

Tião levou os pacotes para o local indicado e, quando voltou, Abílio indagou:

— Onde estão todos?
— Sinhozinho Vicente está lá na praia, como sempre. Sinhazinha Angelina está no quarto.

Ele se calou, e Abílio insistiu:

— Minha esposa e os demais?

— Estão todos lá no quarto de sinhá Leonor...

— O quê? Eu disse a Clarissa que não queria ninguém lá.

— Pois é, mas desde que vosmecê partiu, eles têm se reunido lá para rezar pela alma de sua esposa...

Sem escutar mais nada, Abílio rodou nos calcanhares e subiu correndo as escadas, em direção ao quarto de Leonor. Abriu a porta com violência e estacou atônito. Os três estavam sentados ao redor de uma mesa, colocada no meio do quarto, e Clarissa lia um livro, enquanto Luciano e Jerusa acompanhavam de olhos cerrados. Ao ouvirem a porta se abrir com estrondo, os três interromperam a oração e o fitaram com susto.

— Mas, o que significa isso? — perguntou Abílio, entredentes.

— Seu Abílio! — exclamou Clarissa. — Nós estávamos rezando...

— Lembro-me de ter dito que não queria ninguém aqui.

— Seu Abílio — interrompeu Luciano —, creio que a culpa foi minha. Fui eu que me ofereci para ajudar minha irmã nessa tarefa. Escutamos gemidos e pensamos que poderíamos ajudar.

Abílio encarou-o com desdém. Não tinha nada contra ele, mas não podia permitir que se intrometesse em sua vida. No entanto, era preciso tomar cuidado para não levantar suspeitas. Se fosse muito duro, o moço acabaria desconfiando, e então, tudo estaria perdido. Ele seria preso e condenado pelo crime que praticara...

— Seu Luciano — retrucou, tentando manter a calma —, o senhor é meu hóspede, mas não tem o direito de desrespeitar minhas ordens. E eu dei ordens expressas a Clarissa para que ninguém viesse aqui.

— O senhor é um ingrato, isso sim! — revidou Clarissa, com raiva. — Pois se nós nos dispusemos a ajudar a alma atormentada de dona Leonor, o senhor devia ser o primeiro a se sentir agradecido. Sei que o senhor acredita na sobrevivência do espírito. Então, por que essa relutância em aceitar a nossa ajuda? Que mal há em nos reunirmos para rezar? Com certeza, não estamos desrespeitando ninguém. Ao contrário, estamos tentando levar um pouco de paz à pobre Leonor, cujo espírito encontra-se ainda perturbado.

— Quem foi que lhe disse isso? — tornou ele, entre confuso e abismado. — Tenho certeza de que o espírito de minha Leonor se encontra muito bem no lugar onde está.

— Como pode saber? O senhor por acaso a viu? Conversou com ela? Ou será que não escuta os gritos que ecoam pelas paredes desta casa?

— As coisas nem sempre são aquilo que parecem, Clarissa.

— O que quer dizer? — falou Luciano.

— Nada. Não quero dizer nada. E agora, por favor, saiam. Vocês não têm o direito de estar aqui.

Jerusa, que tremia de medo de Abílio, levantou-se apressada e puxou o marido pelo braço, acrescentando com voz trêmula:

— Vamos embora, Luciano. Seu Abílio tem razão...

Ele se levantou vagarosamente e olhou para Clarissa, que aquiesceu, e saiu sem dar mais uma palavra. Aquele homem era horrível e só podia mesmo estar comprometido com a morte de Leonor.

Depois que os dois saíram e fecharam a porta, Clarissa, mal contendo a fúria e a indignação, explodiu:

— O senhor está escondendo algo, não é mesmo?

— O que teria eu para esconder?

— Não sei. Diga-me o senhor.

— Não tenho nada a dizer. Apenas lhe peço para não vir mais aqui. Está perturbando o repouso de minha Leonor.

— Perturbando? Era só o que me faltava.

— Estou lhe avisando, Clarissa. Permiti que viesse porque você insistiu, mas não vou tolerar nenhuma invasão ou violação ao santuário de minha esposa.

— Santuário? Mas o que é isso? O que cultua aqui dentro?

— Não diga asneiras, não cultuo nada. Só não os quero mais aqui.
— De que tem medo, seu Abílio?
— Não tenho medo de nada.
— Será que não? Eu penso que sim.
— Está enganada. Não tenho nada a temer.
— Não acredito. O senhor tem medo de que descubramos a verdade.
— Que verdade seria essa?
— A verdade sobre a morte de sua mulher.

Ele empalideceu e deu um passo para trás, acrescentando num sussurro nervoso:

— Do que é que está falando, Clarissa?

Ela ficou confusa. Sentiu-se numa encruzilhada, mas não tinha mais como retroceder. Enchendo-se de coragem, ela o encarou com olhar acusador e disparou:

— O senhor a matou, não foi, seu Abílio? Não podia mais suportar a sua doença e a matou!

Abílio pensou que ia desmaiar e teve que se segurar no portal para não cair. Ele olhou para ela com profundo desgosto e tornou com voz rouca e abafada:

— Você pensa que eu a matei?

Já arrependida por haver feito aquela acusação, Clarissa quis retroceder, mas não via como. Atirara-lhe em face as suas suspeitas e agora corria o sério risco de que ele tentasse algo contra ela. Descobrira seu segredo e nem queria imaginar do que ele seria capaz. Com medo de sua reação, começou a recuar em direção à janela, quando ouviu um soluço. Alguém estava chorando, mas não havia ninguém ali. Ela parou, atônita, tentando identificar de onde vinha aquele som, mas ele vinha de lugar nenhum e de toda parte. Clarissa olhou para Abílio, imaginando se ele também estaria escutando, mas ele não esboçou nenhum sinal de que o tivesse percebido.

Com a voz carregada de dor, ele acrescentou em tom quase desesperado:

— Saia daqui...

Ela não esperou uma segunda ordem. Passou por ele feito uma bala, e ele trancou a porta assim que ela saiu. Clarissa saiu desabalada pelo corredor, e Luciano, escutando seus passos, abriu a porta de seu quarto e a chamou. Ela entrou aos prantos e foi logo desabafando:

— Oh! Luciano, creio que me precipitei.

— Como assim? — perguntou Jerusa. — O que você fez?

— Falei para o senhor Abílio de minhas suspeitas.

— O quê? — retrucou Luciano, mal crendo em suas palavras. — Você o acusou?

— Sim. Acusei-o de haver matado a esposa.

— Meu Deus!

— E sabem o que aconteceu? De repente, escutei um soluço, como de alguém chorando. Acho que o espírito de dona Leonor estava presente e ouviu toda a conversa. Deve estar mais atormentado ainda.

— E agora?

— Não sei. Temo por nossa segurança e nossas vidas.

— Você acha que ele seria capaz de tentar alguma coisa contra nós? — Jerusa estava apavorada.

— Não sei. Enquanto seu segredo permanecia escondido, não creio que fosse capaz de nada. Mas agora que descobri tudo, talvez ele não queira testemunhas.

— O que vamos fazer? — perguntou Luciano, mais para si do que para as moças.

— Precisamos ir embora daqui o mais depressa possível — respondeu Jerusa, de imediato.

— Mas como? E Angelina? Não posso abandoná-la.

— O senhor Abílio é um criminoso, Clarissa! — alertou Jerusa. — Sabe-se lá o que fez com a primeira esposa, e sabe-se lá o que poderá fazer com você.

Luciano, um tanto quanto em dúvida, ainda ponderou:

— Precisamos tomar cuidado com as nossas suspeitas e suposições, para que a verdade não seja arranhada por nenhum julgamento precipitado. Acima de tudo, devemos buscar a verdade e cuidar para que ela seja revelada e preservada. Terá sido ele mesmo quem a matou? Por acaso confessou?

— Bem, confessar, não confessou — considerou Clarissa. — Mas estava escrito em seus olhos, em sua angústia.

Luciano não respondeu. Não sabia em que acreditar. Se aquilo fosse verdade, eles provavelmente corriam um sério risco. Mas se fosse mentira, estariam cometendo uma terrível injustiça. Era preciso descobrir. Depois de alguns momentos, falou:

— Não acho que seu Abílio vá tentar algo contra nós. O que poderia fazer contra nós três? Matar-nos a todos ao mesmo tempo? Não creio. Ele é um homem inteligente e não tomaria nenhuma atitude impensada.

— Luciano — tornou Jerusa horrorizada —, está sugerindo que fiquemos?

— Sim.

Jerusa abriu a boca para contestar, mas Clarissa interrompeu-a:

— Talvez você tenha razão, Luciano. Embora não acredite na inocência do senhor Abílio, precisamos investigar, descobrir em que circunstâncias dona Leonor morreu. Só assim saberemos o que realmente aconteceu.

— O único problema é que ninguém está disposto a falar nada. Tião é fiel como um cão. Vicente, apesar de odiá-lo, parece manter com ele um pacto de silêncio. E Angelina é ainda uma menina e tem medo do pai. O que faremos?

— Creio que devemos começar pelos aposentos de dona Leonor.

— Seria o ideal, mas, com certeza, seu Abílio irá trancá-lo depois disso.

— É mesmo. O que faremos então?

— Ainda não sei — considerou Luciano pensativo —, mas vou pensar em alguma coisa. Algo me diz que acabaremos descobrindo toda a verdade. De uma maneira ou de outra, ela virá ao nosso encontro sem que tenhamos que nos expor.

— Como?

— Não sei. Mas é o que sinto.

— Vocês estão loucos! — censurou Jerusa. — Isso pode ser extremamente perigoso.

— Não creio — respondeu Luciano. — De qualquer forma, é um risco que teremos que correr.

— Concordo com você, meu irmão. Eu jamais poderia partir e deixar a pobre Angelina sozinha. Ela confia em mim como se fosse sua mãe.

— Tem razão. E agora, vamos orar e pedir a Deus que nos auxilie.

Os três se ajoelharam e começaram a rezar. Nesse momento, Tonha se aproximou e os abraçou. Primeiro Jerusa, depois Luciano e, por fim, Clarissa, derramando sobre eles partículas de uma luz branca, que os invadiu, enchendo-os de paz e confiança.

À hora do jantar, apenas Abílio não estava presente, e Angelina estranhou sua ausência.

— Onde está papai?

— Não sei — respondeu Clarissa.

— Papai está trancado no quarto de mamãe — falou Vicente, carrancudo.

Clarissa olhou discretamente para Luciano. Como é que Vicente sabia daquilo? O irmão, percebendo-lhe a interrogação no olhar, indagou:

— Perdão, Vicente, mas como é que sabe que seu pai está no quarto de sua mãe? Você o viu? Falou com ele?

— Eu, não. Vocês, sim.

Clarissa, Luciano e Jerusa trocaram olhares significativos. Estava claro que Vicente sabia de algo. Teria o pai lhe confidenciado alguma coisa?

— Por que diz isso, Vicente? — retrucou Clarissa. — Por acaso esteve nos escutando?

— Não. E nem precisei. Vi quando ele chegou e sei que foi direto ao quarto de mamãe, onde vocês estavam reunidos. Imagino que devam ter discutido, e, como ele não apareceu, suponho que ainda esteja trancado lá.

— Por que será? — tornou Angelina.

— Não é da sua conta — respondeu Vicente, mal-humorado.

— É, sim. Por que me trata desse jeito, Vicente? Sou tão filha dele quanto você e mereço saber o que acontece com meu pai.

— Ora, cale essa boca.

— Não fale assim com a sua irmã, Vicente — censurou Clarissa. — Sabe que seu pai não aprova esse tom de voz.

Vicente não respondeu. Não tinha forças para discutir com a madrasta.

— Vicente fala assim comigo porque tem medo.

Ele fulminou Angelina com o olhar, e ela recuou temerosa.

— Medo de quê? — quis saber Luciano.

— Medo de nada. Angelina é uma menina tola e muito fantasiosa.

— O que está fantasiando, Angelina? — perguntou Clarissa.

Ela olhou para o irmão pelo canto do olho e, percebendo-lhe o semblante hostil, respondeu bem baixinho:

— Nada não, Clarissa. São coisas da minha cabeça.

— Que tipo de coisas? — acrescentou Jerusa, curiosa.

— Nada. Nada de importante.

— Você pode nos contar — estimulou Clarissa. — Não precisa ter medo.

Vicente continuava a encará-la com olhar ameaçador e não fazia questão de esconder sua contrariedade. Angelina sempre falava demais. Um dia poria tudo a perder. Temendo o que ela pudesse dizer, adiantou-se:

— Angelina tem medo do escuro. Pensa que há criaturinhas verdes a espioná-la por detrás das paredes.

E desatou a rir. Os demais, no entanto, não acreditaram naquela história. Principalmente Clarissa, que já convivia com a menina há algum tempo. Ela não era medrosa, e Clarissa nunca a ouvira contar nenhuma história parecida com aquela. Calmamente, virou-se para Vicente e considerou:

— Acho que quem está fantasiando é você. Angelina não é uma menina impressionável nem imaginativa. Você é quem está criando essas histórias.

Vicente não deu resposta. Levantou-se da mesa e subiu as escadas. Não aguentava mais aquilo. Em silêncio, foi até o quarto da mãe e bateu. Nada, ninguém respondia. Ele insistiu e bateu de novo, e de novo, até que o pai veio atender. Abílio abriu a porta irritado, mas, vendo o filho ali parado, não conseguiu conter a admiração.

— Vicente! O que faz aqui?
— Precisamos conversar.

Vicente entrou e fechou a porta, indo sentar-se na cama que fora de sua mãe. Abílio puxou uma cadeira e sentou-se à sua frente, apoiando o queixo entre as mãos.

— Bem — estimulou ele —, do que se trata?
— Acho que o senhor, melhor do que ninguém, sabe do que se trata — ele o encarou, sem dizer nada, e Vicente continuou: — Acho que Clarissa está bem próximo de descobrir a verdade.

Abílio soltou um profundo suspiro, deu de ombros e deixou os braços penderem ao longo do corpo, declarando desanimado:

— O que quer que eu faça?

— Não sei. Talvez seja melhor afastá-la daqui.

— Também já pensei nisso, mas creio que será pior.

— Por quê?

— Acho que ela não quer ir. Afeiçoou-se a Angelina e... a você.

Abílio pronunciou esse você com uma ênfase excessiva, que Vicente fingiu não perceber. Estava preocupado e tinha medo das consequências que poderiam advir caso Clarissa descobrisse toda a verdade.

— Papai, sabe que não aprovei o que fez, não é mesmo?

— Sei sim... Mas você também sabe que não tive escolha. — Vicente permaneceu calado, e ele prosseguiu: — Se não tivesse feito o que fiz, talvez eles tivessem levado sua mãe...

— Não teria sido melhor?

— Acha mesmo? Como pensa que ela se sentiria, atirada num acampamento de leprosos para morrer, sem qualquer atendimento e, pior, sem o carinho dos seus?

— Mas do que foi que adiantou o que o senhor fez? De qualquer forma, nós a perdemos.

— Foi a escolha dela. Ao menos agora, ela encontrou a paz.

— Será? E os gritos? Nós fingimos que não ouvimos, mas a verdade é que também escutamos. Será que ela está mesmo em paz?

— Não me condene, Vicente, por favor — ele estava visivelmente angustiado. — Já basta o que a minha consciência me acusa. E agora, ainda tenho que aguentar as suspeitas de Clarissa, achando que eu matei a sua mãe.

— Ela disse isso?

— Disse.

Vicente meneou a cabeça e objetou:

— Nós sabemos que não foi bem assim. O senhor não é um assassino.

— Sou um criminoso, de toda sorte. Aos olhos da lei, cometi um crime e deverei pagar por ele, mais cedo ou mais tarde.

— Não pagará, não! Ninguém vai descobrir.

— Não há mentira que permaneça oculta por toda a vida. Cedo ou tarde, a verdade sempre encontra um meio de se mostrar.

Era visível o medo nos olhos de Vicente, que redarguiu preocupado:

— O que pretende fazer?

— O que posso fazer? Nada. Apenas esperar. Entregar nas mãos de Deus e esperar.

— Acha que isso resolve? Acha que Deus está preocupado conosco?

— Não devia se voltar contra Deus, Vicente. É ele quem nos tem sustentado até hoje.

— É até estranho ouvi-lo falar assim. Um homem feito o senhor, austero, implacável.

— Não sou nada disso. Concordo que seja um pouco rígido em minhas ordens, mas se assim procedo é para manter a nossa família erguida. Você sabe o quanto me preocupo com vocês. Sabe que você e Angelina são tudo o que me resta no mundo. Ainda que você me odeie, não posso negar que o amo...

A emoção tolheu a voz de Abílio, que se calou confuso. Não estava acostumado a expor seus sentimentos e ficou perturbado com a revelação que fizera. Tanta emoção acabou por contagiar Vicente, que, chorando, ajoelhou-se diante do pai e envolveu os seus joelhos, molhando-os com lágrimas sentidas.

— Papai! Papai! — exclamava ele aos prantos. — Por que isso foi acontecer conosco, por quê?

— Não sei, meu filho. São os desígnios de Deus.

— Lá vem o senhor com Deus de novo. Se Deus fosse tão bom quanto dizem, jamais teria permitido que minha mãe contraísse aquela doença maldita!

— Não devia pensar assim. Não sei por que sua mãe adoeceu, mas sei que a doença terminou o que ela mesma começou a fazer a si própria. Desde que nos casamos, sua mãe sempre demonstrou um temperamento arredio, tinha dificuldade em conviver com os amigos, os criados, a família. Era difícil para ela relacionar-se com os outros, parecia que não conseguia adequar-se ao mundo ou às pessoas. Achava mesmo que poderia prejudicá-las.

— Prejudicá-las? Mas como? Mamãe nunca fez mal a ninguém.

— Eu sei, mas ela tinha medo de fazer algo que pudesse prejudicar alguém. Não sei de onde ela tirava essas ideias, mas o fato é que ela se isolava para não correr o risco de se ferir nem de ferir ninguém. Sua mãe se impôs um ostracismo voluntário. Não se sentia parte do mundo, não gostava de sair, de se mostrar, de estar com as pessoas. Sentia-se à parte de tudo, marginalizada, e quando alguém tentava um contato mais estreito com ela, fugia apavorada, como se pudesse contaminar as pessoas com alguma espécie de praga. Ela mesma dizia: "tenho medo de magoar ou ferir alguém".

— Mas como, papai? Como mamãe poderia magoar alguém?

— Não sei. Só o que sei é que essa esquisitice começou muito antes de que adoecesse. Conheci sua mãe ainda menino, nossas famílias eram vizinhas e amigas. Brincávamos juntos e, na juventude, logo nos apaixonamos. Ela sempre confiou em mim, eu era o único com quem ela se abria. Tivemos um bom tempo de convivência, e eu nunca a vi fazer mal a ninguém. Sua mãe sempre teve bom coração e nunca foi capaz de ferir ou magoar quem quer que fosse. Nem pessoas, nem plantas, nem animais. Nada.

— Mas então, como explica?

— Não explico. Por isso é que digo que são os mistérios de Deus. Só o que sei é que sua mãe, antes de adoecer, por si mesma já se marginalizava, impondo-se o afastamento da sociedade. A enfermidade nada mais fez do que corporificar uma atitude que ela há muito vinha adotando. Os leprosos, infelizmente, são uns párias da sociedade, discriminados e marginalizados por todos. Bem como sua mãe se sentia.

— Eu não sabia... Mamãe sempre me pareceu tão carinhosa, tão dedicada.

— E era. Mas isso não escondia o pavor que sentia de se ver exposta ao convívio com seus semelhantes.

Vicente chorava de mansinho. Apertou a mão do pai e perguntou emocionado:

— Por que nunca me disse isso?

— No começo, porque você era ainda muito criança e não iria entender. Depois que você cresceu e amadureceu, porque foi-se afastando de mim, culpando-me pelo que aconteceu a ela.

— Ah! Papai, como gostaria que tudo fosse diferente.

— Eu também, meu filho, mas hoje sei que as coisas acontecem como devem acontecer. Não adianta tentarmos impor a nossa vontade porque, muitas vezes, o que nos está destinado não é o que queremos. Sabe, meu filho, pai Joaquim me disse que nós escolhemos o nosso destino, mas que podemos modificá-lo à medida que vamos tomando consciência de nossas atitudes. Não precisamos sofrer.

— Vai querer me dizer agora que minha mãe escolheu ter lepra?

— Tudo aconteceu antes que ela reencarnasse, voltasse à vida corpórea. Foi o planejamento dela, sua forma de se libertar de suas culpas e seus desequilíbrios passados. Não estou dizendo que foi a opção certa, mas foi a que ela escolheu, porque acreditou que era a melhor para ela. Nós temos que respeitá-la por isso, respeitar as escolhas que o espírito faz antes de encarnar. Revoltarmo-nos é um desrespeito ao livre-arbítrio do próximo.

— Não sei se acredito nisso. Mamãe era uma mulher bonita e bondosa. Que culpas poderia guardar que a levassem a um destino tão horrível?

— Só ela é quem pode saber. E nós, como eu disse, devemos respeitá-la e evitar qualquer tipo de julgamento. Tudo está certo na natureza divina, e nada acontece que não seja para o equilíbrio do universo.

— O senhor diz coisas estranhas, papai, mas muito bonitas e sábias. Como pude odiá-lo por tanto tempo?

— Você nunca me odiou. Não de verdade.

Vicente continuava com olhos úmidos, sentindo que o pai tinha razão, e que ele jamais deixara de amá-lo. O pai era um homem maravilhoso, escondendo-se sob um manto de rigor e austeridade, porque também tinha seus medos, seus ressentimentos, suas dificuldades.

— Papai, como eu o amo... — soluçou Vicente, calando-se emocionado.

Abraçaram-se chorando, permanecendo ali, como se nada no mundo os pudesse mais separar.

Naquela noite, Abílio não falou com ninguém, a não ser com o filho. Saiu do quarto da mulher e foi diretamente para o seu. Não tinha vontade de conversar nem de ver ninguém, muito menos Clarissa. Deitou-se na cama e logo adormeceu. A seu lado, Clarissa, desligada do corpo físico pelo sono, o esperava em companhia de Tonha. Ao vê-las, Abílio se assustou e retornou apressado ao corpo, que estremeceu, e ele despertou assustado, achando que tivera um estranho pesadelo.

Ao vê-lo voltar correndo para o corpo físico, Clarissa comentou decepcionada:

— Penso que o senhor Abílio não quer nos acompanhar.

— É uma pena. Sua alma sabe com o que irá se deparar, e ele optou por não trazer à consciência o que vamos ver neste momento. Muito bem, devemos respeitá-lo. E agora venha, vamos viajar...

Tonha segurou a mão de Clarissa e alçou voo com ela, indo pousar na praia, no mesmo local em que sempre conversavam. Fazia uma bonita noite de luar, e o vento soprava um pouco mais forte. Tonha apontou para o alto, e Clarissa olhou. Da lua, escorriam feixes de luz branca que se derramavam sobre as ondas, prateando-as. De repente, a superfície do mar pareceu transformar-se num imenso espelho, e nele Clarissa viu algumas imagens refletidas, imagens que lhe diriam tudo o que precisava saber para enfrentar os acontecimentos dos dias que se seguiriam.

CAPÍTULO 17

Agripina estava sentada à escrivaninha de seus aposentos particulares, escrevendo uma carta a seus pais, quando ouviu batidas na porta e disse maquinalmente:
— Entre.
A criada entrou, avisando-a de que havia ali um homem desejando falar-lhe.
— De quem se trata?
— Não sei, senhora, mas disse que é importante.
— Diga-lhe que já vou.
Minutos depois, Agripina adentrava a saleta onde o visitante fora acomodado. Ao dar de cara com ele, uma sombra de reconhecimento passou em sua mente, mas ela não conseguiu identificar com clareza de onde o conhecia.
— Então, senhor...

— Carlos Castanheira, a seu dispor.
— Senhor Carlos... de onde o conheço?
— Da casa de minha prima, arquiduquesa de Linhares.
— Ah! É verdade. Perdoe-me não tê-lo reconhecido, mas tenho péssima memória fisionômica.
— Não precisa se preocupar, senhora, é natural.
Agripina indicou-lhe uma poltrona, e ele se sentou.
— Muito bem, senhor Carlos, o que o traz aqui?
— Senhora, lamento pelo que vou lhe dizer, mas senti-me no dever de alertá-la.
— Alertar-me de quê?
— De seu marido.
Ela sentiu como se uma névoa lhe toldasse a visão e retrucou:
— O que tem ele? Aconteceu-lhe alguma coisa?
— Por enquanto, não.
— Mas então, o que deseja? Por favor, seja mais explícito.
— Bem, dona Agripina, a missão que me traz aqui não é das mais agradáveis, e a senhora precisa ser forte...
Agripina deu um salto da cadeira, levou a mão ao peito e exclamou:
— Aconteceu alguma coisa! Ele está morto?
— Não, embora creia que a senhora esteja na iminência de perdê-lo.
Ela abriu a boca e sentou-se novamente, inclinando-se mais para ele e indagando:
— Perdê-lo? Como assim? Ele corre algum perigo?
— De uma certa forma, sim.
— Que perigo? Algum infortúnio, um inimigo?
— Não exatamente.
— Por favor, senhor Carlos, seja mais claro. Já estou ficando nervosa.
— Bem, dona Agripina, vim aqui com a lamentável incumbência de alertá-la sobre o caso que seu marido vem mantendo com uma certa senhora de Lisboa...

Ela nem deixou que ele terminasse. Pulou novamente da cadeira e, faces em fogo, começou a gritar:

— O quê? Como se atreve? Ponha-se daqui para fora imediatamente!

Carlos levantou-se calmamente. Já esperava aquela reação e não se espantou. No entanto, antes de sair, virou-se para ela e finalizou:

— Compreendo a sua indignação, senhora, e não a culpo. A punhalada da traição é por demais dolorosa, justamente porque nunca é esperada. Mas considero cumprida a minha missão e só o que posso desejar é que a senhora seja forte e corajosa para enfrentar a dura realidade. Ah! E se precisar de mim, sabe onde me encontrar.

Ele pousou um pedaço de pergaminho sobre a mesa, fez uma reverência e saiu. Agripina apanhou o pergaminho, furiosa, e já ia rasgá-lo, mas mudou de ideia. Aquilo era um absurdo. Conhecia seu Nicanor e sabia que ele jamais seria capaz de traí-la. No entanto, ficou pensando em alguns fatos que se haviam sucedido em sua casa nas últimas semanas.

Nicanor sempre fora um homem ardente, mas, nos últimos tempos, quase não a procurava mais, e, quando o fazia, era sem interesse ou entusiasmo. Além disso, não raras eram as vezes em que se ausentava por dois ou três dias, retornando cansado e sem disposição. Desculpava-se, dizendo que estava trabalhando muito, estudando mapas e realizando pequenas viagens para aumentar a renda, e ela acreditava. Sempre voltava para casa com dinheiro, e ela não tinha motivos para desconfiar dele. Mas agora... Por que aquele homem fora ali para contar-lhe aquilo? Com que intuito conspurcava o nome de seu marido? Seria possível que estivesse falando a verdade?

Agripina olhou para o pergaminho e sentiu um arrepio. Tocou a sineta, chamando a criada e, depois que ela apareceu, ordenou-lhe:

— Vá chamar Miguel.

Miguel apareceu cerca de cinco minutos depois. Era o criado de quarto de Nicanor, um homem dedicado, porém, ambicioso e venal. Logo que entrou, cumprimentou-a e perguntou:

— Mandou-me chamar, madame?

— Mandei, sim. Quero perguntar-lhe algo e quero que você seja sincero comigo.

— Pois não, senhora, do que se trata?

— Sabe alguma coisa a respeito de uma amante de meu marido?

Ele levou um choque e retrocedeu dois passos. Como descobrira? Apesar de confuso, Miguel conseguiu manter a calma aparente e retrucou:

— Não sei de nada, senhora.

— Tem certeza?

— Sim. Que eu saiba, o senhor Nicanor é muito devotado à senhora.

Agripina permaneceu por algum tempo estudando-o, sem saber se ele falava a verdade. Aproximou-se dele e, encarando-o bem fundo nos olhos, considerou:

— Sei de sua fidelidade a meu marido. No entanto, estou disposta a pagar por qualquer informação útil.

Miguel titubeou. Por mais fiel que fosse, não podia deixar escapar uma oportunidade como aquelas. Se o dinheiro fosse bom, partiria dali sem deixar vestígios, e Nicanor jamais saberia o nome de seu delator. Ele podia perceber o extremo interesse de Agripina e pensou que poderia arrancar-lhe muito dinheiro. Para provocar ainda mais a sua curiosidade e determinação em descobrir a verdade, redarguiu:

— Sinto muito, dona Agripina, mas não sei de nada que possa lhe interessar. Meu patrão sempre lhe foi honesto e leal.

Ela ia se dar por satisfeita. Se Miguel dizia que não sabia de nada, era porque não sabia. Ele era confidente de Nicanor, mas não era confiável, e bem poderia traí-lo em troca de uma boa quantia. Mas, se ainda assim, defendia seu marido, era porque ele era realmente inocente, e aquela acusação não tinha fundamento. Amassou o pergaminho que ainda segurava na mão e acrescentou:

— Está bem. Acredito em você. Pode ir.

Miguel empalideceu. Imaginava que ela iria insistir, mas, ao invés disso, convencera-se facilmente. Mas ele não podia deixar que o ouro escorregasse por entre seus dedos feito água e, já da porta, virou-se para ela e anunciou, imprimindo estudado tom de desculpas à voz:

— Desculpe-me, dona Agripina, mas sou fiel a meu amo...

Propositalmente, Miguel deixou uma reticência no ar, o que foi suficiente para que Agripina se retraísse toda. Ele sabia de algo, com certeza, e só não lhe contara porque se dizia fiel a Nicanor. Mas não havia fidelidade que o dinheiro não pudesse comprar, e Agripina estava disposta a pagar muito caro por ela.

Quando Nicanor chegou a casa, Agripina o esperava ansiosa, porém disfarçou. Ele entrou cauteloso, aproximou-se dela e beijou-a no rosto. Fingindo alheamento, ela perguntou:

— Onde esteve?

Ele estranhou a pergunta, mas respondeu com aparente naturalidade.

— Trabalhando. Por quê?
— Por nada.

Em silêncio, Nicanor se retirou para seus aposentos. Agripina não costumava fazer-lhe aquele tipo de pergunta, e ele ficou cismado. Estaria desconfiada de algo? Se estivesse, era preciso tomar cuidado. Ele amava imensamente a esposa e sofreria muito se a perdesse.

Pensando nisso, Nicanor sentiu raiva de Luísa. Aquela maldita mulher! Comprara-o com ameaças de destruir seu casamento e suas finanças, e ele não tivera alternativa, senão ceder a sua insistência. Ela era uma mulher fantástica, era verdade. Calorosa, ardente... uma verdadeira cortesã. Mas era mulher para se passar algumas noites, e não o resto da vida. Luísa parecia possuída por um fogo interminável, que a levava a querer cada vez mais o sexo. Quanto mais ele a amava, mais ela solicitava seu amor. Era insaciável, sempre pronta a se entregar. E ele era obrigado a corresponder-lhe o ardor, sob pena de sofrer as consequências de seu ódio. E depois, quando chegava a casa, estava cansado e sem forças ou ânimo para amar sua própria esposa, a única a quem dedicava verdadeira afeição.

Até então, Agripina não havia desconfiado de nada. Ele sempre se desculpava, alegando trabalho, e ela se convencia. Ainda mais porque Luísa, para compensá-lo por seus serviços, costumava presenteá-lo com significativas importâncias, com as quais ele ia aumentando o luxo e o conforto de sua casa. Mas agora... Agripina lhe perguntara onde estivera com exagerado desinteresse. Se ela estivesse desconfiada, era preciso descobrir e adiantar-se a ela. Confessaria seu envolvimento com Luísa e lhe contaria tudo conforme acontecera. Talvez assim ela o entendesse e perdoasse.

Agripina era muito diferente das outras mulheres. Qualquer outra iria preferir não descobrir, ou então fingiria nada saber, só para continuar mantendo as aparências, fugindo aos rumores da sociedade. Mas Agripina, não. Era uma mulher ciumenta e possessiva, e não conseguia esconder seus sentimentos. Se alguma coisa a aborrecia, logo demonstrava. Não sabia fingir nem representar para agradar ou preservar o marido. Se descobrisse alguma coisa, Agripina iria tomar-lhe satisfações e seria até capaz de atentar contra a vida de Luísa. Mas ele não podia permitir que isso acontecesse. Se ela descobrisse, faria com que o perdoasse e se manteria longe de quaisquer amantes. Era uma promessa e ele a cumpriria, o que não seria difícil.

Nesse momento, a porta se abriu e Esmeralda entrou. Era sua filha, sua alegria, seu encanto. Esmeralda era uma menina linda, pele alva, cabelos louros, quase como os de Luísa, olhos de um azul límpido e sereno. Estava agora com dez anos e era a alegria da casa.

— Olá, papai — disse ela, atirando-se em seu pescoço. — O que trouxe para mim hoje?

— Hum... deixe ver — respondeu ele enigmático, puxando um embrulhinho do bolso de sua capa, atirada sobre a poltrona.

Esmeralda apanhou o pacote e começou a abri-lo às pressas, extasiando-se com seu conteúdo. Era uma caixinha toda de marfim, com anjos entalhados ao redor e forrada de um veludo azul celeste.

— Oh! Papai, é linda! Obrigada.
— Não tão linda quanto você.

A menina sentou-se no sofá e ficou rodando a caixinha, passando-a de uma mão a outra. Nicanor olhou para ela e sentiu imensa ternura em seu coração. Ela era um tesouro inestimável, e ele seria capaz de qualquer coisa para fazê-la feliz. Ela e a mulher eram tudo o que tinha de mais precioso na vida, e perdê-las seria um castigo pior do que a morte. Pensando nisso, Nicanor beijou Esmeralda na testa e chamou a criada, ordenando-lhe que a levasse e chamasse Miguel. Esmeralda, apesar de contrariada, obedeceu e foi guardar a caixinha em seu quarto. Pouco depois, Miguel apareceu.

— Pois não, meu amo.
— Sente-se, Miguel, quero falar com você.

Miguel se sentou e aguardou.

— Acho que minha esposa desconfia de algo.

Ele levantou as sobrancelhas e, fingindo que não sabia de nada, retrucou com indignação:

— Tem certeza?

— Certeza, não tenho. Mas hoje ela me perguntou onde eu estava, e isso não é natural. Ela devia saber que eu estava trabalhando.

— Perdão, senhor, mas não acha que está se preocupando à toa? Ela pode ter perguntado por perguntar.

— Pode até ser. Mas havia algo em sua voz que me soou estranho, artificial, não sei dizer. De alguma forma, sinto que ela já sabe.

Miguel inspirou e soltou o ar bem devagarzinho, indagando ao final:

— O que quer que eu faça?

— Quero que preste atenção. Você é a única pessoa em quem posso confiar. Se ela fizer qualquer movimento suspeito, qualquer coisa que indique que descobriu a verdade, quero ser o primeiro a saber. Conheço Agripina e sei o quanto isso a enfurecerá. Mas se eu me antecipar e contar-lhe tudo antes que qualquer outra pessoa o faça, estou certo de que me perdoará. Nada como a verdade para conquistar a confiança de uma mulher como Agripina. Além de me perdoar, vai sentir pena de mim, ameaçado e humilhado por uma mulher poderosa feito Luísa.

Miguel meneou a cabeça, pensativo. Aquilo jamais poderia acontecer. Ele precisava ser o primeiro a contar tudo a Agripina, ou então poderia ver perdidas para sempre suas esperanças de se tornar um homem rico. Se Nicanor se antecipasse, ela não teria motivos para lhe dar dinheiro algum, e sua chance estaria desperdiçada. Miguel se levantou e, procurando emprestar à voz um tom de confiança, assegurou:

— Não se preocupe, meu amo. Se souber de alguma coisa, irei logo avisá-lo.

Depois que ele saiu, Nicanor deitou-se em sua cama e logo adormeceu, sem nem perceber que Agripina abria a porta de seus aposentos e entrava sorrateiramente, deitando-se a seu lado. Ele estava tão cansado que nem lhe notou a presença, e ela permaneceu ali junto dele, pensando no quanto o amava e no que seria capaz de fazer para tê-lo junto a si.

Deitado na cama de Luísa, Nicanor olhava-a enquanto se vestia. Ela tinha um corpo maravilhoso, era uma mulher exuberante, mas ele não a amava.

— Vou ter que deixá-lo agora — disse ela. — Preciso sair.

— Está bem — respondeu Nicanor, mal contendo a satisfação.

Nicanor se levantou e começou a vestir-se também. Ela estava estranha.

Havia já alguns dias que parecia diferente, um pouco alheada, sem interesse. Antes, depois que se amavam, permaneciam na cama, conversando sobre futilidades, ocasiões em que ela sempre reafirmava sua ascendência sobre ele. Nicanor enchia-se de raiva, mas não dizia nada. Sabia-se atado a ela, e não havia nada que pudesse fazer. Mas hoje, algo parecia haver-se modificado. Seria impressão sua ou Luísa tentava se desfazer dele? Apesar de curioso, não disse nada. Terminou de vestir-se, apanhou a capa e preparou-se para sair. Quando se aproximou para a despedida, Luísa impediu-o com a mão, olhou fundo em seus olhos e declarou:

— Foi muito bom conhecê-lo, Nicanor. Você é um amante sem igual. Contudo, de hoje em diante, não existe mais nada entre nós. Está tudo acabado.

Nicanor abriu a boca, abismado. Não sabia se ria ou se chorava. Se ria de alegria por poder ver-se, finalmente, livre de seu jugo. Se chorava por se ver ferido em seu orgulho e sua virilidade.

De repente, encheu-se de ódio. Aquilo era um insulto, e ele sentiu vontade de estrangulá-la. No entanto, refreou seu ímpeto. Conseguira o que queria, não era verdade? Por que então sujar as mãos com o sangue daquela cadela? Sem lhe dar resposta, Nicanor virou as costas e se foi, disposto a nunca mais pisar naquela casa.

    Depois que ele partiu, Luísa chamou a criada para pentear-lhe os cabelos louros. Já estava cansada de Nicanor. Ele era excelente amante e fazia tremer seu corpo, embora não lhe tocasse o coração. E depois, sabia que ele também não a amava, e sim à mulher. Quando exigira que não a deixasse, ameaçando-o de todas as formas, ele cedeu, mas ela estava certa de que não o fizera por amor, mas por medo. Amava aquela idiota da Agripina e só se tornara seu amante temendo que ela destruísse sua vida e seu casamento.

    Era um homem rude, e sua conversa não tinha nada de interessante. Só entendia de navegação e rotas marítimas, e nada sabia sobre literatura, música, artes. Ela era uma mulher extremamente culta, de uma educação refinada e gostos requintados. Ele, ao contrário, era um grosseirão, de uma educação elementar e forçada. Não tinha requinte nem finura, e isso já a estava aborrecendo. Que tola fora ao pensar que o amava! O fogo da paixão se extinguira, e ela novamente voltou seus pensamentos para Carlos. Carlos, sim, era um homem à sua altura. Lembrou-se de que ele sempre lhe dizia que haviam sido feitos um para o outro, e era verdade. Carlos era feito ela. Fino, educado, um verdadeiro cavalheiro.

    Luísa chamou a carruagem e partiu em direção à casa do primo. Sentia saudades de sua conversa inteligente e engraçada, e arrependia-se por havê-lo tratado tão mal. Mas ele saberia entender. Carlos a amava e não a repeliria. Entrou sem ser anunciada e foi direto a seu quarto, entrando sem bater, seguida pelo camareiro, que tentava impedi-la. Ele ainda dormia, tendo ao lado uma mulher, mas Luísa nem se abalou. Abriu as cortinas e o sol atingiu-os em cheio nos rostos. Carlos acordou assustado e colocou o braço na frente dos olhos, para aparar a luz, e exclamou:

— Ei! O que está acontecendo...?

Ao ver Luísa parada diante da cama, com um sorriso irônico nos lábios, Carlos ergueu-se de um salto, esbanjando felicidade. Mal podia acreditar no que estava vendo. A mulher a seu lado, rosto enfiado nos travesseiros, continuava a dormir, e Carlos precisou cutucá-la para que ela despertasse. A moça abriu os olhos sonolenta e, ao dar de cara com Luísa, encolheu-se toda e já ia protestar, quando Carlos falou:

— Muito bem, senhorita... — já não se lembrava mais de seu nome — ...bem, não importa. Levante-se e saia. Não preciso mais de seus serviços.

A moça, sem nada entender, saiu da cama cobrindo-se com o lençol e foi atrás do camareiro, que a levou para outro quarto. Quando estavam na porta, Carlos gritou para o criado:

— Alcino, pague-lhe a quantia de sempre e mande-a para casa — em seguida, virou-se para Luísa e disse emocionado: — Que maravilhosa surpresa!

Luísa não respondeu e puxou-o para a cama, deitando-se a seu lado e beijando-o sofregamente. Em seguida, amaram-se feito loucos, e Carlos sentiu-se extremamente feliz. Era sempre assim. Luísa arrumava um amante, mas, quando se cansava, era para ele que voltava.

Lembrou-se de Agripina e da visita que lhe fizera no outro dia, arrependendo-se instantaneamente. Será que ela acreditara? Será que guardara seu endereço? Carlos sentiu o corpo gelar e estreitou Luísa contra o peito. Embora ele não lhe tivesse revelado o nome da amante do marido, temia que ela resolvesse investigar. Pelo que ouvira falar, Agripina era uma mulher extremamente ciumenta e, se descobrisse a verdade, bem poderia estragar seus planos com Luísa. Mas agora que tudo estava terminado, talvez ela não se importasse. Talvez até nem lhe tivesse dado ouvidos e houvesse destruído aquele pedaço de pergaminho. Do jeito como o tratara, parecia mesmo que não havia acreditado, e a conversa não deveria ter rendido nenhuma outra consequência.

Mas como Carlos estava enganado! Agripina, cada vez mais desconfiada, achou que já era hora de procurar Miguel novamente. Aproveitando-se da ausência do marido, mandou chamá-lo.

— Onde está Nicanor?

— Saiu, senhora.

— Ótimo. Assim poderemos conversar mais à vontade — ele ficou à espera de que ela iniciasse, e ela foi logo entrando no assunto: — Muito bem. Sei que você sabe de algo a respeito de meu marido e quero que me conte tudo.

— Não sei de nada, senhora — arriscou.

Ela olhou para ele com desdém e derramou sobre a mesa um punhado de moedas de ouro, e os olhos de Miguel cintilaram de cobiça. Aquilo era uma fortuna!

— Será que não sabe mesmo? — insistiu Agripina.

Ele passou a língua nos lábios e, sem tirar os olhos das moedas, retrucou:

— Bem, dona Agripina, não quero que pense que sou um canalha venal e traidor...

— Não penso nada. Apenas diga-me o que sabe.

— O que quer saber, exatamente?

— Quero saber se meu marido tem uma amante e qual o seu nome.

Ele suspirou, fazendo suspense, e respondeu de forma teatral:

— Dona Agripina, não devia perguntar essas coisas. Mas já que quer mesmo saber, seu marido tem uma amante, sim.

Ela levou a mão à boca, tentando sufocar o grito que quase deixara escapar, e continuou:

— Quem é? Diga-me seu nome, vamos!

Miguel levantou para ela os olhos gananciosos e respondeu sem titubear:

— Sua alteza, a senhora Luísa, arquiduquesa de Linhares.

Aquilo foi um tremendo choque para Agripina. Ela jamais poderia imaginar que seu marido a estava traindo com uma dama da mais alta nobreza de Lisboa. Pensou em uma cortesã ou até mesmo uma distinta senhora casada, mas não em alguém de tão elevada linhagem. Ela era poderosa, e destruí-la seria tarefa das mais difíceis. Com os olhos cheios de lágrimas, falou para Miguel, trêmula de ódio:

— Pegue seu dinheiro e saia!

Miguel recolheu as moedas apressadamente. Precisava partir o mais rápido possível ou Nicanor o mataria. Com aquele dinheiro, poderia recomeçar sua vida bem longe dali. Iria para a Espanha. Tinha parentes lá, que não hesitariam em acolhê-lo. Ainda mais agora, que se tornara um homem rico. Sem olhar para trás, fechou a porta dos aposentos de Agripina, que desabou na poltrona, soluçando sem parar.

CAPÍTULO 18

Nicanor entrou em casa animado, e Esmeralda correu ao seu encontro, atirando-se em seu pescoço e beijando-o repetidas vezes. Atrás dela, Agripina o fitava com olhar rancoroso. Não sabia ainda ao certo o que fazer, mas, em todo caso, era preciso que a filha não desconfiasse de nada. Ela era uma menina muito meiga, e Agripina a adorava. Precisava evitar que ela sofresse.

Depois que pai e filha encerraram as efusivas saudações, Agripina pegou a menina pela mão, beijou-a nas faces e, acariciando seus cabelos, falou:

— Agora vá brincar com Ana, sim? Mamãe e papai precisam ter uma conversa.

A menina beijou a mãe e saiu em companhia da ama-seca, e Nicanor, curioso, lançou-lhe um olhar de interrogação.

— Aconteceu alguma coisa?

— Você, melhor do que ninguém, é que pode me dizer. Mas não aqui. Não quero que ninguém mais ouça esta nossa conversa.

Ela saiu, e Nicanor foi atrás dela, curioso. Em seu íntimo, já sabia do que se tratava e sentiu medo. E se ela o deixasse, levando consigo a filha? Depois de acomodados, Nicanor perguntou:

— Muito bem, cá estamos. O que houve?

— Nós sempre fomos fiéis e honestos um com o outro, não é verdade? — ele não estava gostando nada daquilo, mas aquiesceu. — Por isso é que vou direto ao assunto. Soube que você anda envolvido com uma certa senhora da corte...

Nicanor não lhe deu tempo de terminar. Atirando-se a seus pés, agarrou-lhe as pernas e pôs-se a chorar. Agripina, emocionada, quase o afagou, mas se conteve. Não podia amolecer. Aos prantos, ele indagou:

— Como é que soube? Quem lhe contou?

— Então é verdade... e eu que pensei que ainda pudesse haver algum engano.

Aos poucos, Nicanor foi se acalmando. Enxugou os olhos e, de joelhos, implorou:

— Agripina, por Deus, em nome da felicidade de nossa filha, perdoe-me.

Ela estava abismada. Pensou que ele fosse negar, dizendo-se vítima de alguma intriga ou mexerico de algum invejoso. Mas, ao invés disso, reconhecia sua culpa antes mesmo que ela terminasse de acusá-lo. Tentando manter o autocontrole, continuou:

— Confessa que tem outra mulher?

— Por favor, deixe-me explicar o que aconteceu — suplicou ele. — Depois, se não quiser mais me ver, irei embora sem nem questionar.

Ele ficou olhando para ela, à espera de uma resposta, e ela concordou:

— Muito bem. Vá em frente.

Nicanor respirou fundo e começou:

— Conheci essa dama em minha última viagem a Calicute...

— Quem? Diga-me o nome dela.

— Isso não importa.

— Importa, sim. Sei quem é, mas gostaria de ouvir de sua boca.

Lutando para conter o constrangimento e a vergonha, Nicanor falou baixinho, quase num sussurro:

— A arquiduquesa de Linhares — ela teve um estremecimento, mas não disse nada, e ele continuou: — Como eu ia dizendo, conheci Luísa em minha última viagem a Calicute. Ela e o primo, o senhor Carlos Castanheira, eram meus passageiros. Durante toda a travessia, ela me lançava olhares provocadores, insinuando-se para mim com uma ousadia sem igual. Quando chegamos a Lisboa, a situação ficou ainda pior. A arquiduquesa é pessoa influente e poderosa, seu marido tinha ligações com a corte, e ela me ameaçou, caso eu não concordasse em ser seu amante. A princípio, eu quis resistir. Disse que amava minha esposa e que um caso entre nós seria impossível. Mas ela não se conformou. Usando de toda a sua influência, ameaçou nos arruinar, e eu acabei por ceder, com medo do que ela pudesse fazer.

— E o que poderia ela fazer, Nicanor?

— Arruinar-me. Com sua influência, disse que arranjaria para que eu fosse dispensado de meu posto de capitão. Você sabe, o navio não me pertence, e o que seria de nós se eu perdesse o meu posto? Onde encontraria outro navio? Durante toda a minha vida, só o que aprendi foi a navegar. De que viveríamos nós sem um navio? Ela pediu ao rei que me concedesse uma licença e passou a dar-me dinheiro, para que eu continuasse a sustentar minha família sem levantar suspeitas. Ela ameaçou contar-lhe tudo, e eu tive medo. Como suportaria viver sem você e Esmeralda?

Tentando conter o ciúme e o despeito, Agripina falou entredentes:

— Vocês ainda se veem?

— Não. Há alguns dias, sem qualquer explicação, ela terminou tudo e me mandou embora. Acredite em mim, Agripina, por favor! Eu nunca amei a arquiduquesa. Só aceitei envolver-me com ela por medo de perder você e Esmeralda. Você tem que acreditar!

Agripina não sabia o que dizer. O marido lhe parecia sincero, e ela bem conhecia a fama daquela arquiduquesa. Era mesmo bem capaz que ela o houvesse comprado. Ele, de uns tempos para cá, sempre aparecia em casa com dinheiro, muito mais do que ganharia em sua carreira de capitão. E depois, vendo o marido ali, jogado no chão, a seus pés, vencido e humilhado, chorando feito uma criança desamparada, não teve dúvidas. Nicanor falava mesmo a verdade. Fora vítima inocente daquela devassa. Era preciso vingar-se dela, mas como? Agripina reconhecia o seu poder e precisava agir com cautela. Ela se abaixou ao lado de Nicanor e o abraçou, sussurrando em seu ouvido:

— Não se preocupe, acredito em você. Mas aquela víbora há de nos pagar.

Nicanor estreitou-a com emoção. Não suportaria perdê-la. E depois, havia mesmo dito a verdade. Ou quase toda. Apenas lhe omitira o fato de que ele e Luísa haviam se tornado amantes ainda no navio, e que ela não precisara de nenhum esforço para conquistá-lo. Mas, o que fazer? Ele já estava havia alguns dias no mar, longe de casa e da esposa, o corpo ansiando pelo ardor de uma mulher. Nicanor era homem e não via mal algum em se divertir com mundanas. Eram apenas mulheres de vida fácil, com as quais não mantinha nenhum envolvimento amoroso ou duradouro. Em geral, via-as apenas uma única vez, sempre que estava longe de Agripina, e depois se livrava delas.

Mas com Luísa fora diferente. Ela era uma dama, mais do que isso, uma arquiduquesa, e ele não poderia se desfazer dela como se ela fosse uma rameira. E depois, ela se apaixonara e não queria deixá-lo ir. Que outra saída tinha ele senão conformar-se e aceitar suas imposições? Mas agora estava livre. Apesar do ódio que sentia de Luísa, Nicanor pensou que o melhor a fazer seria esquecê-la.

— Posso pedir transferência para outro porto qualquer — sugeriu ele, esperançoso. — Podemos prosseguir com a nossa vida longe da corte e das maldades de Luísa.

— Não — disse Agripina, incisiva. — Para onde iríamos? Você bem sabe que o porto mais próspero de Portugal é o de Lisboa. E depois, gosto da corte. Não seria justo termos que nos afastar daqui por causa daquela ordinária.

Nicanor não insistiu. Faria como ela quisesse, desde que ela não o abandonasse.

No dia seguinte, Nicanor apresentou-se para retomar o seu posto de capitão e, duas semanas depois, embarcava em nova viagem a Calicute. Vendo-se sozinha, Agripina pensou em começar a agir. Lembrou-se do pergaminho que o senhor Carlos Castanheira lhe dera e foi buscá-lo. Ela o amassara, mas não o jogara fora. Chegou a atirá-lo na lareira, mas o apanhou de volta, antes que o fogo o consumisse.

De posse do endereço de Carlos, Agripina chamou a carruagem e ordenou ao cocheiro que a levasse lá. Carlos não estava, e ela foi informada de que poderia encontrá-lo em casa de sua prima, a arquiduquesa de Linhares, onde estava passando uma temporada sem data prevista para retorno.

A informação não surpreendeu Agripina. Carlos só podia ser amante de Luísa, e um amante despeitado, o que justificava a sua atitude. Quando ela o trocou por Nicanor, Carlos teve que engolir a raiva e o ciúme, mas resolveu vingar-se delatando os amantes. Só que agora, depois do rompimento dos dois, Luísa provavelmente voltara para os braços de Carlos, o que era uma pena. Agripina pensava que poderia contar com os favores de Carlos para arquitetar um plano de vingança contra a arquiduquesa, mas isso agora parecia impossível. Se eles fossem mesmo amantes, Carlos jamais a ajudaria a fazer alguma coisa contra Luísa.

Agripina voltou para casa desalentada. O que faria para vingar-se daquela mulher? Ao entrar, foi logo recepcionada pela filha, que a recebeu com o carinho de sempre. Esmeralda era uma menina pura e meiga, e seu amor fez com que Agripina, por alguns momentos, se esquecesse de seus problemas.

— Gostaria de dar um passeio? — perguntou ela a Esmeralda. — Está uma linda manhã.

— Oh! Mamãe, eu adoraria!

Agripina deu ordens à criada para que arrumasse a filha. Ela precisava sair, respirar ar puro, distrair-se. Nada melhor do que um passeio ao ar livre para desanuviar as ideias. Andaram um pouco de carruagem, até que Agripina mandou que o cocheiro parasse. Iriam caminhar. Desceu do carro em companhia da filha e da ama-seca, e puseram-se a andar lado a lado. Esmeralda ia satisfeita, correndo atrás dos passarinhos, sempre com a criada em seu encalço.

— Esmeralda, cuidado! — gritava a mãe.

Mas Esmeralda não a ouvia. Ia correndo e saltitando, e nem se dava conta do caminho por onde pisava. Até que, inadvertidamente, deu um encontrão num senhor que ia passando e desabou no chão. Agripina correu para ela, mas a menina não se ferira. Apenas alguns arranhões no cotovelo, no qual se apoiara ao cair. O homem em quem esbarrara, já de uma certa idade, abaixado a seu lado, parecia examiná-la.

— Está tudo bem — disse ele a Agripina. — Não aconteceu nada de mais.

— Esmeralda, minha filha, devia olhar por onde anda. Poderia ter-se machucado ou machucado o cavalheiro.

— Oh! Não, senhora — objetou o homem. — Sou eu quem lhe deve desculpas. Vinha distraído...

— O senhor é muito gentil, mas sei que a culpa foi de Esmeralda...

— Em absoluto. E, se me permite, gostaria de acompanhá-las até em casa.

— Muito obrigada, mas isso não será necessário. Nossa carruagem está bem ali atrás.

Ele seguiu a direção em que o dedo dela apontava e viu a carruagem parada um pouco mais abaixo.

— Ainda assim, senhora, insisto em que me deixe acompanhá-la.

Agripina não discutiu mais. O homem estava apenas tentando ser gentil, e ela não queria parecer mal-educada. Ele estendeu o braço para ela, e foram caminhando em direção ao coche. No caminho, iam conversando:

— Deixe que me apresente, madame. Sou o marquês de Avis, médico, a seu dispor.

— Muito prazer, marquês — disse ela com um sorriso. — Meu nome é Agripina Vasconcelos, e essa é minha filha Esmeralda.

— É um prazer conhecer uma mocinha tão linda.

— Obrigada — respondeu Esmeralda, envergonhada.

Alcançaram a carruagem e já iam se despedindo, quando o marquês acrescentou:

— Não gostariam de ir almoçar em minha casa?

— Oh! Não — recusou Agripina. — Não queremos incomodar.

— Não será incômodo algum, e minha mulher ficaria extremamente feliz em receber a sua visita. E depois, será uma forma de compensá-las pelo pequeno incidente de há pouco.

— Muito obrigada pelo seu convite, mas não podemos.

— Por que não? Porque mal nos conhecemos? Ora, dona Agripina, mas o que é isso? Já sou um velho, e minha esposa não vai se importar. Ao contrário, tenho certeza de que isso a alegrará.

Agripina pensou por alguns minutos. Aquele marquês talvez tivesse vindo bem a calhar. Ele era um nobre e deveria conhecer toda a nobreza de Lisboa. E quem sabe não conheceria também a arquiduquesa de Linhares? Esse pensamento a animou, e ela acabou por aquiescer:

— Se é assim, está certo. Aceito o seu convite.

Dali partiram para a residência do marquês, que ficava apenas duas ruas abaixo. Era um bonito castelo, e elas foram recebidas com honra e cortesia. A marquesa de Avis era uma senhora muito polida e gentil, e logo encantou-se com Esmeralda. Havia perdido a filha, muitos anos atrás, quando ela era ainda pequenina, e nunca engravidara novamente. Por isso, ao ver Esmeralda, seu coração se enterneceu, e ficou encantada com a menina. Além disso, era alegre, inteligente e educada, e a marquesa sentiu-se muito à vontade em sua companhia.

No decorrer do almoço, Agripina esperava a chance de introduzir o assunto sobre a arquiduquesa, para ver se eles a conheciam. O marquês, sem de nada desconfiar, ia perguntando:

— E o seu marido, senhora, o que faz?

— Meu marido é capitão da nau Santa Isabel.

— Um capitão? Deve ser muito interessante.

— É, sim. Atualmente, ele faz viagens de Lisboa a Calicute, trazendo especiarias e alguns passageiros. Está viajando neste exato momento.

— A senhora deve se sentir muito só, não é mesmo? — indagou a marquesa, penalizada.

— Às vezes. Mas já estou acostumada.

— E quando ele vai estar de volta?

— Dentro de um mês, creio eu.

O marquês olhou para a mulher, que aquiesceu, e prosseguiu:

— Sabe, dona Agripina, daqui a um mês e meio, mais ou menos, nós faremos cinquenta anos de casados.

— É mesmo? Mas que maravilha!

— É, sim — acrescentou a marquesa. — Quando nos casamos, eu tinha dezoito anos, e ele, vinte e três. Teríamos sido muito felizes, não fosse a perda de nossa filhinha.

Os olhos da marquesa se encheram de lágrimas, e Agripina falou com pesar:

— Sinto muito.

— Isso é passado, e nós temos que viver o presente, não é mesmo?

— É... é, sim.

— Bom, como minha esposa ia dizendo, em breve completaremos cinquenta anos de casados e planejamos dar uma bonita festa em nosso castelo no campo.

— Uma festa?

— Será uma semana só de festas. Durante o dia, as caçadas. À noite, o baile. Gostaríamos que estivessem presentes.

Agripina olhou-os atônita. Não sabia o que dizer. Aquele convite era uma honra, e ela não tinha como recusar. Mas estava sem jeito e respondeu acanhada:

— Um convite como esse é uma honra, ainda mais partindo de pessoas tão ilustres. No entanto, não sei se meu marido concordará.

— Ora, por favor, convença-o. Ficaríamos muito felizes com a sua presença, ainda mais com a presença da pequena Esmeralda.

Esmeralda sorriu satisfeita e virou-se para a mãe, quase implorando:

— Oh! Por favor, mamãe, vamos! Aceite. Por favor, diga que sim!

— Não sei, minha filha...

— Ora vamos, dona Agripina — insistia a marquesa. — Tenho certeza de que se divertirão muito. Toda a nobreza de Lisboa estará presente.

Aquela notícia era maravilhosa. Toda a nobreza de Lisboa incluía a arquiduquesa de Linhares. Agripina sabia da reputação de que Luísa gozava. No entanto, não havia nobre ou fidalgo na corte que não a chamasse para as festas. Mas ela precisava se certificar. Tentando conter o nervosismo, perguntou à queima-roupa:

— A arquiduquesa de Linhares estará presente?

— Dona Luísa? Por que pergunta?

— Bem, é que a conheci em uma festa em sua casa, logo que voltou a Lisboa. Ela fez a travessia no navio de meu marido.

— Mas que coincidência! — espantou-se a marquesa. — Nós também estávamos nessa festa. Pena que não fomos apresentados.

— É, é uma pena.

— Mas também, havia tanta gente... — lamentou o marquês.

— A arquiduquesa é sua amiga? — indagou a marquesa.

— Não exatamente. É que a arquiduquesa foi tão gentil nos convidando para sua festa...

— Pois não se preocupe. Dona Luísa é amante ardorosa das caçadas e nunca deixa de comparecer a uma festa. Com certeza, estará presente.

Agripina se despediu dos Avis, exultante. Aquilo fora uma extraordinária coincidência! Seu plano começava a dar certo. Em breve teria aquela ordinária em suas mãos, e aí sim, poderia ultimar sua vingança.

CAPÍTULO 19

Sentado em sua cabine na nau Santa Isabel, Nicanor ia pensando. Como Agripina descobrira sobre seu envolvimento com Luísa? O romance era secreto, não o partilhavam com ninguém. Não frequentavam juntos a sociedade, não se exibiam em público, não iam a lugares comuns. Alguém lhe contara. Mas quem? Teria sido Carlos? Ou Miguel? Os dois eram os únicos que conheciam toda a história. Ou teria sido algum antigo apaixonado de Luísa, que os descobrira por acaso e resolvera se vingar? Ao que sabia, ele não possuía inimigos, mas Luísa...

Nicanor, no entanto, estava quase certo de que o responsável fora Miguel. Desde o dia em que Agripina lhe revelara que sabia toda a verdade, o criado havia desaparecido. Ela lhe dissera que Miguel havia roubado suas joias e fugido, mas não permitira que Nicanor fosse atrás dele. Aquilo tudo era muito estranho. Como Miguel teria tido a chance de penetrar nos aposentos de Agripina para roubá-la sem que ela percebesse? E por que Agripina não queria que ele encontrasse o ladrão?

Essas indagações o iam incomodando cada vez mais. No fundo, Nicanor achava que a esposa havia dado as joias a Miguel em troca de uma informação, e o serviçal, movido pela ganância, lhe contara a verdade. Mas o que teria desencadeado a desconfiança de Agripina? Aquilo tudo já não importava mais. A única coisa que tinha importância era o fato de que havia se livrado de Luísa, e Agripina o perdoara.

Em breve a nau atracou no porto de Lisboa, e Nicanor, após cumpridas as obrigações que o cargo requer, partiu logo para casa. Sentia saudades da esposa e da filha, e ansiava por estreitá-las em seus braços. Quando chegou a casa, Agripina o esperava, torcendo as mãos nervosamente. Estava próximo o dia da festa do marquês e da marquesa de Avis, e ela temia que Nicanor não chegasse a tempo.

Colocado a par da situação, Nicanor não quis aceitar o convite. Afinal, tratava-se de um casal que eles mal conheciam e que talvez só os tivesse convidado por educação ou cortesia. Mas Agripina insistia em ir. Não importava qual era o motivo do convite, mas sim o convite em si. Nicanor não se sentia em posição de negar nada a Agripina e acabou aceitando, sem nem imaginar que pudesse encontrar Luísa em meio aos demais convidados.

Dali a dois dias, partiram os três para o castelo do marquês. Foram recepcionados com muita distinção e acomodados em aposentos confortáveis e luxuosos. Agripina e Nicanor ocuparam um quarto, e Esmeralda foi colocada no aposento ao lado. Depois de instalados, desceram para conhecer a propriedade. O castelo era imenso e muito bem-cuidado, e Esmeralda logo se sentiu à vontade para correr e se juntar às outras crianças. A marquesa informou-os de que não havia perigo e que eles podiam deixar a menina à vontade, pois havia pajens em profusão, com ordens de não descuidar das crianças.

Vendo a filha partir animada junto com outras crianças, Agripina e Nicanor foram passear pelos jardins, livres de qualquer preocupação. Voltaram perto da hora do almoço, que seria servido no terraço, e levaram um choque com a cena que viram. Sentada a uma mesa, estava a arquiduquesa de Linhares, tendo no colo, nada mais, nada menos, do que a pequena Esmeralda, que parecia maravilhada com algo que ela lhe contava.

Nicanor pensou que iria desmaiar. Sua primeira reação foi tentar fugir. Virou-se para a mulher e foi logo se desculpando:

— Sinto muito, querida, jamais poderia imaginar uma coisa dessas. Vamos pegar Esmeralda e partir daqui o quanto antes.

— Não tenha tanta pressa — retrucou Agripina, com um brilho estranho nos olhos.

— Como não? O que foi que deu em você? Não podemos ficar aqui.

— Podemos e vamos ficar.

— Por quê? Não entendo. Quer se sentir humilhada?

— Quem foi que disse que vou me sentir humilhada? — ante o olhar atônito de Nicanor, ela chamou: — E agora venha. Vamos procurar onde nos sentarmos.

Lembrando-se de que Agripina havia dito que gostaria de reencontrar a arquiduquesa, a marquesa de Avis colocou-a junto a ela, e Luísa levou um susto ao vê-los aproximar-se. Abriu a boca, espantada, e já ia falar quando Agripina, fingindo de nada saber, adiantou-se:

— Alteza, que prazer revê-la. Lembra-se de mim? — a outra fingiu puxar pela memória, e ela acrescentou: — Sou Agripina, esposa do capitão Nicanor, em cujo navio a senhora voltou de Calicute. Estive em sua casa uma vez. Não se lembra?

Um tanto quanto desconcertada, Luísa estudou a mulher à sua frente. Lembrava-se muito bem dela, mas o que fazia ali? Tentando aparentar desinteresse, respondeu:

— Lembro-me vagamente...

— Dona Luísa — chamou Esmeralda — , essa é minha mamãe, e aquele é papai.

Luísa quase derrubou a menina no chão. Então aquela garotinha encantadora era filha de Nicanor? Que peça o destino lhe pregava! Apesar de seu temperamento livre e despojado, Luísa sempre sonhara ser mãe, mas o destino jamais a agraciara com a maternidade. Quando viu Esmeralda ali, correndo entre as mesas em companhia de outras meninas, seu coração se enterneceu, e ela a chamou para junto de si, oferecendo-lhe um copo de refresco. Começaram a conversar, e Esmeralda lhe contou que os pais estavam passeando pela propriedade, mas Luísa nem se lembrou de perguntar os seus nomes. E agora... Era preciso manter a calma e a naturalidade, e ela falou:

— É mesmo, meu bem?

Nisso, a marquesa veio chegando, um sorriso de satisfação no rosto, dizendo com alegria:

— Vejo que já se encontraram.

Vendo o ar de interrogação de Luísa, Agripina tratou logo de dizer:

— Perdoe-me o atrevimento, Alteza, mas disse à marquesa que a conheci em uma festa em sua casa, e ela acabou por me colocar junto à senhora. Importa-se?

— Não, claro que não. Por que me importaria?

De longe, Carlos os olhava desconfiado. Jamais poderia esperar ver o capitão ali, ainda mais em companhia da esposa. Agripina não podia suspeitar de nada. Quando fora à sua casa, não lhe contara o nome da amante de seu marido, e ela não poderia adivinhar. Com certeza, aquilo era apenas uma coincidência. Juntando coragem, Carlos partiu para seu lugar. Fora acomodado ao lado de Luísa e não iria abrir mão de sua companhia. Ainda mais com aquele capitãozinho por ali.

Vendo Carlos aproximar-se, Agripina olhou-o de soslaio. Ele percebeu o seu olhar, mas não disse nada. Agiu como se não a conhecesse, sentou-se ao lado de Luísa e comeu. Durante todo o tempo em que estiveram ali, Carlos ficou à espera de que Agripina o procurasse para lhe perguntar alguma coisa, mas ela nada fez, e ele concluiu que ela ou não se lembrava mais dele, ou não acreditara na história que lhe contara. Melhor assim. Não queria ter que se preocupar com ela. Já bastava a preocupação com Nicanor.

Luísa não estava mais interessada em Nicanor. Ao contrário, queria-o longe de suas vistas. À exceção de Carlos, Luísa tomava verdadeira aversão a seus ex-amantes. Eram excelentes quando lhe serviam, porém, uma vez terminada a relação, a presença deles a incomodava. E agora, via-se obrigada a tolerar a companhia de Nicanor e daquela mulher horrorosa.

Depois do almoço, Luísa tratou de manter distância de Nicanor e Agripina. Só não conseguia se afastar de Esmeralda. A menina era maravilhosa. Tão meiga, linda, educada. Era uma verdadeira preciosidade. Luísa pensou que Nicanor fosse afastar a filha de sua companhia, mas isso não aconteceu, talvez para não despertar a atenção de Agripina.

Durante o baile, Luísa permaneceu distante, somente dançando com Carlos, e Nicanor só tinha olhos para Agripina. Todas as noites, depois que os convidados se retiravam para seus aposentos, Carlos ia ao quarto de Luísa, e os dois se amavam intensamente. Ela era viúva, e não ficava bem que fossem vistos partilhando a mesma cama. Por isso, Carlos chegava depois que todos já haviam ido dormir e saía antes que acordassem.

No dia seguinte e no outro, tudo aconteceu da mesma forma. Pela manhã, iam à caçada. Em seguida almoçavam, faziam a sesta, jantavam, desciam para o baile e se recolhiam. Carlos continuava a ir ao quarto de Luísa, sem que ninguém percebesse. Aos poucos, Luísa começou a relaxar. Parecia que Agripina não desconfiava de nada e, com exceção da hora do almoço, em que haviam sido colocadas juntas, quase não se falavam. E Nicanor sequer trocava olhares com ela.

Só Esmeralda a encantava. Gostava da companhia da menina. Levava-a para passear, contava-lhe histórias, dava-lhe presentes. Nicanor não aprovava essa amizade, mas Agripina parecia não se importar.

— É para não despertar a atenção — dizia. — Se a privarmos da companhia da arquiduquesa, todos desconfiarão.

Nicanor se calava. Talvez ela tivesse razão. A amizade entre elas era natural, e não havia motivo aparente para impedi-la. Se ele começasse a afastar a filha de Luísa, as pessoas poderiam pensar que havia alguma rivalidade entre eles, e isso as levaria a suspeitar de que ele fora mais um de seus amantes, usado e depois dispensado como qualquer serviçal.

Era sábado, véspera da partida para Lisboa. Aquele era o último dia que Agripina teria para concretizar sua vingança. A festa havia sido maravilhosa, e o baile terminara mais tarde do que o usual. Quando todos se recolheram, já passava das duas horas da manhã, e uma chuva grossa desabou sobre o campo, com raios e trovões se espalhando pelo céu.

Em seu quarto, Esmeralda tremia. Tinha pavor de tempestades, não suportava o ribombar dos trovões. Acordou assustada, e a claridade que vinha da janela, fruto dos raios que rasgavam o céu, impediu-a de conciliar o sono novamente. Pensou em ir ao quarto dos pais, mas desistiu. Eles podiam estar fazendo *aquelas coisas* e, na certa, ralhariam com ela. Esmeralda lembrava-se de que uma vez, durante uma tempestade como aquela, surpreendera-os enquanto se amavam. Ela não entendera o que se passava entre eles, mas ainda se lembrava da bronca que levara por haver entrado em seu quarto àquelas horas. Temendo nova repreensão, desistiu de ir procurá-los. O que fazer? O medo não a deixaria dormir, e ela ainda corria o risco de urinar na cama. Sempre urinava quando sentia medo. Não conseguia se controlar.

De repente, um raio caiu bem próximo ao castelo, e o barulho do trovão que o acompanhou estremeceu as paredes. Esmeralda estava agoniada. Não podia mais ficar ali. Completamente apavorada, levantou-se da cama rapidamente e correu porta afora, saindo para o corredor, que recebia a luz bruxuleante dos relâmpagos que atravessavam o vitral no final da galeria. Descalça e com frio, correu em direção ao quarto de Luísa e escancarou a porta. Esta havia acabado de deitar-se para esperar a visita de Carlos e pensou que fosse ele, chegando. Vendo Esmeralda parada na porta do quarto, pálida feito cera, em lágrimas, Luísa sobressaltou-se. Levantou-se e a abraçou, conduzindo-a para sua cama. Ela estava gelada, e Luísa acomodou-a sob as cobertas.

— O que foi que aconteceu, Esmeralda? — perguntou ela carinhosamente.

— Oh! Dona Luísa, tenho medo! Por favor, deixe-me ficar aqui! Não me mande de volta a meu quarto, por favor!

— Você tem medo de quê? Da tempestade? — Esmeralda assentiu, afundando a cabeça entre os travesseiros.

— É horrível! Assustador!

Luísa sorriu e acariciou os cabelos da menina.

— E seus pais, onde estão?

— Eles... eles... não gostam que eu os interrompa... — calou-se, com medo de estar contando algo que não deveria.

— Está tudo bem — tornou Luísa, abraçando-a com carinho.

— Você pode ficar aqui.

— Eu posso? — repetiu Esmeralda, limpando os olhos.

— É claro. Não se preocupe. São só raios e trovões. Não podem feri-la.

Sentindo-se segura, Esmeralda acomodou-se na cama de Luísa e logo adormeceu. Pouco depois, Carlos, como sempre fazia, entrou nos aposentos de Luísa para sua habitual noite de amor. Assim que ele despontou na porta, Luísa levou o dedo aos lábios, fazendo sinal para que não fizesse barulho. Vendo a menina ali adormecida, ele olhou interrogativamente para Luísa. Lentamente, ela ajeitou a menina e se levantou. Pegou a mão de Carlos e saiu, dizendo bem baixinho:

— É Esmeralda. Está com medo, mas consegui fazê-la dormir. Venha, vamos para o seu quarto hoje.

Carlos não contestou. Corpo ardendo de desejo, seguiu com ela para seus aposentos e trancou a porta, atirando-se na cama e beijando-a avidamente. Nada mais importava naquele momento. Carlos só pensava em Luísa, e Luísa só pensava em Carlos.

Lá pelas três e meia, a porta do quarto de Agripina se abriu vagarosamente. A tempestade começava a diminuir, e os trovões estouravam à distância. Nicanor, em seu leito, dormia a sono solto e nem percebeu que a mulher se ausentara. Agripina olhou de um lado para outro, vendo se havia alguém por ali, mas não havia ninguém. Todos estavam dormindo. A noite fora agitada, e o vinho, consumido além do normal. Ninguém despertaria, ainda mais com uma tempestade como aquela.

Em silêncio, Agripina se dirigiu ao quarto de Luísa, levando na mão o punhal de prata que trouxera consigo, presente de Nicanor numa de suas muitas viagens a Calicute. Lentamente, empurrou a porta, que cedeu facilmente. Ela entrou na ponta dos pés e aproximou-se da cama. Ali dormia a rival, pensava, a mulher que quase desgraçara a sua vida, espicaçando o seu orgulho. Tamanho era seu ódio que nem percebeu que o corpo ali deitado não era o de um adulto, mas de uma criança e, pior, de sua própria filha. Agripina apenas via longos cabelos louros esparramados sobre o travesseiro, e isso já era suficiente para acreditar que fosse Luísa.

Chegou mais perto e levantou o punhal, assustando-se com um raio que caíra mais próximo. Por uns segundos, ainda hesitou. Não era uma assassina, mas o ódio e o ciúme a haviam levado àquele extremo. Aquela mulher era uma devassa. Quantos lares já não havia desfeito com a sua luxúria desenfreada? Matando-a, estaria livrando o mundo de mais uma cortesã, que só servia para destruir o coração e o lar de mulheres inocentes feito ela.

Pensando nisso, encheu-se de coragem e, com a violência própria dos imprudentes e irascíveis, desferiu o primeiro golpe, ouvindo um gemido abafado, que só fez aumentar o seu desejo de vingança. Sentiu na mão a fraca resistência da carne, que logo cedeu à fúria da lâmina. Depois da primeira facada, o resto se tornou mais fácil, e Agripina continuou desferindo sucessivos golpes naquela que pensava ser sua maior inimiga, sem nem se dar conta de que apunhalava a própria filha.

Vendo que o corpo ali deitado jazia agora inerte, o sangue se espalhando sobre a alvura dos lençóis, Agripina deu-se por satisfeita e preparou-se para sair. Já estava na porta quando um desejo mórbido de ver o rosto da morta fez com que se voltasse. Queria ver a face exangue de Luísa, seu olhar vidrado, sem expressão, seu corpo perfeito retalhado pelas facadas. Daria uma olhada e sairia, antes que alguém acordasse.

Aproximou-se da cama novamente, pé ante pé. Nesse momento, por uma estranha coincidência, os raios começaram a desabar sobre o castelo, sua luz azulada penetrando por entre as cortinas mal cerradas. Agripina colocou a mão sobre o corpo da morta, respirou fundo e puxou-o, virando-o no exato instante em que novo relâmpago, descendo do céu com fúria vertiginosa, clareava a cama de Luísa. Foi o suficiente para que Agripina pudesse ver, em lugar da rival, o rosto inocente e sem vida da filha, olhando para ela com olhos baços, no rosto uma indefinível expressão de surpresa e dor.

Agripina recuou aterrada, encostando-se na parede e escondendo o rosto entre as mãos. Instantaneamente, começou a gritar feito louca, atraindo a atenção de todos no castelo. Percebendo que os gritos partiam do quarto da arquiduquesa, todos correram para lá, e foi a própria Luísa a primeira a chegar, temendo que alguma desgraça tivesse sucedido à pequena Esmeralda. Nicanor chegou pouco depois. Vendo aquela cena horripilante, começou a chorar convulsivamente, atirando-se sobre o corpo da filha e chamando-a pelo nome:

— Esmeralda! Esmeralda! Fale comigo, filhinha! É o papai. Fale comigo, por favor!

O marquês, condoído e chocado, acercou-se dele e, pousando a mão sobre seu ombro, disse com profundo pesar:

— Ela está morta, meu filho.

— Morta? Não, não está morta. Não pode estar. Só tem dez anos. Que mal fez ao mundo para estar morta? Vamos, filhinha, acorde, fale com o papai. É o papai. Acorde, Esmeralda, por favor, acorde...

Todos estavam por demais condoídos para falar qualquer coisa. À luz dos candelabros, o rosto de Esmeralda ia empalidecendo cada vez mais, demonstrando a lividez da morte. As mulheres choravam, e até Luísa, normalmente insensível à dor alheia, não conseguiu conter as lágrimas. A comoção era tanta que ninguém se deu conta de que, encostada na parede oposta, Agripina olhava aquela cena com olhar vidrado, como que alheia ao que estava se passando. Foi só quando ouviram um baque surdo que olharam em sua direção, bem a tempo de ver o seu corpo tombando inerte no chão, segurando na mão o punhal, ainda sujo do sangue da filha.

A justiça dos homens condenou Agripina à reclusão perpétua em um sanatório distante. Não fosse tão evidente a sua loucura, teria sido executada. Mas Nicanor, que sempre servira à Coroa com fidelidade e dedicação, conseguira livrá-la da pena de morte, com a condição de que fosse encerrada para sempre num hospício.

Nicanor ficou arrasado. A vida para ele não fazia mais sentido. No entanto, amava ainda a mulher e sentia-se responsável por tudo aquilo. O romance entre ele e Luísa tornou-se público, e ficou claro para todo mundo que Agripina matara a filha pensando matar a arquiduquesa. Quanto mais pensava nisso, mais Nicanor se sentia culpado, certo de que fora graças a ele que a mulher se tornara uma assassina. Atribuía a si a culpa pela morte da filha, julgando Agripina apenas uma vítima de sua traição.

Agripina, por sua vez, enlouqueceu no exato instante em que viu o rosto sem vida de Esmeralda. Desde então, passou a considerar-se a mais abominável das criaturas e chegou a pedir, para si mesma, a execução. Cometera o mais hediondo dos crimes e não merecia perdão. Merecia, sim, o escárnio público, a execração, o exílio. Quando soube de sua sentença, Agripina respirou aliviada. Seria trancafiada para sempre num lugar onde só teria que conviver com sua culpa e sua dor.

Com o tempo, a saúde de Agripina foi-se deteriorando. Não conseguindo livrar-se da culpa, foi-se fechando cada vez mais em si, julgando-se indigna até mesmo da piedade alheia. Aos poucos, seu corpo começou a se modificar, e suas costas foram se curvando, como se ela desejasse enterrar-se em seu próprio peito, sufocando a dor que a torturava. Não demorou muito e a curvatura acentuada em suas costas foi evoluindo para horrenda corcunda, que lhe dava um ar de grotesca caricatura. Agripina já não conseguia suportar a vida e passou a não aceitar mais o tratamento que os enfermeiros da instituição em que fora internada lhe ofereciam. Em breve começou a recusar alimento e água, e seu corpo, já tão fragilizado, não resistiu a uma simples gripe. Agripina desencarnou, levando consigo profundo sentimento de culpa, que a acompanhou durante séculos, fazendo com que se sentisse uma aberração da humanidade.

Com a morte de Agripina, Nicanor ficou aniquilado. Já não tinha mais nenhuma razão para viver. Perdera as únicas pessoas no mundo a quem realmente amara. Entregue a profundo abatimento, deixou-se dominar pelo desgosto. Abandonou o navio no qual servira durante tantos anos e trancou-se dentro de casa. Despediu os empregados e recusava-se a receber quem quer que fosse. Não raras eram as vezes em que era visto vagando a esmo pelas ruas, sem direção, como que perdido em seu próprio mundo de sofrimento. O dinheiro, que já não era muito, logo foi escasseando, e Nicanor viu-se obrigado a vender seus pertences para sobreviver. Era um covarde, não tinha coragem de dar cabo da própria vida e passava os dias a esperar que a morte se lembrasse dele e o fosse buscar, sem que tivesse que desferir em si próprio o golpe fatal.

Certa feita, perambulava pelas ruas quando um senhor chamou sua atenção. Alto, bem-vestido, cabelos grisalhos, desceu de uma carruagem e entrou em uma casa grande e bonita, mais parecendo um palacete. De onde conhecia aquele homem? Puxando pela memória, acabou se lembrando. Era Miguel, seu antigo camareiro. O que estaria o cafajeste fazendo ali? A imagem de Miguel lhe trouxe à tona toda a lembrança de sua tragédia, e ele se encheu de ódio. Com certeza, fora ele quem contara tudo a Agripina.

Apesar de sujo e malcheiroso, Nicanor foi bater à porta do palacete. Foi recebido pela criadagem, que não o deixou entrar, e ele se pôs a gritar:

— Deixem-me passar! Saia da minha frente, corja! Sou o capitão Nicanor e exijo que me deixem falar com Miguel!

O senhor era mesmo Miguel, que, ouvindo aquelas palavras, acorreu de imediato. Ao dar de cara com o ex-amo ali parado, agarrado pelos criados, bufando e esbravejando feito louco, sentiu uma pontada no coração. Acabara de chegar de viagem e não estava a par de nada do que sucedera. O que teria acontecido para deixar o senhor Nicanor naquele estado? Teria sucedido alguma tragédia? Embora nada soubesse acerca do triste desenlace de Esmeralda e Agripina, sentia que uma desgraça se abatera sobre aquela família, e o remorso que há tantos anos vinha sufocando, de repente aflorou em seu coração.

Miguel mandou que os criados o soltassem, e Nicanor entrou, encarando-o desconfiado. A mansão era um luxo só, e Nicanor se encheu de ódio. Partiu para cima do outro e agarrou-o pelo colarinho, ao mesmo tempo em que vociferava:

— Canalha! Monstro! Vai me pagar por tudo o que me fez sofrer!

Imediatamente, Nicanor foi agarrado por trás e derrubado ao chão, subjugado pelos empregados da casa.

— Quer que chamemos os guardas? — perguntou um deles.

— Isso não será necessário — respondeu Miguel, compadecido. — Soltem-no. Ele não me fará nenhum mal.

Ainda que contrariados, os serviçais soltaram Nicanor, que se pôs de pé e o encarou com ódio, os olhos injetados de sangue.

— Maldito!

Antes que Nicanor o agarrasse novamente, Miguel retrucou com calma:

— Por que não se senta e ouve o que tenho a dizer?

Nicanor estacou. Embora desconfiado, cerrou os punhos e se sentou. Agora conheceria a verdadeira identidade de seu delator. Vendo-o sentado e mais calmo, Miguel sentou-se à frente dele e indagou:

— Promete que não me fará nenhum mal? — Nicanor aquiesceu. — Posso confiar em você?

Com a voz vibrante de ódio, ele respondeu:

— Sim. Tem a minha palavra.

Miguel deu ordens para que a criadagem se retirasse, olhou bem fundo nos olhos de Nicanor e começou a dizer:

— Antes de qualquer coisa, quero que saiba que o estimo muito e que nunca desejei o seu mal.

— Deixe de fazer rodeios e vá direto ao assunto. Quero saber a verdade. Foi você quem contou a Agripina sobre meu romance com Luísa?

Apesar de arrependido, Miguel tinha medo da reação de Nicanor ao saber a verdade. Embora desconhecesse o final daquela história, podia perceber que não fora nada feliz. Pelo estado de Nicanor, ele estava praticamente na miséria.

Na ocasião em que tudo se passara, Agripina vendera todas as suas joias e lhe dera considerável importância, com a qual começara vida nova. Usando a inteligência, triplicara o capital e tornara-se um homem rico. Passara quase todo aquele tempo na Espanha, longe dos rumores de Lisboa, até que a saudade da terra natal fez com que voltasse para casa. Havia pouco que chegara, comprara aquele palacete e se instalara. Apesar de suas posses, não se casara e não queria terminar os seus dias sozinho, longe de seus conterrâneos.

Miguel fitou Nicanor tentando pensar em uma história convincente para contar. Uma história que o isentasse, ao menos parcialmente, da culpa que carregava. Bastava a sua consciência a acusá-lo. Não precisava também da ira de Nicanor. No dia em que Agripina o comprara, ele ficara sabendo a origem daquela revelação, e foi com base nas palavras dela que contou sua versão:

— Certa tarde, a senhora Agripina foi procurada por um cavalheiro, um certo senhor Carlos Castanheira, que dizia levar-lhe uma notícia importante — ao escutar aquele nome, Nicanor sentiu um estremecimento, que Miguel não percebeu, e prosseguiu: — Dizia o senhor Carlos que tinha conhecimento de que o senhor andava se encontrando com uma certa dama da sociedade, cujo nome preferia não revelar.

— Aquele canalha! Eu deveria imaginar!

Miguel fez um gesto para que ele se acalmasse e retomou a palavra:

— Depois que ele se foi, dona Agripina me procurou. Eu era seu criado de confiança, e não era crível que não soubesse de nada. Disse-lhe que não, que o senhor lhe era fiel e que não tinha outra mulher. Mas o senhor Carlos havia-lhe deixado o endereço, e sua esposa, não satisfeita com a minha resposta, foi procurá-lo, e ele acabou por lhe contar sobre dona Luísa. Em troca, ela deveria manter em segredo a identidade de seu informante.

— Miserável!

Nicanor ergueu-se de chofre, sendo novamente contido por Miguel, que fez com que tornasse a se sentar.

— Depois disso, ela mandou me chamar. Disse que já sabia o nome da mulher, e que eu estava proibido de revelar ao senhor o nome do senhor Carlos. Eu lhe assegurei que nada falaria, mas que, se o senhor desconfiasse de mim, eu me veria obrigado a lhe contar tudo, o que ela não aceitou. Após alguns dias, apareceu-me com muito dinheiro. Havia vendido todas as suas joias, e o que apurara era mais do que suficiente para que eu fosse embora para bem longe daqui. Não tive saída. Ou aceitava, ou corria o risco de ser morto. Se não pelo senhor, pelo senhor Carlos, que voltaria sua ira contra mim. Resolvi então aceitar. Era a minha vida que estava em jogo, e eu não estava em condições de barganhar. Com o coração partido, apanhei o dinheiro e sumi.

Depois que terminou a narrativa, Miguel olhou para Nicanor pelo canto do olho, a fim de ver o efeito que suas palavras haviam provocado nele. Nicanor acreditara sem titubear. Seus olhos chispavam de ódio, e Miguel sentiu-se aliviado. Nicanor levantou-se apressadamente e se dirigiu para porta.

— Espere! — gritou Miguel.

Miguel saiu e voltou alguns minutos depois, trazendo uma bolsinha e colocando-a na mão de Nicanor. Ele fechou a mão e saiu, rumando direto para casa. Só quando chegou foi que olhou o seu conteúdo. A bolsa estava repleta de moedas de ouro, que Nicanor atirou longe. Não era dinheiro que lhe interessava. O que queria era vingança. Nicanor lavou-se, vestiu sua melhor roupa e sentou-se na sala para esperar.

Ao anoitecer, foi ao armário de armas e retirou um arcabuz. Encheu-o de pólvora, colocou a bala e guardou-o na cintura, por debaixo da capa de seda. Em seguida, dirigiu-se à casa de Luísa. Sabia que ela e Carlos se haviam casado logo após o assassinato de Esmeralda, e seria até bom que ela presenciasse a morte do marido, assim como ele fora obrigado a ver sua mulher morrendo aos pouquinhos. Bateu à porta e aguardou. Quando o criado veio atender, Nicanor o cumprimentou e disse, de forma segura e autoritária:

— Diga ao senhor Carlos Castanheira que o capitão Nicanor está aqui e pede para falar-lhe. Diga-lhe que é urgente.

Carlos e Luísa não entenderam o motivo daquela visita. Fazia muitos anos que não tinham notícias dele, e sua presença ali lhes causara imenso espanto. Mandaram que o visitante entrasse, e quando Nicanor surgiu na soleira da porta, Carlos se aproximou, perguntando com uma certa cordialidade:

— Capitão Nicanor! Que surpresa. Em que posso lhe ser útil?

Sem responder, Nicanor sacou a arma, fez pontaria e atirou. Carlos sentiu uma dor aguda no coração e colocou as mãos sobre o peito, que imediatamente se tingiu de sangue, e tombou. Estava morto. Luísa, apavorada, soltou um grito de terror e correu para ele, gritando descontrolada:

— Assassino! Assassino!

Nicanor soltou o arcabuz, virou-se para a porta e saiu. Momentos depois foi preso em sua casa. Levado a julgamento, foi condenado à morte, mas não se importava. Vingara sua mulher e sua filha, e já podia partir ao seu encontro.

Luísa, por sua vez, pensou que morreria junto com Carlos. Já não era mais nenhuma criança, e o fogo da juventude havia ficado para trás. Mas era uma mulher forte e acabou por recuperar-se. Para espantar seus fantasmas, empreendeu novas viagens. Nada melhor do que outros ares para esquecer suas dores.

Ouvira falar nas terras do Brasil, que a Coroa tratava de colonizar, distribuindo terras a fidalgos da pequena nobreza e funcionários da monarquia, e seu espírito de aventura começou a deixá-la irrequieta. Dia após dia, Luísa só pensava em vir para o Brasil. Mas como empreender tal viagem? Se, por um lado, a aventura a excitava, por outro, não lhe agradava compartilhar uma terra com selvagens e degredados. E depois, havia ainda uma grande dificuldade: era mulher, e a Coroa não costumava agraciar mulheres.

O processo de colonização, porém, se intensificava cada vez mais, e vários portugueses partiam para tentar a sorte na nova terra. Embora parte da mais alta nobreza de Portugal, Luísa tencionava partir também. Já estava cansada daquela vida e daquela gente, e tomara sua decisão. Não lhe importava que fosse mulher. Tinha dinheiro, e não lhe seria difícil arranjar-se.

Vendeu todos os seus pertences e partiu, carregando consigo enorme soma em ouro. No dia de sua partida, subiu a bordo da nau que a levaria ao Brasil e foi logo para sua cabine. Não queria se envolver com a tripulação nem com os demais passageiros. Mais tarde, quando o navio já havia zarpado, Luísa ouviu batidas na porta. Era o capitão, que vinha lhe dar as boas-vindas, seguido de um homem, jovem ainda, que entrou e fez uma reverência. Ao vê-lo, Luísa soltou um grito, e ele parou, estarrecido. Ambos mal podiam crer em seus olhos. Luísa estava diante do primeiro amor de sua vida, na época um jovem barão, com o qual não se casara por proibição de seu pai.

O jovem, de nome Bertoldo, desiludido com a perda da amada, jamais se casou e ingressou na vida marítima, tornando-se conceituado capitão a serviço da Coroa. Após muitos anos dedicados à marinha, Bertoldo decidiu que já era hora de se aposentar, e como retribuição pelos serviços prestados, recebeu terras no Brasil, para onde se mudava com a irmã viúva.

Luísa e Bertoldo se casaram logo que chegaram ao Brasil. Ela se dava bem com Inês, sua irmã, mas detestava os escravos. O Brasil passou a importá-los da África, e Bertoldo adquiriu alguns para o auxiliarem no cultivo da terra. Luísa odiava sua companhia. Julgava-os seres inferiores, criaturas sem alma e sem sentimentos. Além disso, falavam aquela língua horrorosa, que era impossível de se compreender.

Com o tempo, Luísa começou a cansar-se do Brasil. Era uma terra de selvagens, sem o luxo e a pompa de Lisboa. A aventura terminara, e só o que restava agora eram dias intermináveis, enfurnada no engenho, sem festas ou distração. A irritação era uma constante em sua vida, e Luísa passou a descontar sua insatisfação nos escravos. Humilhava-os por qualquer motivo e infligia-lhes severos castigos, como forma de compensar os dissabores que atravessava na nova terra.

Inês costumava ser mais condescendente, mas Bertoldo, vendo a irritação de Luísa, quase a igualava nos maus-tratos. Falava com os escravos somente aos berros e lhes batia por qualquer motivo. Não se importava em separar famílias nem sentia remorso quando tinha que sacrificar algum negro desobediente ou fujão.

A saudade da Corte começou a debilitar o corpo de Luísa, que culpava o Brasil e os escravos pelo seu infortúnio, e ela começou a adoecer e enfraquecer. A conselho de Inês, Bertoldo levou-a de volta a Portugal, na esperança de que ela, sentindo os ares da Corte, refizesse suas energias. Seu organismo, contudo, já debilitado pelos muitos excessos e abusos que praticara, aliados à idade que vinha chegando, não resistiu à travessia, e Luísa morreu no mar, maldizendo a vida, os escravos e o Brasil.

CAPÍTULO 20

Quando Clarissa se viu de volta à praia, olhou para Tonha com uma tristeza profunda no olhar, tentando entender o porquê de tudo aquilo.

— O passado às vezes nos ajuda a compreender a dor do presente — esclareceu Tonha bondosamente.

— Isso tudo significa que eu estou sofrendo por algo que fiz no passado? Estou pagando pelas minhas maldades? — indagou Clarissa assustada.

— Ora, vamos, Clarissa, você nem está sofrendo tanto assim. As dificuldades que atravessa são mais fruto do orgulho do que da dor. E você não está pagando por nada, nem entenda as suas atitudes como maldades. Você está apenas tentando equilibrar a balança da sua vida, para que os atos do passado e as consequências do presente gerem uma harmonia para o futuro. Ninguém age sozinho, e as vidas de todos vocês estão entrelaçadas, pois é próprio do ser humano interagir com seus semelhantes. Sem a convivência com o próximo, as experiências cairiam no vazio, porque ninguém aprende dando e recebendo só de si e para si.

— E o que tudo isso tem a ver com seu Abílio? Ele pode estar ligado a mim no passado, mas o que ele fez a dona Leonor não tem nada a ver comigo.

— O que foi que ele fez à Leonor?

— Ele cometeu um ato terrível, matou a esposa para se livrar de um estorvo...

— Quem lhe disse isso?

— Não acha que está claro?

— Não acho nada. E você também não deveria achar. A verdade nem sempre é aquilo que parece.

— Quer dizer que não foi o senhor Abílio quem matou a esposa? Mas então, quem é que foi?

— Isso eu não sei, e, se soubesse, não poderia lhe dizer. Quando acusamos alguém, na verdade, estamos tentando encobrir as nossas próprias faltas. O julgamento é algo que deve ser deixado para os recônditos da consciência, e sua única testemunha há de ser a divindade. Nós não temos o direito de julgar nem de tentar enquadrar a atitude do próximo no nosso conceito pessoal de certo ou errado.

— Sinto, vó Tonha, mas não creio que assassinato seja um conceito pessoal. Todo mundo sabe que é errado.

— Não estou dizendo que é certo. Estou apenas tentando fazer você enxergar que está fechada na sua verdade de que Abílio matou a esposa. E se não matou? E se matou? Matar não é certo nem direito, porque ninguém tem o direito de se apoderar da vida alheia. Mas você já parou para pensar que Abílio pode ter agido de forma equivocada porque acreditava que o que fazia era certo?

— Mas você mesma disse que não é certo matar!

— Eu não disse que é certo. Disse que ele pensou que era certo. Seja o que for que tenha feito, fez porque achava que era o certo. Não agiu com maldade nem egoísmo. Agiu por amor e piedade.

— Muito estranha essa maneira de amar e de ser piedoso. Espero que ele jamais me ame nem tenha piedade de mim.

— Você é muito rígida em seus conceitos e ainda bastante orgulhosa. Devia parar e olhar para dentro de si mesma.

As palavras de Tonha fizeram Clarissa refletir em sua vida e nas dificuldades que vinha atravessando desde que chegara a Cabo Frio. Acostumada a ser sempre servida, viu-se de repente obrigada a cozinhar, cuidar da casa e de uma criança, e ainda teve que suportar as grosserias de um marido frio e rude. Aquilo mexera com o seu orgulho, e ela estava tendo que passar por cima dele para continuar a viver.

— Sei que sou orgulhosa — concordou ela, num tom entre envergonhado e arrogante. — Mas a vida tem me ensinado muito, e a convivência com o senhor Abílio e os filhos acabou dobrando o meu orgulho. Mesmo não querendo, sou forçada a me curvar diante de algumas situações, principalmente porque não quero ver Angelina sofrer.

— Isso é muito bom para você. Está aprendendo a lição que veio aprender.

— Mas a que preço, não é? Seu Abílio é um homem cruel, ríspido e incompreensivo.

— Será que você acredita mesmo nisso? Ou o seu orgulho não a deixa ver o ser humano por detrás da máscara de gelo?

— Não sei... — rebateu ela, agora confusa. — Houve mesmo um momento em que duvidei da sua crueldade, por causa do seu envolvimento com Tião. Pensei que um homem que conhece o valor da amizade não deve ser assim tão ruim.

— Por que mudou de ideia?

— Não sei. Pelos seus atos, suas palavras, sua intransigência... Seu comportamento é intolerável.

— E o seu? Será que a forma como você age também não provoca nele algum tipo de reação?

— Não tenho culpa se ele sente remorso por ter matado a esposa. E não acho justo ele descontar a sua culpa em mim.

— Talvez Abílio esteja apenas reagindo à forma como você o tratou e continua tratando.

— Foi ele quem me comprou.

— E você? Também não o comprou em outra vida? Não era assim que Luísa agia quando queria algo? Ou será que já se esqueceu de tudo o que viu?

— Então, o que ele quer é vingança? É aí que está a justiça divina? Os ofendidos adquirem o direito de se vingar de seus ofensores até verem saciada a sua sede?

— Não há ofendidos nem ofensores. O que há são espíritos em crescimento interagindo e se esbarrando no mesmo universo. Luísa, com a sua atitude, provocou uma reação em Nicanor, que também é Abílio. O corpo morre, mas o espírito permanece, e a alma retém os sentimentos não resolvidos. Se os sentimentos não estão em equilíbrio, o espírito causa um desequilíbrio na vida também, e todos ao seu redor sofrem as consequências disso. É preciso, em algum momento, reajustar a balança. Isso não é vingança. É crescimento.

Mais uma vez, Clarissa via a verdade cristalina por detrás das palavras de Tonha e abaixou os olhos, envergonhada com a sua teimosia.

— Tem razão, vó Tonha, como sempre. Perdoe-me. Na verdade, eu estava tentando me defender acusando seu Abílio. Isso não é justo.

— Você também contribuiu para que as coisas tomassem o rumo que tomaram. Não se culpe por nada disso, apenas entenda. Luísa era uma arquiduquesa poderosa e arrogante, acostumada a ter o que queria e quando queria. Nicanor era um espírito ainda fraco, sem coragem de assumir as suas atitudes. E Agripina deixou-se levar pelo ciúme e o orgulho também. Em nada disso há maldade. Os comportamentos se modificam à medida que o espírito vai se depurando através das sucessivas existências, porque só com a reencarnação é que compreende e transforma os seus atos, sentimentos e pensamentos. Isso tudo faz parte do crescimento. Somos criados sem nada saber, e é encarnando e reencarnando que vamos aprendendo e conquistando os verdadeiros valores do espírito.

— Você diz palavras muito sábias, vó Tonha — observou Clarissa admirada. — Nem parece a velha escrava que conheci na fazenda.

— Para você ver o que a encarnação faz conosco. Fui escrava um dia, mas nem sempre fui assim. Já vivi outras vidas de luxo, arrogância e prazer, assim como você. Mas aprendi, assim como você também está aprendendo, e eu ainda terei muito mais a aprender no futuro.

Clarissa refletiu por alguns segundos, até que retrucou interessada:

— E Agripina? Acho que foi ela quem mais sofreu com a própria atitude, entregando-se a uma culpa avassaladora.

— Agripina jamais conseguiu se perdoar por ter matado a filha e acabou por fugir do convívio com os outros. Era uma culpa muito forte, que contaminou toda a sua alma, por assim dizer, e continuou a torturá-la no mundo invisível e novamente neste aqui. Foi isso que gerou a predisposição para a doença de que Leonor foi vítima. Agripina se colocou à margem do mundo, tentando isolar-se de seus semelhantes, exatamente como a lepra fez com Leonor e faz a todos aqueles que a contraem. Certas pessoas trazem dentro de si uma extrema dificuldade de adaptação ao mundo e de envolvimento com os que nele habitam. Tal característica acaba por manifestar-se através da doença, que corporifica a dificuldade do espírito, tornando essas pessoas discriminadas e temidas. Elas se isolam em si mesmas, e, manifestada a lepra, esse isolamento ganha proporções externas, já que elas são afastadas do convívio social pela impossibilidade de convivência com a humanidade, gerada pelo temor do contágio.

Clarissa estava emocionada, sentindo-se responsável pelo que acontecera à filhinha de Agripina.

— Eu gostava tanto de Esmeralda! — desabafou em lágrimas. — Podia ser orgulhosa, arrogante e tantas outras coisas, mas ninguém pode negar que eu realmente gostava da menina. Só Deus sabe o quanto sofri com a sua morte.

— Eu sei. E foi por isso que ela escolheu nascer junto de você, para que você a conduzisse pela vida, tal qual as mães fazem com seus filhos.

— Quer dizer que Esmeralda é... é... Angelina?

— Sim, Esmeralda é Angelina, um ser que alcançou enorme compreensão da vida e de seus processos de amadurecimento, e que aceitou reencarnar entre você e Abílio para estimulá-los à reconciliação.

— Reconciliação? Com seu Abílio? Acho que isso é impossível.

— Nada é impossível. Existem coisas difíceis e outras fáceis, mas só é impossível aquilo que realmente não se deseja.

— Admitamos que seja possível. Como você espera que façamos isso? Seu Abílio é inacessível...

— Não é, não. É tão humano quanto você, tem as mesmas carências, sonhos e desejos. Ambos são orgulhosos e não gostam de ceder, mas têm muito amor guardado no coração. Precisam apenas demonstrar esse amor, para que transformem o ódio e o ressentimento em amizade e compreensão. O que falta é alguém para dar o primeiro passo.

— E esse alguém tem que ser eu?

— Pode ser você.

— Não sei, vó Tonha. Sei que você cresceu muito espiritualmente, mas sabe-se lá quantas vidas precisou para isso. E não creio que eu consiga fazer tantas modificações numa só existência.

— Só não vai conseguir se jogar fora a oportunidade. Quando se quer, tudo se consegue. Veja Miguel, por exemplo...
— Miguel?
— Sim, Miguel, o criado. Por ambição e orgulho, traiu a confiança de seu patrão e colaborou para que se sucedesse uma série de acontecimentos lamentáveis. Não foi por outro motivo que Miguel pediu nova oportunidade para servir ao seu senhor, dessa vez como escravo, a fim de aprender o valor da lealdade e da humildade, e desapegar-se da ambição.
— Tião é Miguel?
Com um sorriso maroto, ela confirmou:
— Tudo é perfeito na natureza, não é mesmo? A perfeição de Deus e da vida se faz sentir em todas as suas criaturas, que já trazem dentro de si a semente do bem e do discernimento, bastando que a alimentem com amor e coragem. E agora vamos, minha menina, já é hora de voltar.
— Só mais uma pergunta, vó Tonha: por que o senhor Abílio escolheu ser pai de Vicente?
— Abílio, na época Nicanor, veio para devolver a Carlos aquilo que antes lhe havia roubado, que foi a vida. Por isso escolheu ser seu pai, a fim de lhe dar a vida e transformar o ódio do rival no amor sublime do pai. Bem, agora chega. Em breve o dia vai amanhecer, e você deve voltar ao corpo. Amanhã, quando acordar, embora não se lembre de muita coisa, vai guardar as impressões do que aconteceu, o que vai ajudá-la a persistir em suas determinações.
Em seguida, Clarissa retornou ao corpo e logo despertou. Realmente, não se lembrava de nada, mas sentia-se bem disposta e decidida, como se uma estranha força a houvesse dominado durante a noite.

CAPÍTULO 21

    O Natal estava próximo, mas o clima na casa de Abílio não era dos mais tranquilos. Clarissa vivia ansiosa, como se esperasse que algo acontecesse. Luciano estava desconfiado e Jerusa, amedrontada. Angelina, por sua vez, não percebia o humor dos demais ou fingia nada perceber. Apenas Abílio e Vicente pareciam diferentes. Era como se uma cumplicidade houvesse se estabelecido entre eles, e os dois viviam a trocar olhares e cochichos.

    — Você reparou no jeito do senhor Abílio e de Vicente? — indagou Jerusa, logo que se viu a sós com Clarissa.

    — Reparei, sim. O que será que houve?

    — Não sei. Antes pareciam odiar-se, mas agora...

    — Agora parecem grandes amigos. Será que compartilham algum segredo?

— Talvez. Se o senhor Abílio matou mesmo a esposa, é possível que Vicente saiba. Isso explicaria o ódio que sente pelo pai. Ou sentia, sei lá. Eles parecem muito unidos agora.

— De qualquer forma, é natural que Vicente, sentindo a ameaça a rondar o pai, tente protegê-lo. Afinal, os laços de família são muito fortes.

— Será isso mesmo? Ou será que o senhor Abílio ameaçou também o filho?

— Não sei, Jerusa, mas sinto que há algo muito mais profundo do que imaginamos.

— Como assim?

— Não sei dizer. É como se houvesse mistério no ar. Alguma coisa que não podemos imaginar.

— O que poderá ser?

— Não sei, mas pretendo descobrir em breve.

Olhando pela janela da sala, avistaram Vicente, que vinha correndo pela praia, atirando-se na água de vez em quando. Aquela visão encheu Clarissa de ternura e desejo. Por que é que não conseguia tirá-lo da cabeça?

— Ele mexe com você, não é verdade? — perguntou Jerusa, certa dos sentimentos da cunhada pelo rapaz.

— Hein? O quê? O que disse?

— Não precisa tentar me enganar. Sei o que você sente por Vicente.

Clarissa olhou-a cheia de horror e revidou indignada:

— O que quer dizer com isso?

— Não direi nada a ninguém, mas aconselho-a a cuidar-se. Seu interesse por ele é visível.

Sentindo o rubor cobrir-lhe as faces, Clarissa escondeu o rosto entre as mãos e disse, cheia de vergonha:

— Oh! Jerusa, o que posso fazer? Sinto-me envergonhada, não quero sentir isso. Mas não posso evitar!

— Está apaixonada por ele?

— Não sei.

— Vocês já... — Jerusa não teve coragem de concluir a pergunta, mas Clarissa, horrorizada, respondeu mais que depressa:

— Por Deus, não! Nunca fizemos nada de que pudéssemos, realmente, nos envergonhar.

Jerusa suspirou aliviada e retrucou:

— Antes assim... — respirou fundo e, após alguns segundos, concluiu: — É um belo rapaz, e é perfeitamente compreensível o seu interesse por ele.

— Vicente é apenas um menino rebelde e malcriado. Não passa de uma criança.

— Será mesmo? Então, por que se interessou por ele? Não vá me dizer que foi só porque o senhor Abílio é velho e rude.

— Não... não... E depois, se quer mesmo saber, nem acho que seu Abílio seja assim tão velho...

— Na verdade, não é. É um homem atraente, e Vicente se parece muito com ele. Será por isso que você se apaixonou pelo rapaz?

Clarissa corou e retrucou confusa:

— Jerusa, por favor não fale assim. Nem sei se estou mesmo apaixonada...

— Psiu! Silêncio! Veja! Ele se aproxima.

Efetivamente, Vicente vinha chegando, todo molhado, os cabelos pingando em desalinho, a pele morena tostada de sol, os olhos tão verdes como uma extensão do mar. Ao vê-lo, Clarissa susteve a respiração e sentiu vontade de correr para ele e abraçá-lo. A muito custo conseguiu conter o ímpeto.

Quando ele entrou, Abílio também vinha vindo da cozinha e, vendo-o ali, parado no meio da sala, só de calças, o peito nu, logo percebeu o efeito que ele imprimia em Clarissa. Com uma pontinha de ciúme, tratou logo de repreendê-lo:

— Isso são trajes, Vicente? Respeite as senhoras!

Com olhar irônico, Vicente fitou as moças, demorando-se nos olhos de Clarissa, e retrucou respeitoso:

— Tem razão, papai. Já estou indo me trocar.

Fez uma reverência e passou por elas rapidamente, subindo as escadas, logo seguido pelo pai. As duas se entreolharam boquiabertas. Clarissa então, que nunca havia visto Vicente tratar o pai com tanta deferência, mal podia crer no que ouvira. Alguma coisa estava mesmo acontecendo, e ela não sabia o que era.

Depois que Vicente entrou no quarto, Abílio estacou em frente à porta, indeciso. Sabia que ele e Clarissa estavam não propriamente apaixonados, mas encantados com a figura um do outro. Era visível seu interesse recíproco, e isso o atormentava. Clarissa era sua esposa, e Vicente era seu filho. O que deveria fazer? Separar-se dela e libertá-la, para que pudesse viver com ele um amor escuso e incompreendido? Ainda que eles se separassem, será que Clarissa e Vicente conseguiriam viver felizes, ante o olhar acusador de uma sociedade implacavelmente hipócrita e conservadora? Provavelmente, teriam que partir dali. Mas para onde iriam? De que viveriam? Ambos eram ainda jovens, e Vicente estava prestes a ingressar na universidade. Estaria disposto a abrir mão de seu futuro em nome de um amor ilícito e obscuro? Não poderiam jamais se casar. Conseguiriam viver à margem da sociedade, enfrentando os comentários e as desculpas dos outros, que tudo fariam para evitar o seu convívio?

Por outro lado, ele não poderia acobertá-los ali. Não seria direito. Clarissa era sua esposa, e para ele também seria difícil presenciar o amor dos dois. Logo agora que já começava a gostar dela... Abílio sentiu que seu coração já se abria para a esposa e achava que ainda tinha chance de ser feliz ao lado dela. Mas Clarissa não o amava, e ele não podia obrigá-la a amá-lo. Sentindo a angústia oprimir-lhe o peito, voltou-se desesperado. Não podia dividir aquilo com o filho. Não era justo.

Rapidamente, desceu as escadas e saiu pela porta dos fundos. Precisava conversar com alguém, e o único capaz de entendê-lo era Tião. O velho acolheu-o com a ternura de sempre. Abílio estava amargurado, triste, descrente da vida, e era preciso fazer com que retomasse a confiança em si mesmo. Após acalmá-lo, Tião sugeriu:

— Venha, sinhô. Vamos à casa de pai Joaquim. Ele há de ter algum bom conselho para lhe dar.

Em silêncio, Abílio deixou-se conduzir. Estava à beira do desespero e não sabia como agir. De repente, o mundo inteiro parecia ruir sobre a sua cabeça, e era preciso fazer alguma coisa.

Ao ver-se envolvido pelo abraço fraterno de pai Joaquim, Abílio rompeu em prantos. Por que tantas desgraças sucediam em sua vida? O que fizera para merecer aquele castigo? Perdera a primeira esposa. Clarissa e o filho estavam apaixonados. Angelina era uma menina triste e carente. Onde é que errara? Pai Joaquim afagou-o com ternura e procurou consolá-lo:

— Não se desespere, meu filho. Tudo está certo na natureza de Deus.

— Às vezes é difícil acreditar nisso, pai Joaquim.

— É? Pois não devia. Pense que Deus sempre trabalha pelo melhor.

— Não sei mais em que pensar. Sinto-me frustrado, triste, arrasado. Quero ceder, mas não consigo. O que fazer para levar um pouco de felicidade para o meu lar?

— Ame, meu filho, mas ame de forma verdadeira e clara. Não esconda seus sentimentos por medo, orgulho ou vergonha. Livre-se da culpa e pare de sentir pena de si mesmo.

Abílio ficou paralisado.

— Pena?! — replicou atônito. — Quem foi que disse que sinto pena de mim mesmo?

— E não sente? — o outro balançou a cabeça. — Então, por que se julga um infeliz, um pobre coitado, para quem nada na vida dá certo?

— Está sendo injusto, pai Joaquim. Fui castigado pela vida, não escolhi isso.

— Você está se enganando. Tudo o que está acontecendo já era esperado e foi programado por você e por aqueles que dividem a vida com você.

Abílio não parava de chorar e lamentou:

— Meu filho... apaixonou-se por minha esposa. O que posso fazer?

— Não faça nada. Deixe o destino agir conforme as escolhas e as necessidades de cada um. Você é um homem atormentado, que carrega muitas culpas, tanto dessa vida quanto de outra. Já é hora de se libertar de tudo isso e se reconciliar consigo mesmo. Faça o que manda o coração e tudo vai dar certo.

— Meu coração me enganou.

— O coração nunca nos engana. Somos nós que tentamos ludibriá-lo, mas só o que conseguimos é enganar a nós mesmos. Não tema, meu filho. A vida dá muitas voltas, mas para sempre onde tem que parar.

Depois da conversa com pai Joaquim, Abílio voltou para casa um pouco mais reconfortado. Apesar da total ignorância do ex-escravo, ele tinha o dom de dizer palavras sábias e animadoras, e a vida já não parecia assim tão ruim.

Em companhia do irmão, da cunhada e de Angelina, Clarissa voltava de um passeio na praia. Quando chegaram a casa, Jerusa e Luciano pediram licença para se retirar. Estavam cansados e queriam descansar do calor. Clarissa sentou-se com Angelina no alpendre. Em breve a brisa começaria a soprar, e o ar se tornaria ameno e agradável. Sentaram-se bem juntinhas, e Clarissa enlaçou Angelina, pousando sua cabeça em seu ombro, permanecendo assim por alguns minutos.

— Clarissa...
— Hum?
— Será que posso confiar em você?
— É claro que pode. Por quê? Gostaria de me contar alguma coisa?

Angelina hesitou por alguns momentos, mas acabou respondendo:
— Sim...
— O que é? Vamos, Angelina, sabe que pode confiar em mim. É sobre sua mãe?

A menina se assustou e ergueu a cabeça, amedrontada, perguntando aflita:
— Como é que você sabe?
— Não sei, mas posso imaginar. Vamos, Angelina, conte-me o que sabe. Não precisa ter medo.

Angelina olhava-a sem nada dizer. Sentia o peito oprimido, já não suportava mais guardar aquele segredo. No entanto, prometera... Prometera ao pai, ao irmão e à própria mãe. Se ela revelasse a verdade, sabia o que poderia acontecer. O pai, provavelmente, seria preso, e ela não queria isso. Ele cometera um crime, e os crimes eram punidos com a cadeia.

Angelina agarrou-se a Clarissa e começou a chorar. Não sabia mais o que fazer. Estava angustiada, atormentada, queria livrar-se daquele segredo nefasto. Mas como? Prometera nunca falar. E se o pai fosse preso? Pensando nisso, Angelina se arrependeu. Amava Clarissa e confiava nela, mas sabia que ela não gostava de seu pai. E se o denunciasse? O temor de ver o pai atrás das grades fez com que se levantasse apavorada. Olhou para Clarissa, que ainda tentou segurá-la, e saiu em desabalada carreira, em direção ao seu quarto. Clarissa levantou-se apressada e já ia correr atrás dela quando sentiu que uma mão a segurava pelo pulso. Ela se virou bruscamente, pensando tratar-se de Abílio, mas qual não foi o seu espanto ao dar de cara com Tião, que a agarrava com força.

— Tião! Solte-me! O que pensa que está fazendo?

— A sinhá vai me desculpar, mas não vou soltar, não. Só solto se vosmecê me prometer que não vai correr atrás de sinhazinha Angelina.

— Não prometo nada! Você não é meu dono nem de Angelina. Solte-me agora mesmo! Estou mandando!

Tião acabou por soltá-la. Afinal, segurara-a em um momento de desespero. Vinha chegando pelos fundos da casa e escutara parte da conversa. Tinha certeza de que a menina estava prestes a contar-lhe a verdade e não poderia permitir. A vida de seu sinhô corria perigo, e ele tudo faria para protegê-lo. No entanto, sinhá Clarissa era uma moça determinada e teimosa, e seria difícil despistá-la. Tentando um tom mais ameno e conciliador, Tião considerou:

— Sinhá Clarissa, por que não deixa as coisas como estão?

Clarissa encarou-o bem fundo e retrucou:

— Que coisas? Do que é que você está falando? O que foi que aconteceu aqui que eu não posso saber? Por que tanto segredo?

Tião devolveu-lhe o olhar com profundo desgosto. Quando tornou a falar, havia tanta angústia em sua voz, que Clarissa quase se deixou convencer:

— Será que vosmecê não se apieda da dor de sinhô Abílio? Será que não vê o quanto ele sofre com tudo isso? Ele é um homem bom, e tudo o que fez foi pensando na felicidade da família, principalmente de sinhá Leonor.

— Felicidade? Ninguém faz o que ele fez em nome da felicidade.

— Como é que vosmecê sabe, hein? A sinhá não sabe de nada. Pensa que sabe tudo, mas não sabe de nada. O sinhô Abílio é um homem bom...

— Não vou discutir isso com você. Está claro que você lhe é fiel como um cão de guarda e tudo fará para protegê-lo. E agora, com licença. Meu assunto não é com você.

Ela virou-lhe as costas bruscamente, partindo para dentro de casa. O sol acabara de se pôr no horizonte, e a penumbra da noite se insinuava por todos os cantos da casa. Em silêncio, Clarissa dirigiu-se ao quarto de Angelina. Gostava da menina e não queria que ela se sentisse pressionada nem que se afastasse dela. Bateu levemente na porta e entrou. Angelina estava sentada na cama, folheando um livro de histórias, e mal levantou os olhos para ela. Sentando-se a seu lado, Clarissa começou a dizer:

— Não fique triste ou brava comigo, Angelina. Não queria obrigá-la a falar o que não quer. Gosto de você e sou sua amiga, e quero que saiba que pode sempre contar comigo...

Nem precisou terminar a frase. Angelina soltou o livro e abraçou-se a ela, chorando convulsivamente. Naquele momento, Clarissa percebeu como ela era frágil. Angelina era apenas uma criança, castigada pela vida e pela tragédia, incapaz de viver a alegria própria das meninas de sua idade. Não tinha amigas, não se distraía, não ia a lugar algum. Era uma criança solitária e carente, e Clarissa sentiu um aperto na garganta, uma vontade imensa de chorar com ela. Em silêncio, deixou que as lágrimas lhe descessem pelo rosto e acariciou seus cabelos, embalando-a suavemente, até que o pranto de Angelina foi cessando aos pouquinhos.

— Desculpe, Clarissa...

— Não precisa se desculpar. Você não fez nada.

— É que não posso contar, não posso!

— Está bem, Angelina, não se exalte. Não precisa me contar nada.

Angelina não disse mais nada. Agarrou-se mais e mais a ela, permanecendo em silêncio. Não queria falar. Só o que queria era ficar ali, entregue ao seu abraço amigo e acolhedor.

CAPÍTULO 22

Desde o dia em que Clarissa lhe atirou na face aquela acusação de assassinato, Abílio tornou-se ainda mais frio e esquivo. Evitava a companhia da mulher e, nas ocasiões em que era obrigado a estar junto dela, procurava falar pouco, embora não conseguisse disfarçar um certo ar de angústia e decepção.

As refeições passaram a transcorrer praticamente em silêncio, cada qual absorto em seus próprios pensamentos, sem ter muito o que dizer. Como não havia muitas distrações, e ninguém andava muito animado para conversar, todos se recolhiam mais cedo, e naquela noite não foi diferente.

O vento, que já estava bem forte, de repente começou a soprar com mais intensidade, e, em breve, uma chuva grossa desabou sobre a terra. Era uma tempestade, com raios luminosos e assustadores, e trovões estourando bem pertinho, estremecendo as paredes.

Clarissa já estava quase dormindo quando sentiu que alguém a sacudia. Abriu os olhos vagarosamente e viu Angelina parada a seu lado, tiritando.

— Posso ficar com você, Clarissa? — choramingou ela. — Tenho medo.

Era sempre assim quando trovejava: Angelina tinha pavor de tempestades, raios e trovões. O gemido do vento não a assustava, mas aqueles clarões e os estrondos a deixavam apavorada. Abraçada a Clarissa, Angelina logo adormeceu, e Clarissa também voltou a fechar os olhos, dormindo em seguida. Do lado de fora, os trovões começavam a diminuir. Apenas o vento não dava tréguas e continuava seu gemido fúnebre: uuuuu...

Por volta das três da madrugada, um ruído estranho, como de passos no corredor, fez-se ouvir pela casa. Junto com os passos, um som de choro, vozes que lamentavam e gemiam, gritos abafados... silêncio. Em seu quarto, Luciano despertou e olhou para a mulher, que dormia a sono solto, e resolveu investigar. Sem fazer barulho, levantou-se da cama e acendeu uma vela, saindo para o corredor. Assim que fechou a porta do quarto, uma lufada mais forte do vento apagou a vela, mas ele prosseguiu mesmo assim, a vista já acostumada a enxergar na escuridão. Foi tateando pelas paredes, sem produzir um ruído sequer, e alcançou a escada, descendo vagarosamente.

Na sala, forçou mais a vista, buscando identificar as sombras espalhadas pelo chão e as paredes. Não viu nada, mas sentiu uma rajada de vento roçar-lhe a pele e percebeu que a porta da frente estava aberta. Com extremo cuidado, seguiu para lá e estacou abismado. Ao longe, dois vultos se debatiam na água, subindo e abaixando entre as ondas. O que significava aquilo? De onde estava, não conseguia ver de quem eram, embora tivesse certeza de que havia duas pessoas dentro no mar.

Será que estariam se afogando? Talvez fosse melhor correr para ajudar, mas algo dentro de Luciano o imobilizou, congelando suas pernas e impedindo que se mexessem. Como que hipnotizado, permaneceu apenas olhando, até que um dos vultos, dominando o outro, ergueu-o no colo e saiu com ele da água, partindo em direção à casa. Coração aos pulos, Luciano deu meia-volta e correu, derrubando uma jarra de cristal que se encontrava sobre um bufê. O barulho do vidro no chão deu-lhe a certeza de que a jarra havia se partido, mas Luciano não se deteve, temendo ser descoberto e acusado de estar espionando.

Mais que depressa, conseguiu voltar ao quarto sem ser visto e abriu a porta rapidamente. Ouvindo o barulho do trinco, Jerusa abriu os olhos e indagou sonolenta:

— Luciano? É você?

— Psiu! — exclamou ele a meia-voz. — Fique quieta, não diga nada!

Ela se calou, e ele se deitou na cama a seu lado. Sem nada entender, Jerusa ainda perguntou:

— O que foi que aconteceu?

— Nada. Apenas deite-se e finja dormir.

O tom de urgência na voz de Luciano causou arrepios em Jerusa, que se virou para o lado, fechou os olhos e fingiu estar dormindo. Por debaixo das cobertas, sentia o nervosismo do marido, que não mexia um único músculo. Os dois ficaram paralisados por alguns minutos, até que a porta do quarto se abriu vagarosamente, e Jerusa apertou a vista, com medo até de olhar. O visitante, contudo, não se atreveu a entrar e foi embora logo em seguida, o que fez com que Luciano e Jerusa respirassem aliviados. A moça estava aterrorizada e chegou-se mais para perto do marido, sem coragem de lhe perguntar o que havia acontecido. De tão amedrontada, apertou-se bem de encontro ao seu peito, até que acabou adormecendo, somente despertando no dia seguinte, quando o sol já penetrava pela janela.

Logo que o dia amanheceu, Luciano contou a Jerusa o que havia se passado na noite anterior, e ela quase desfaleceu. Apesar das conjeturas, nenhum dos dois conseguia imaginar o que realmente havia sucedido. Ao chegaram para o desjejum, os cacos da jarra já haviam sido retirados, e Luciano procurou desviar o olhar, para não chamar a atenção. Tentando aparentar naturalidade, puxou a cadeira para que Jerusa se sentasse e sentou-se a seu lado, servindo-se de uma xícara de café.

— Passou bem a noite, seu Luciano? — indagou Vicente.

Ele levou um susto e olhou para Jerusa discretamente. Até Clarissa estranhou aquela pergunta, mas não disse nada, e Luciano respondeu:

— Muito bem, e você?

— Não tão bem, lamento.

— Por quê? — retrucou ele, agora interessado. — Aconteceu alguma coisa?

Os olhares de todos encontravam-se cravados nos dois. Ninguém ousava dizer nada, e Vicente prosseguiu:

— O que aconteceu, se é que aconteceu alguma coisa, não é problema seu, é? E acho mesmo que você não devia ficar espionando por aí.

— O quê? — tornou Luciano, as faces em fogo.

— Vicente — cortou Clarissa —, o que é isso?

— Seu irmão sabe do que estou falando, Clarissa — rebateu Vicente, encarando o outro.

Todos voltaram os olhos para Luciano, na expectativa de uma resposta, e ele afirmou em tom de desculpa:

— Eu... escutei um barulho na noite passada. Pensei que fosse ladrão e desci para verificar.

— Pensou mesmo? — continuou Vicente, com uma certa fúria no olhar. — Ou será que você não achou que fosse alguma assombração?

O ar zombeteiro de Vicente causou imensa irritação em Luciano, que revidou em tom acusador:

— Tem razão, Vicente. Eu ouvi um ruído e desci para averiguar, mas só o que vi foram dois vultos na praia. Estranho, não acha?

Clarissa olhou para Vicente com uma interrogação no olhar. O rapaz levou a xícara aos lábios e fitou o interlocutor, fuzilando-o com seu olhar indevassável. De repente, Abílio se adiantou e falou:

— Deixemos isso para lá, seu Luciano. Creio que não esteja mesmo interessado em saber.

Todos o olharam interrogativamente, mas foi Vicente quem falou:

— Deixe que conte ao senhor Luciano o que aconteceu, papai, ou ele pensará que viu dois demônios lutando na praia.

Abílio sorriu para o filho e objetou:

— Não creio que isso seja conveniente. O senhor Luciano não tem nada a ver com nossos problemas...

— Como assim? — interrompeu Clarissa. — Não estou entendendo...

Abílio lançou um olhar de esguelha para o filho, que continuou:

— Mas é preciso contar-lhe, meu pai. Do contrário, sabe-se lá o que o senhor Luciano vai pensar. Pois muito bem. Ontem à noite, meu pai, como já fez tantas e tantas vezes, saiu para a praia no meio da noite, e eu o segui. Chovia muito, e achei imprudente sair com aquele tempo. E graças a Deus que o segui, pois uma onda mais alta por pouco não o leva para o fundo do mar...

Havia algo de muito estranho no olhar que pai e filho trocaram, e Vicente se calou em seguida, encarando os demais de forma estudada. Aquela história era um disparate, e Luciano contrapôs indignado:

— Perdoe-me, seu Abílio, mas quer realmente nos fazer crer que o senhor saiu à noite, no meio daquela tempestade, só para nadar?

— Não quero fazê-lo crer em nada, seu Luciano — objetou Abílio, em tom gélido. — E por mim, nem lhe daria explicação alguma. No entanto, meu filho insiste em contar-lhe o que aconteceu.

— Pois foi isso mesmo. Acredite se quiser. O fato é que meu pai, um homem vivido, profundo conhecedor desses mares, por pouco não se deixa arrastar por uma onda um pouco mais forte e encorpada. A sorte, repito, era que eu estava presente. Ouvi quando ele saiu e o segui, alcançando-o bem a tempo de evitar uma tragédia.

— História interessante e fantástica.

— Por quê? Não acredita?

Luciano, olhar incrédulo, respondeu calmamente:

— Não.

— Sabe, seu Luciano, a alma de um homem pode conter tormentos muito maiores do que o senhor imagina... e muito diferentes do que supõe.

Vicente terminou essa frase encarando-o com ar ameaçador, e Luciano já ia contestar, quando Clarissa se adiantou:

— O que quer dizer com isso, Vicente?

— Nada. Não quero dizer nada.

O clima era visivelmente tenso. Estava claro que Vicente, de uma hora para outra, resolveu chamar para si a defesa do pai, e o rapaz talvez representasse uma ameaça muito mais perigosa do que Abílio. Enquanto este era maduro e ponderado, Vicente era jovem e rebelde, muito capaz de atitudes cruéis e impensadas.

Antes que Clarissa pudesse dizer alguma coisa, a vozinha de Angelina se fez ouvir, fina e frágil como um lamento:

— Oh! Parem, por favor, parem! Não suporto mais!
— Angelina! — censurou Vicente.
— Não! Não! — continuou a menina. — Já não aguento mais. A verdade! Clarissa deve conhecer a verdade!
— Cale-se, Angelina! — gritou Vicente, levantando-se e desferindo-lhe uma bofetada no rosto.

A menina levou a mão às faces e desatou a chorar copiosamente, erguendo-se de súbito e encarando o irmão com os olhos em fogo. Todos estavam por demais chocados com aquela atitude para dizer alguma coisa, até Abílio, que permaneceu parado, sem esboçar qualquer reação. A menina, ferida em seu orgulho e em seus sentimentos, disparou:

— Eu o odeio, Vicente! Você é um monstro, e mamãe jamais teria nos deixado se não fosse por você!

Completamente descontrolada, Angelina saiu correndo porta afora, ganhando a direção da praia, e Clarissa teria ido atrás dela se Abílio não a tivesse impedido.

— Pare, Clarissa! — ordenou categórico. — Ninguém sai daqui. Angelina é minha filha e é comigo que vai se entender.

Saiu decidido, seus passos afundando na areia, pisando firme sobre as pegadas da filha.

Quando voltou para casa, Angelina já estava mais calma e controlada. Vinha pela mão do pai, que a apertava, tentando passar-lhe segurança. Na sala, todos ainda estavam presentes, ansiosamente aguardando a sua volta. Logo que entraram, Vicente correu para ela e, tomando-lhe as mãos entre as suas, levou-as aos lábios e falou com voz sentida:

— Sinto muito, Angelina, eu não queria...

A menina, emocionada, enlaçou-lhe os dedos e tornou com meiguice:

— Está tudo bem, Vicente, já passou.

A cena não deixou de ser comovente, e ninguém conseguiu se mover, a respiração presa e os olhos úmidos. Havia uma cumplicidade silenciosa entre eles que deixou Clarissa confusa e aborrecida por estar sendo excluída de seu segredo. Eles logo se retiraram, deixando Clarissa, Luciano e Jerusa pouco à vontade, com a sensação de que não eram mais do que estranhos naquela casa.

— Acho melhor irmos embora — aventou Luciano. — E você deveria ir conosco, Clarissa.

— Não posso partir, Luciano, não agora. Já estamos tão perto da verdade!

— Mas que verdade? — objetou Jerusa, que já não via a hora de voltar. — De que o senhor Abílio matou a esposa?

— Sim.

— O que importa isso agora? Se ele a matou mesmo, que diferença faz para nós?

— Muita. Isso prova que ele é um assassino.

— E daí? O que você irá fazer?

— Clarissa tem razão — concordou Luciano, após breve reflexão. — Se o senhor Abílio é mesmo um assassino, então ela talvez corra grande perigo.

— Por isso é que você deve vir conosco — suplicou Jerusa. — Por mim, não ficava nem mais um minuto nesta casa. Partiria hoje mesmo.

— Já disse que não posso partir — insistiu Clarissa. — Não vou abandonar Angelina.

— Angelina não é sua filha e, pelo visto, está conivente com as barbaridades do pai. Você não vê que não pode salvá-la?

— Está errada, Jerusa. Angelina é apenas uma menina assustada. É meu dever ajudá-la.

— Sinceramente, Clarissa — ponderou Luciano —, só o que me preocupa é você.

— E quanto a dona Leonor? Esqueceu-se de nosso compromisso?

— Nosso compromisso se encerrou no dia em que o senhor Abílio nos expulsou daquele quarto.

— É assim mesmo que pensa, Luciano? Vai desistir agora de ajudá-la também? Logo você, que ergue bandeiras e armas em defesa da verdade? Logo você, que se diz tão espiritualizado?

— Isso não tem nada a ver com espiritualidade. Tem a ver com segurança. O senhor Abílio é um homem perigoso...

— Muito me admira você falar isso, meu irmão. Pois outro dia mesmo não aventou a possibilidade de ele ser inocente?

— Isso foi no outro dia. Mas agora, não sei. E se quer que lhe diga, nem me interessa mais saber. Inocente ou culpado, não é problema nosso. Vamos embora daqui, e ele que fique com seus fantasmas.

— Ainda que quisesse, eu não poderia partir — redarguiu Clarissa, sentindo um calafrio e abaixando o tom de voz. — Não em um navio.

— Tem tanto medo assim de navios?

— Tenho. Você não sabe o que passei.

— Nós entendemos — retrucou Jerusa. — Mas nós a ajudaremos a superar esse medo. Vai dar tudo certo, você vai ver.

— Já disse que não vou, mas, se vocês quiserem, podem partir. E nem precisam esperar até o Natal. Podem ir agora.

— Não seja ingrata, Clarissa — zangou Jerusa. — Só estamos querendo ajudar.

— Não é dessa ajuda que preciso. Preciso é de gente corajosa que lute comigo para descobrir a verdade. — Luciano permaneceu impassível, e Clarissa apelou: — O que há com você, Luciano? Por que se acovardou? Desistiu de fazer prevalecer a verdade e a justiça?

— Não sei — respondeu ele, desanimado. — Algo dentro de mim me diz que não vamos gostar do que vamos descobrir.

— Seja o que for, temos que descobrir. Não há crime maior do que tirar a vida de alguém, e não há nada no mundo que supere a verdade.

— Será que a verdade não pode ser mais cruel do que imaginamos? Será mesmo a morte o caminho mais horrível? Não existirá no mundo um destino mais cruel do que a perda do corpo físico?

— Como assim? O que você quer dizer com isso? Não entendo.

— Nem eu compreendo muito bem. Só o que sei é que alguma coisa dentro de mim me diz que há, por detrás desta história, algo muito mais doloroso do que parece.

— Isso não é mais um motivo para ficar?

Luciano estava em dúvida. A irmã tinha razão, mas ele estava vivendo imenso conflito interno. Se, por um lado, sua alma e seu coração pediam para ficar, por outro, sua mente lhe dizia para partir e não se envolver mais com aquilo. Não era problema dele.

— Luciano, por favor — implorou Jerusa, com medo de que ele mudasse de ideia.

A dúvida era imensa. Ele queria fazer a vontade de Jerusa, mas era seu dever ajudar a irmã. Ficou olhando de uma para outra, tentando achar a resposta correta para seus questionamentos, oscilando entre ir e ficar. Até que se decidiu. Tinha que fazer o que achava certo, não o que lhe pediam. Olhou mais uma vez da mulher para a irmã e finalmente arrematou:

— Está bem, Clarissa. Ficaremos até depois do Natal. Se até lá tudo permanecer na mesma, partiremos, com ou sem você. Está certo?

— Oh! Luciano, obrigada! Sabia que poderia contar com você!

No dia seguinte, Clarissa estava com o rosto apoiado no vidro da janela, pensando nos últimos episódios daquele mistério, quando Angelina entrou e pousou a mão sobre o seu ombro, assustando-a imensamente.

— Desculpe, Clarissa. Eu bati, mas você não respondeu.

— Que bom que veio, Angelina. Fico muito feliz em vê-la aqui.

— Espero que não esteja zangada.

— Zangada, eu? Por que estaria?

— Por causa do que aconteceu ontem.

Clarissa balançou a cabeça e abraçou-a, falando com voz doce:

— Não fiquei zangada, apenas preocupada.

— Com o quê?

— Com você... Não quero que se magoe.

— Não estou magoada, Clarissa. Já passou.

Havia sinceridade no olhar de Angelina, e Clarissa apertou a sua mão, perguntando com voz doce:

— Por que Vicente fez aquilo? Do que ele tem medo? — Angelina se desvencilhou, tentando fugir, mas Clarissa a impediu. — Por que não se abre comigo? Quero ajudá-la. Não confia em mim?

A garganta de Angelina parecia sufocar. Queria contar a verdade, mas também tinha medo. Medo das consequências, do que pudesse acontecer se falasse. Ela tossiu nervosamente, alisou a barra do vestido e começou a falar bem baixinho:

— Meu pai fez uma coisa horrível...

— O quê? O que ele fez?

— Não posso contar. Só o que posso lhe dizer é que ele cometeu um crime e agora tem medo de ter que pagar...

— Que crime? Do que, mais precisamente, você está falando? É sobre sua mãe, não é? Diga, não tenha medo. Seu pai matou sua mãe, não foi? Pode dizer.

Assustada com as acusações diretas e insensíveis de Clarissa, Angelina se soltou dela e correu para a porta, finalizando antes de sair:

— Não odeie meu pai, Clarissa. Ele sempre foi um homem bom...

A porta do quarto se fechou lentamente, depois que ela saiu, e Clarissa permaneceu pensativa. Estava claro que a menina sabia de tudo o que acontecera, mas tinha medo de falar. Medo não de que o pai tentasse alguma coisa contra ela, mas de que ele tivesse que responder pelo seu crime. Apesar de tudo, Angelina amava muito o pai e não queria vê-lo atrás das grades, o que era compreensível. Teria ela o direito de tirar da menina o pai, depois de haver perdido também a mãe?

CAPÍTULO 23

Olhar vago e distraído, Clarissa passeava pela praia. Estava angustiada, sem saber o que fazer, e saiu para dar uma volta. Ainda era cedo, e todos dormiam. Havia tantas coisas a resolver! Há muito estava dominada pela ideia de que precisava descobrir como e por que Abílio matara a esposa, mas só então começou a se perguntar o que faria quando descobrisse. Teria coragem de denunciá-lo? Para quê? Para afastá-lo do convívio com os filhos, a quem, à sua maneira, amava? E o que dizer de Angelina, que temia perdê-lo?

E Vicente? Clarissa gostava muito de Vicente, não podia mais esconder. Se o houvesse conhecido antes, apesar de pouco mais velha, tinha certeza de que se apaixonaria por ele. Ou será que já não estava apaixonada? Sacudiu a cabeça, como que tentando espantar aquele pensamento, quando outro ainda mais aterrador lhe ocorreu: se Abílio fosse preso, o caminho ficaria livre para que eles pudessem assumir o seu amor. Ela poderia continuar ali, cuidando de Angelina, e Vicente se tornaria seu amante. Amante? Mas o que estava dizendo? Ela era uma mulher honesta, decente, digna. Como podia se deixar por ideias tão mesquinhas e monstruosas?

Horrorizada com seus próprios pensamentos, Clarissa estacou, sentindo vergonha de si mesma. Será que tomara muito sol? Ainda era cedo, mas o calor daquela época podia ter-lhe afetado o juízo. O mar estava de um azul sereno e cristalino, muito convidativo, e ela pensou em se refrescar. Tinha medo da água, mas queria tentar e descalçou os sapatos. A friagem da água lhe causou bem-estar, e ela avançou um pouco mais, erguendo a saia bem acima dos joelhos.

O chão ia afundando à medida que ela entrava, e ela soltou o vestido ao longo do corpo, achando graça no balão que ele fez ao seu redor. Entretida com o vestido, entrou um pouco mais, até que a água lhe atingiu a cintura, e ela curvou o tronco para a frente, abaixando a cabeça e jogando os cabelos por cima da cabeça. Eles logo tocaram a água, e ela os foi derramando sobre o mar, até que seu nariz e sua boca se aproximaram da água também.

Mais que depressa, ela ergueu o corpo, atirando água por todo lado, pensando que ia sufocar. Mas nada aconteceu. O mar estava sereno e a água, distante de seu nariz. Tentando superar aquele pavor, Clarissa fechou os olhos e abaixou a cabeça novamente, deixando os cabelos soltos por cima do rosto, até que eles foram se espalhando pela água. Em breve, os cabelos de Clarissa estavam submersos, e a água tocou seu couro cabeludo.

Ela se assustou e deu um salto para trás, mas não tirou a cabeça da água. Ao contrário, afundou-a novamente, e o frescor da água se insinuou pelos seus poros. A sensação era maravilhosa! Apesar do medo e da respiração descompassada,

Clarissa balançou a cabeça, agitando os cabelos na água, e abriu os olhos lentamente, assustando-se com a visão invertida de um homem parado atrás dela. Ela endireitou rapidamente o corpo, os cabelos caindo sobre o rosto e ao redor das espáduas, a água pingando sobre o peito arfante.

— Vicente! — gritou. — O que faz aí parado? Quase me mata de susto!

Efetivamente, era o rapaz quem estava atrás dela, segurando um caniço em uma das mãos e, na outra, dois peixes bem atados a uma linha.

— Ora, ora, Clarissa, eu é que lhe pergunto — respondeu ele em tom zombeteiro. — O que faz aqui dentro da água, de roupa e tudo?

— Vim dar uma volta — respondeu ela com azedume. — E você? Pensei que ainda estivesse dormindo.

— Estava pescando.

— Onde? Não o vi.

— Ali, atrás das pedras.

Clarissa seguiu com os olhos a direção em que seu dedo apontava. Depois tornou a encará-lo e disse friamente:

— Pois muito bem. Volte para sua pescaria.

Começou a sair da água, passando bem rente a ele. Mal contendo a perturbação que a presença da moça lhe causava, Vicente segurou-a vigorosamente pelo braço, fazendo com que ela voltasse o rosto em sua direção.

— O que está fazendo? — esbravejou ela. — Solte-me!

Ele a soltou e a encarou magoado.

— Por que está me tratando assim, Clarissa? — indagou magoado. — O que foi que lhe fiz?

— A mim, nada — revidou ela com desdém. — Mas não gosto do jeito como trata sua irmã.

— Já lhe pedi perdão.

— E isso basta?

— Angelina pensa que sim.

— Angelina é só uma criança e não vê maldade em nada.
— E você, o que vê? Vê maldade em mim? Em meu pai?
— O que aconteceu com você, Vicente? — tornou ela, mudando o tom de voz. — Pensei que fosse meu amigo, mas agora...
— Agora...
— Não sei o que dizer. Parece que me vê como sua inimiga.
Ele acercou-se dela e encarou-a com seus profundos olhos verdes. Por um instante, Clarissa se esqueceu do que conversavam, e o impulso aproximou o seu rosto do dele, e seus lábios chegaram a se roçar. Mas dessa vez foi Vicente quem a repeliu, empurrando-a com uma certa selvageria no olhar:
— Não!
Ela também recuou, mexendo nervosamente nos cabelos, e considerou:
— Creio que não devemos mais nos falar.
— Como assim?
— É melhor para nós dois que não nos falemos mais. Apesar de tudo o que sinto por seu pai, você é meu enteado, e não é correto me deixar levar pelas emoções.
— Que emoções? Do que você está falando?
— De nada. E agora, com licença, preciso voltar. Já é quase hora do café.
Embora quisesse deixá-la partir, Vicente não conseguiu se conter e a agarrou novamente pelo braço, apertando-a de encontro ao peito.
— Que emoções são essas? — insistiu ele com fúria. — O que está tentando me dizer?
— Já disse que não é nada. E agora, solte-me! — gritava ela, enquanto se debatia. — Você está me machucando!
Mas seu ânimo era fraco e seu desejo, imenso. Vicente não estava disposto a soltá-la. Ele queria, mas não conseguia. Por mais que se esforçasse, ela não lhe saía da cabeça. Ele

a amava e sabia que seu amor era proibido, mas não podia evitar. Era um sentimento muito forte para se controlar, e ele já não conseguia mais ocultá-lo dentro de si mesmo. Contudo, tinha o pai. Ela era a mulher de seu pai, e ele o amava e respeitava demais para se envolver naquela sórdida traição. Preferia morrer a ter que trair o pai.

Ao contato do corpo trêmulo de Clarissa de encontro ao seu, Vicente sentiu que o desejo o ia amolecendo, e ele começou a se deixar dominar pela emoção. Ela, por sua vez, há muito desistira de lutar. Tinha medo de seus sentimentos, mas também não podia resistir. Ela parecia tão frágil a Vicente, presa pelos seus braços, fitando-o com olhos úmidos, os lábios entreabertos num suspiro mudo. Ele não resistiu. Num impulso, colou os lábios aos dela e beijou-a com paixão, estreitando-a com ardor. Deitou-a sobre a areia e começou a acariciá-la. Clarissa, sem resistência, ia se entregando, até que ele, subitamente, desvencilhou-se dela e se ergueu de chofre, gemendo arrependido:

— Não posso! Não posso! Eu a amo, Clarissa, mas não posso! Sinto muito...

Vicente apanhou o caniço e os peixes caídos no chão e correu, deixando Clarissa deitada na areia, o peito subindo e descendo, olhos fechados, implorando perdão a si mesma. Correu para casa e foi ao poço lavar-se, largando os peixes na cozinha. O pai estava na sala, lendo um periódico, e ele tentou passar sem ser percebido.

— Vicente! — ouviu o pai chamar. — É você, meu filho?

Ele parou a meio e, sem se voltar, respondeu:

— Sim, papai, sou eu.

— Onde esteve?

— Pescando.

Dava para perceber que algo havia acontecido, e Abílio soltou o jornal e aproximou-se do filho, justo quando Clarissa vinha chegando, toda molhada e suja de areia. Abílio correu os olhos de um a outro e imediatamente compreendeu. Durante alguns minutos, um silêncio constrangedor se insinuou entre eles, e os três permaneceram parados e confusos, se olhando sem nada dizer. Em dado momento, as lágrimas embaçaram os olhos de Abílio, que estendeu os braços para Vicente e o abraçou quase em desespero.

— Aconteceu alguma coisa? — indagou Clarissa, receando que Abílio os houvesse visto na praia.

— Não, Clarissa — respondeu Abílio, sem soltar o filho. — Vá se lavar e sirva o café, por favor.

Clarissa não respondeu e fez como ele mandou. Assim que ela saiu, Abílio soltou Vicente e, olhar fixo no seu, afirmou com tristeza:

— Você a ama, não é verdade?

Ao invés de responder, Vicente desatou a chorar e atirou-se aos pés do pai, suplicando com angústia:

— Perdoe-me, pai, perdoe-me!

— Você não tem que me pedir perdão — conseguiu Abílio dizer, apesar do pranto que embargava sua voz. — Ninguém tem culpa de amar.

— Mas ela é sua esposa!

— Posso abrir mão dela, se você quiser.

— O quê? Como?

— Posso ir me juntar a sua mãe. Em breve...

— Não diga isso! Nunca mais repita isso, meu pai, nunca mais!

— Acalme-se, Vicente. Não precisa se descontrolar.

— Não houve nada entre nós, eu juro! Nunca houve, nunca!

— Tenha calma, meu filho! Acredito em você.

Um pouco mais calmo, Vicente enxugou as lágrimas e encarou o pai.

— O senhor também a ama, não é?

Ele mordeu os lábios, lutando para que as lágrimas não transbordassem, e, balançando cabeça, murmurou:
— Não sei. Juro que não sei.

Mais tarde, naquela mesma noite, Clarissa se viu ao lado de vó Tonha, mas dessa vez não havia mais a praia. Não aquela praia, mas uma outra, muito distante de sua terra natal.
— O que significa isso? — perguntou ela a Tonha, surpresa com aquela brusca mudança.
— Essa é a última etapa de suas vidas que você precisa rever antes dos acontecimentos que se irão suceder. Depois disso, não haverá mais necessidade de evocar o passado.
— Como assim, vó Tonha? Não estou entendendo.
— Mas vai entender. Para isso, é preciso que você aceite o seu passado.
— Aceitar o quê?
— Você vai ver.
Em silêncio, Tonha segurou a mão de Clarissa e conduziu-a até uma aldeia de negros. Como que espectadoras de um sonho, as duas entraram na aldeia e começaram a acompanhar tudo o que ali se passava.

CAPÍTULO 24

Igboanan acabou de degustar o almoço, lambeu os dedos e olhou discretamente para as esposas. Dalomba, a mais velha, começava a recolher as caçarolas, e Dallá, jovem e rebelde, a um sinal da primeira, começou a auxiliá-la, cantarolando uma cantiga e olhando disfarçadamente pela cortina entreaberta, que servia de porta para a choupana. Fingindo inocência, Igboanan perguntou:
— Espera alguém?
Ela virou o rosto, assustada, e respondeu rapidamente:
— Não, Igboanan, não espero ninguém.
Ele não retrucou. Sabia que ela buscava alguém com o olhar e sabia quem, mas tinha que fingir ignorância. Há muito descobrira seu romance com Kandjimbo, escravo que servia em sua casa, mas não podia deixar transparecer. Era preciso

dar um jeito no rapaz sem que Dallá percebesse. Não queria se expor à vergonha, e tudo precisava ser feito com a máxima cautela possível.

Terminada a refeição, Igboanan levantou-se e se preparou para sair. Precisava falar com o sacerdote o mais rápido possível, pedir-lhe auxílio naquele caso difícil. De repente, escutou um alarido na aldeia. Todos estavam falando ao mesmo tempo e correndo, e Igboanan chegou até a porta para ver o que estava acontecendo. No meio da multidão de seu povo, um homem branco vinha vagaroso, na mão um açoite afiado, trazendo consigo um outro negro, que sorria e cumprimentava sua gente. Ele sentiu um estranho pressentimento e saiu para o meio da praça, esperando que os outros se aproximassem. Quando chegaram, o homem branco fez uma reverência e, a um sinal seu, o negro começou a falar. Apesar do forte sotaque do outro, Igboanan compreendeu-o perfeitamente:

— Salve, Tata, viemos em paz.

— O que querem aqui? — perguntou Igboanan de forma direta, sentindo na presença do homem branco um perigo iminente.

O negro olhou discretamente para o branco, que lhe fez outro sinal, e continuou:

— Viemos em paz, oh! Tata. E trouxemos presentes.

O negro arriou no chão um saco grande, que trazia preso às costas, e abriu-o cuidadosamente, dele retirando alguns objetos e mostrando a Igboanan, que os pegou e indagou:

— O que é isto?

— Aguardente. E fumo. Sei que são de grande valor em sua aldeia...

Igboanan cheirou o fumo e a cachaça e fez uma careta, encarando-os com ar perscrutador. O homem branco, que até então permanecera calado, cochichou algo no ouvido do negro, que aquiesceu e se adiantou, estendo as mãos para Igboanan.

— Meu mestre pede que nos permita mostrar-lhe — disse o negro.

Igboanan entregou os objetos ao homem branco, que abriu a garrafa e bebeu um gole, oferecendo-a a ele. Ele a segurou desajeitadamente e imitou o gesto do outro, experimentando a cachaça. Fez nova careta, cuspiu o líquido no chão e limpou a boca com as costas das mãos. Em seguida, ergueu a garrafa bem diante dos olhos, estudando o seu conteúdo, balançou a cabeça e disse, estalando a língua:

— Cachaça boa...

Depois disso, sentiu um cheiro adocicado de fumaça e olhou novamente. O homem branco, após improvisar uma espécie de cigarro de palha, deu profunda tragada e ofereceu-o a Igboanan. Ele apanhou o cigarro, cheirou-o também e, novamente, repetiu o gesto do homem branco, aspirando a fumaça. Aquele fumo era bem mais forte do que os que costumavam usar em seus cachimbos, e ele tossiu repetidas vezes, sentindo as lágrimas que lhe chegavam aos olhos. Terminado o acesso de tosse, balançou novamente a cabeça, pigarreou e afirmou:

— Bom...

O homem branco falou com o intérprete numa língua estranha, que ninguém ali conhecia, e o negro repetiu:

— Meu mestre quer lhe oferecer esses presentes... — Igboanan olhou-o desconfiado, e ele prosseguiu — ... em troca de alguns favores seus.

Balançando a cabeça, cada vez mais desconfiado, Igboanan indagou:

— Que favores? Não faço favores a ninguém, ainda mais aos brancos. Sei o que fizeram a outras aldeias.

Embora o homem branco não entendesse bem o que Igboanan dissera, sabia que ele não queria aceitar a sua oferta e olhou para o negro com raiva. O intérprete, mais que depressa, tratou de explicar:

— Não, Tata, meu mestre é diferente. Não veio aqui para destruir. Veio em paz, já disse. Tanto que lhe trouxe esses presentes...

— Mas o que quer em troca? — cortou secamente.

— É isso mesmo o que diz, Tata. Uma troca. Meu mestre quer uma troca. É justo.

Igboanan permaneceu ali, estudando-os, com medo do que o homem branco pudesse fazer. Já ouvira falar que eles capturavam os negros, metiam-nos em navios fétidos e os levavam para uma terra distante, da qual jamais retornavam. Isso lhe causava um pavor surdo, e ele prosseguiu:

— Por que acha que iria me interessar em fazer negócios com seu mestre?

— Porque os presentes que ele trouxe são bons, e você sabe disso. Se recusar, perderá a chance de se apropriar dessas delícias. E há muito mais em nosso acampamento. Tudo seu, se nos fizer um pequeno favor...

— Um favor... sei... Mas diga logo, que favor seria esse? O que quer o homem branco em troca dessas... delícias?

Olhando rapidamente para o homem branco, o negro passou a língua nos lábios, respirou fundo, como que se enchendo de coragem, e disparou:

— Quer negros...

— Negros? Quer dizer, homens? Mas como? O que pensa que é...?

— Acalme-se, oh! Tata, e escute-me. Meu amo quer negros, sim, mas não quaisquer negros. Ouvimos falar que há escravos aqui também, capturados de tribos vencidas. São esses escravos que meu mestre quer...

Igboanan ergueu as sobrancelhas, surpreso. A proposta era tentadora. Trocar escravos por cachaça e tabaco parecia-lhe uma transação justa. Afinal, os escravos não eram parte de seu povo. Eram estranhos que passaram a viver ali para trabalhar e servir. É claro que a maioria nem era mais tratada feito escravo, passando a conviver com as famílias a que serviam como se delas fizessem parte. Mas não eram, de fato, membros de nenhum clã. Eram mesmo estranhos e como estranhos deveriam ser tratados. Se valiam alguma coisa, era justo que fossem sacrificados. E depois...

Um pensamento terrível assomou à mente de Igboanan. De repente, lembrou-se de que Kandjimbo era escravo também, e ele tinha o direito de dispor dele da forma que melhor lhe aprouvesse. Um sorriso diabólico despontou em seu rosto, e ele começou a balançar novamente a cabeça, dando mostras de que concordava. O negro, seguindo a orientação do branco, continuou a dizer:

— Quer dizer, Tata, que concorda?

— Hum... deixe ver. Que tipo de negros seu mestre quer?

— Bem, ele quer somente homens, jovens e fortes. Nada de mulheres, nada de crianças.

Era perfeito. Poderia trocar Kandjimbo tranquilamente, sem levantar suspeitas ou protestos. Talvez Dallá protestasse, mas ela não tinha direito nenhum de opinar.

— Está bem — disse ele, afinal. — Diga-me quantos homens quer, que eu mesmo os escolherei, dentre os escravos da aldeia. Depois disso, vão embora e não voltem mais aqui.

Após os efusivos agradecimentos do outro negro, Igboanan se retirou. Sabia que Dallá se desesperaria, mas isso não importava. Alcançando sua palhoça, já ia entrar quando escutou a voz do negro novamente. Virou-se e o outro, ainda acompanhado do homem branco, falou a meia voz:

— Só mais uma coisa, Tata.

— O que é?

— Meu mestre quer apenas pedir-lhe mais um favor. Um favor especial. Precisa de uma certa escrava...

— Escrava? Uma mulher?

— Não, Tata, uma menina.

— Uma menina? Mas você não disse que ele só queria homens?

— Mas essa é especial. Só uma menina, de seus nove ou dez anos, bonitinha, saudável, inteligente, esperta. Não tem ninguém assim? É um pedido especial, pelo qual meu mestre está disposto a pagar um preço acima do razoável.

— Como assim?

O negro retirou outra garrafa do saco e ofereceu a Igboanan, que a apanhou com cuidado. Abriu-a e cheirou o líquido, provando-o em seguida. O sabor era indescritível. Doce, suave, ameno. Olhou o conteúdo vermelho com ar de admiração, pensando que era o sangue mais adocicado que já experimentara, quando o negro se adiantou e explicou:

— É vinho português. Nem os *inkices* provaram um sabor assim, não é verdade?

Igboanan aquiesceu. Aquele tal de vinho português era, realmente, inigualável. Jamais provara bebida mais deliciosa. Com a garrafa nas mãos, Igboanan pensava mesmo que a sorte lhe sorria. Arranjara um jeito de se livrar de Kandjimbo e agora tinha a chance de vingar-se também de Iadalin, que recusara seu amor por causa de um jovem guerreiro da tribo. Sim, Iadalin lhe pagaria toda a desfeita que fizera. Venderia sua Mudima, aquela filha adotiva, também escrava, que Iadalin criava e amava como se fosse sua. Perfeito! Igboanan tinha o poder nas mãos, com o qual poderia destruir e esmagar seus maiores inimigos.

Ao receber a notícia de que fora vendido como escravo ao homem branco, Kandjimbo pensou que mataria Igboanan. Teve ímpetos de esganá-lo, mas precisou conter-se. A presença dos jovens guerreiros da tribo acabou por intimidá-lo, e ele não se atreveu a reagir. Desesperado, atirou-se aos pés de Igboanan e suplicou:

— Por favor, Tata, tenha piedade! Por favor! Em nome de nossos *inkices*, não me deixe ir. Por favor! Por favor!

O chefe da tribo não lhe deu resposta. Permaneceu impassível, olhar frio, saboreando o doce gosto da vingança. Como suas súplicas não surtiam efeito, Kandjimbo pensou em fugir. Levaria Dallá com ele, e se embrenhariam na floresta, onde jamais pudessem ser encontrados. Mas a vigilância sobre ele era cerrada, e Kandjimbo não conseguiu se mover, temendo ser atingido pela flecha de algum guerreiro.

Assim sendo, não teve outro remédio. Com o coração destilando ódio, foi juntar suas coisas. Apanhou seus poucos pertences, amarrou-os numa trouxa e ficou esperando que viessem buscá-lo. Nos olhos, lágrimas de incontida raiva e o desejo de vingança. Um dia iria vingar-se, nem que para isso levasse séculos. Kandjimbo sabia que o espírito era eterno e teria toda a eternidade para executar sua desforra.

Dallá, por sua vez, quase desfaleceu. Amaldiçoou Igboanan, ameaçou matar-se caso ele não voltasse atrás em sua decisão. Igboanan, cada vez mais despeitado, falou com desdém:

— Por que o interesse por Kandjimbo?

— Ele é nosso escravo há muitos anos e me serve muito bem. É como um irmão para mim.

Igboanan encarou-a com ar irônico. Ela era uma mentirosa e uma cretina, isso sim, e bem teria o que merecia.

— Acho esse seu interesse por Kandjimbo um pouco exagerado. Não há motivo para tanto alarido.

— Como não? Já disse que o tenho em conta de um irmão e não gostaria de separar-me dele.

— Pois pode ir juntar-se a ele, se quiser. Tenho certeza de que o homem branco ficaria feliz em distrair-se com alguém feito você.

Dallá calou-se, apavorada. Isso não. Jamais poderia partir dali em companhia do homem branco. Já ouvira falar de sua crueldade e não estava disposta a arriscar sua vida em nome de um amor que agora começava a parecer impossível. Vendo o pavor nos olhos dela, Igboanan continuou:

— Sabe, Dallá, é isso mesmo que faria se descobrisse que você está me traindo — ela arregalou os olhos e ele prosseguiu, fingindo nada perceber: — Mas você não está, não é mesmo?

— Não... não... claro que não.

— Ótimo. Fico feliz. E então? O que me diz? Gostaria de ir juntar-se a ele ou não?

— É claro que não, Igboanan, mas que ideia! Kandjimbo é um excelente servo, um irmão mesmo, e realmente não gostaria de perdê-lo. Contudo, se é impossível mantê-lo aqui, paciência. Não há nada a ser feito, não é?

Sem dizer mais nada, Dallá partiu para a beira do rio. Kandjimbo esperava que ela fosse vê-lo partir, ao menos para lhe dizer adeus, o que era impossível. Ela o amava, mas não podia se sacrificar daquele modo. Por outro lado, não suportaria ver o seu olhar de súplica, de desespero, o seu apelo mudo, suas mãos dizendo adeus. Maldito Igboanan! Como podia ser tão cruel?

De cabeça baixa, Dallá chorou. Uma tristeza imensa lhe devorara o coração, mas só o que lhe restava era chorar. Dominada pelo pranto, deixou-se cair sobre a relva macia, soluçando em desespero. De repente, ouviu um estalido e ergueu o tronco, assustada, com medo de algum leão. Mas não havia leão nenhum. Era apenas Dalomba, que, sabendo do ocorrido, viera ver como estava passando.

— O que quer aqui? — perguntou Dallá entre soluços.

— Vim ver se precisa de alguma coisa.

— Preciso, sim. Preciso que Igboanan morra.

— Dallá, Dallá, quantas vezes não a avisei de que era perigoso? Mas você não quis me dar ouvidos.

— E daí? Igboanan é apenas um velho. O que sabe do amor?

— Do amor, pode não saber nada. Mas de vingança...

— De vingança, sei eu. Ele que me aguarde. Mais dia, menos dia, acabo com ele.

— Não diga asneiras, Dallá. Você sabe que não fará nada disso. Ou quer morrer?

— Não, não quero. E foi só por isso que me calei diante do que ele fez. Mas ele que não pense que me conformei. É só dar tempo para que me vingue. Ele vai ver só...

— Se quer um conselho, o melhor que tem a fazer é esquecer. Esqueça Kandjimbo. Ele lhe foi útil por uns momentos, mas não vale o seu sacrifício.

— Mas eu o amo!

— Se o amasse mesmo estaria ao seu lado, enfrentando tudo.

— Não posso, Dalomba...

— Sei que não e acho mesmo que não deve. Só quero que você compreenda que seu amor por Kandjimbo é passageiro, não passa de fogo, que logo se consome e extingue. Em breve o esquecerá.

— Eu odeio Igboanan. Ele é cruel...

— Era você quem o estava traindo. Lembre-se de que é sua esposa e não deveria traí-lo.

— Ele é velho, feio! Kandjimbo, ao contrário, é jovem e ardoroso.

— Ainda assim, foi você quem agiu errado com ele. Igboanan fez o que a lei permite, ao passo que você violou a lei no momento em que se deitou com Kandjimbo.

— Pare, Dalomba, pare! Não quero ouvir mais nada!

— Muito bem, vou-me embora. Mas pense nisso e crie juízo. Não vá se arriscar a perder a vida por um homem que já está perdido para você.

Dalomba virou as costas e voltou para a aldeia, deixando Dallá entregue a seus próprios pensamentos. Ela estava certa: não valia a pena arriscar-se por Kandjimbo. Ele já estava praticamente morto mesmo, e era melhor esquecer. Depois veria. Arranjaria outro e tudo voltaria a ser como antes.

No momento em que Dalomba chegou de volta à aldeia, um homem vinha arrastando uma menina, que não parava de chorar e espernear, sem entender o que estava acontecendo. A mãe correu para ela e, em lágrimas, contou-lhe que o chefe da aldeia a havia vendido ao homem branco. Dalomba reconheceu Iadalin e Mudima, e ficou surpresa. Igboanan lhe dissera que apenas homens haviam sido vendidos. O que fazia ali aquela menina?

Subitamente, o homem branco chegou e atou uma coleira ao pescoço de Mudima, arrastando-a pela aldeia. Mudima gritava cada vez mais, completamente aturdida e apavorada, implorando à mãe que a salvasse. Na confusão, deixou cair a trouxa que carregava, provavelmente com suas roupas, e o homem branco chutou-a para longe, dizendo algo que não entendera. Mudima esperneava cada vez mais, estendendo os braços para a mãe, até que caiu ao chão e o homem, sem se importar com o seu sofrimento, apertou a coleira ao redor de seu pescoço, arrastando-a pela terra áspera.

Parado mais atrás, Igboanan observava. Nos olhos, um ar de vitória e júbilo. Ao ver o desespero de Iadalin, Igboanan sabia que conseguira vingar-se dela de uma forma perfeita. Ela não o repelira? Pois agora, que lamentasse para sempre aquela rejeição. Igboanan já ia se retirar quando Iadalin se aproximou. Coração aos pulos, olhou para ela com superioridade, e Iadalin falou, com toda a dignidade de sua alma:

— É um homem perverso, Tata Igboanan. Mas chegará o dia em que receberá de volta todo o mal que hoje faz.

Dalomba ficou observando Mudima partir, sentindo um aperto no coração ao vê-la arrastada pela aldeia feito um cão sarnento. Viu quando Iadalin chegou perto de seu marido e o acusou, e suspirou desalentada. Dalomba seguiu para sua choupana, caminhando com passos arrastados. Estava confusa e chocada.

— O que deu em você, Igboanan, para fazer aquilo com Mudima, uma criança que nada sabe das maldades do mundo? — interpelou ela, olhar acusador.

— Ora, Dalomba — respondeu ele, sem encará-la —, Mudima também é escrava. O homem branco precisava de uma menina, Mudima foi vendida. Não há nenhum mistério nisso.

— O que você fez foi cruel e mesquinho. Mudima é uma criança. Como pensa que ela deve estar se sentindo, arrastada por um desconhecido para uma terra distante e estranha, longe do carinho e da proteção da mãe?

— É triste, Dalomba, mas é a vida. Cada qual deve servir-lhe à sua maneira, e a maneira de Mudima servir à vida é sendo levada como escrava pelo homem branco. Mas não se preocupe. A menina ficará bem.

— Como é que você pode saber?

— Eu sei. Pelo que entendi, Mudima vai servir de companhia para a filha de um homem muito rico e poderoso. Com certeza, será muito bem tratada.

Dalomba o encarou com profundo desgosto. No fundo, sabia por que ele fizera aquilo. Fora por causa de Iadalin. Dalomba se lembrava muito bem. Logo após o seu casamento, Igboanan fizera-lhe a proposta, mas Iadalin já estava comprometida com outro e recusou a sua oferta. Não queria ser sua esposa, e Igboanan, rancoroso e vingativo, não perdeu a oportunidade de se vingar da única mulher que o rejeitara. Não contendo a revolta, Dalomba desabafou:

— Fez isso por causa de Iadalin, não é verdade? Por vingança.

— Isso é um disparate! Fiz o que era de meu direito como chefe da tribo. Não foi nada pessoal.

— Não precisa fingir para mim, Igboanan. Você jamais a perdoou por tê-lo rejeitado e não pôde deixar escapar a oportunidade de vingança. Mas por que usar a menina? Que você tenha se vingado de Kandjimbo dessa maneira, eu ainda entendo. Ele é homem feito, forte e sabe cuidar de si mesmo. Mas Mudima é indefesa. Precisa de alguém que cuide dela. E agora, Igboanan, o que será da menina?

Igboanan não ousava encará-la. O que ela dizia era a mais pura verdade, mas ele jamais poderia admitir. Sem tirar os olhos do chão, finalizou:

— Lamento, Dalomba, mas fiz o que tinha que fazer.

— Será que você não percebe o que fez? Vendeu a sua gente ao homem branco! O homem branco é perigoso; você sabe o que ele fez a outras aldeias.

— O homem branco se foi.

— E se voltar?

— Não vai voltar.

— Como é que você sabe?

Igboanan empurrou-a para o lado e saiu. Não suportava mais aquilo. Primeiro foi Iadalin, que lhe apontou o dedo e lhe rogou aquela praga. Agora era Dalomba, que o recriminava, acusando-o de crueldade. Só Dallá não o acusara, mas ela era a que menos lhe interessava. Casara-se com ela porque era jovem e bonita, mas não gostava dela. Não gostava, mas não admitia traição. Isso não.

Ele saiu de sua casa arrasado e seguiu em direção à casa do sacerdote da aldeia. Ndombe já o esperava. Sabia o que ele fizera e conhecia os motivos. Igboanan tinha medo das consequências de seus atos e precisava de alguém que lhe dissesse que agira corretamente. Entrou cabisbaixo na palhoça do sacerdote, sentou-se, afundou o rosto entre as mãos e começou a chorar. O outro, vendo o seu quase desespero, acercou-se dele e indagou:

— Igboanan chora a dor do arrependimento?

Igboanan enxugou as lágrimas e encarou Ndombe. Respirou fundo e considerou:

— O que eu podia fazer, Ndombe, me diga? Não tive escolha. Se não tivesse vendido aqueles homens, mais a menina, talvez o homem branco nos atacasse.

— São esses mesmos os seus motivos?

— Era preciso...

— Você é o chefe, Igboanan...

— Quero a confirmação do oráculo — desabafou Igboanan, mal prestando atenção nas palavras de Ndombe.

— Confirmação de quê?

— Quero que validem a minha atitude.

— Acha que nossos *inkices* vão fazer isso? E se eles não estiverem de acordo com o que você fez? Você fez o que achava que devia, e ninguém poderá modificar essa decisão. Nem os *inkices*, nem você... Ainda que você se arrependa, jamais terá o seu perdão...

— Escute aqui Ndombe! — esbravejou Igboanan. — Não vim aqui para ouvir os seus conselhos ou a sua opinião. O que você pensa não me interessa. Sei que agi corretamente e não foi em busca de perdão que vim procurá-lo. Quero apenas que os *inkices* falem comigo, me deem sua bênção, só isso. Não venha tentar colocar culpa nas minhas atitudes, ou não responderei por mim!

Em seu íntimo, Igboanan sabia que agira movido por sentimentos de vingança e de ódio, mas ainda queria tentar se justificar. Precisava que o *ngombo*[1] amenizasse a sua consciência, que lhe dissesse que os *inkices* estavam satisfeitos com seu ato.

Ndombe não queria contrariar nem desgostar o chefe da tribo, que era poderoso e vingativo, e não tinha a menor intenção de ser o portador de más notícias. E se o *ngombo* revelasse que ele agira mal? Como dar a Igboanan um recado

---
[1] Ngombo: jogo adivinhatório, com sessenta peças, semelhante ao jogo de búzios.

dessa natureza? Ndombe não queria jogar, mas Igboanan estava decidido. Somente a resposta dos *inkices* faria aplacar sua consciência.

— Vamos, Ndombe, cumpra a sua tarefa.

Sem ter como recusar, Ndombe soltou profundo suspiro e respondeu:

— Muito bem. Se é o que deseja, farei como me pede.

Igboanan sentiu-se mais confiante. Tinha esperanças de que o *ngombo* confirmasse que ele agira corretamente, o que o isentaria de culpa. Se os *inkices* estivessem de acordo com a sua atitude, poderia descansar em paz.

Ndombe levantou-se e fez com que Igboanan o seguisse, conduzindo-o ao local apropriado para o jogo. Apanhou as peças, sentou-se no chão ao lado do chefe e jogou.

Logo na primeira caída, Ndombe percebeu o quão comprometedora fora a atitude de Igboanan. Os *inkices* não se mostravam nada satisfeitos com o fato de ele ter vendido seus irmãos ao homem branco, e o jogo tratou de expor a verdade. Apontava o tortuoso caminho da crueldade e da vingança, no qual Igboanan se atirava por sua própria vontade, e que levaria seu povo a perder-se em encruzilhadas de sofrimento e dor. Falava da necessidade de se unirem contra o homem branco, do perigo que aquela aproximação representava para seu povo, do erro de fragmentarem sua gente em troca de presentes inúteis e tolos. Mas Ndombe não podia lhe dizer isso. Se o fizesse, Igboanan seria até capaz de voltar sua ira contra ele, e as consequências seriam terríveis. Assim, Ndombe abaixou os olhos, pediu perdão aos *inkices* e começou a dizer:

— Aluvaiá[2] responde...

— O que ele diz? — tornou Igboanan ansioso, passando a língua nos lábios.

---

2 Aluvaiá: divindade do povo banto, que encontra correlação em Exu, na nação iorubá, representante dos caminhos e mensageiro dos demais *inkices*.

— Diz que o seu caminho será de glórias e reconhecimentos, e nosso povo será salvo pela sua coragem de dar homens em troca de paz e segurança.

Nova jogada, e Ndombe, franzindo o cenho, continuava a mentir:

— Os ventos de Matamba[3] são favoráveis... Levaram para longe os infiéis e agora trarão paz e prosperidade ao nosso povo.

Mas Aluvaiá não respondia nada disso. Ao contrário, alertava-os do espinhoso caminho que percorriam, e Matamba lhes dizia que acabariam atirados no vendaval da morte, partindo para o estrangeiro e sofrendo na carne a perda da vida e da dignidade. Ndombe não contava o que via. Apesar do alerta dos *inkices*, fingia não acreditar. Aquilo era desgraça demais para ser verdade.

— E o que mais? — indagou Igboanan, esfregando as mãos nervosamente.

Ndombe atirou novamente as peças e, mais uma vez, os *inkices* demonstravam sua insatisfação. A resposta que obteve no jogo foi bastante clara. Igboanan se deixara levar pela ilusão da força e do poder, permitindo que o orgulho e a vaidade se sobrepusessem aos verdadeiros valores do espírito. Os *inkices* o alertavam de que sua missão, enquanto chefe, era de dirigir e orientar o seu povo, distribuindo justiça e proteção, e não deveria valer-se de sua posição para concretizar vinganças pessoais que, além de tudo, poderiam atirá-los num poço de destruição. Mas Ndombe, temeroso, ia deturpando o significado do jogo:

— Nzaze-Loango[4] diz que a justiça foi feita. Os criminosos pagaram por seus crimes.

Igboanan exultou. Era tudo o que precisava ouvir. Então agira mesmo corretamente. Podia contar com o apoio dos

---

3 Matamba: divindade banto, a Iansã dos iorubás, senhora dos ventos e das tempestades.
4 Nzaze-Loango: divindade banto, associada a Xangô, dos iorubás, deus da justiça e dos trovões.

deuses. Satisfeito, levantou-se e fez um gesto para Ndombe, ordenando que parasse. Já ouvira o suficiente. Ndombe suspirou aliviado. Não sabia por quanto tempo mais conseguiria levar adiante aquela farsa. Além disso, os *inkices* deviam estar coléricos. Ele, um sacerdote, utilizando-se de seus poderes e conhecimentos para mentir e agradar, com o único propósito de continuar nas boas graças do chefe da tribo que, apesar de se dizer seu amigo, não hesitaria em destruí-lo também.

Calado o alerta, Igboanan continuou com suas práticas nefastas. Ao contrário do que previra, o homem branco tornou a visitar sua aldeia e, a cada vez que aparecia, ele trocava outros escravos por mais tabaco e aguardente, sufocando dentro de si a voz da consciência, que o alertava da ilicitude de seus atos. Afinal, foram os próprios *inkices* que lhe haviam dado autorização para continuar com aquela prática.

Ndombe, por sua vez, acabou perdendo o dom de ver através do *ngombo*. A cada vez que atirava as peças, as respostas vinham desencontradas e sem sentido. Ou os *inkices* o haviam abandonado, ou os *eguns* haviam tomado conta do jogo, misturando-o para confundi-lo.

Com a continuidade das trocas, chegou o dia em que já não havia mais escravos disponíveis para o homem branco levar. Quando Igboanan passou a recusar as ofertas que lhe faziam, os brancos se enfureceram e, cerca de um ano depois, invadiram a aldeia, matando e capturando todos os negros, escravos ou não. Dos muitos sacrificados, Igboanan e Ndombe perderam suas vidas ainda em terras africanas, mortos a tiros pelos invasores. Muitos outros foram levados: homens, mulheres e crianças, e muitos pereceram na viagem.

Da família de Iadalin, apenas ela resistiu. Os filhos e o marido também morreram, uns na própria aldeia, outros no tumbeiro.

Dalomba já não era mais nenhuma menina e, por isso, foi abatida pelos brancos, juntamente com outras mulheres.

Eram fracas e franzinas, não valia a pena desperdiçar ração com negras que não tinham chance alguma de sobreviver e que não dariam bom lucro.

Dallá, por sua vez, jovem e bonita, foi feita prisioneira e enviada para o navio. Contudo, na travessia, alguns homens brancos a escolheram para servi-los, e Dallá foi submetida a toda sorte de abusos e humilhações. Já perto do Brasil, castigada pelos maus tratos, acabou por enlouquecer e foi atirada do convés, para que morresse afogada e os poupasse do trabalho de ter que matá-la.

Cumpriam-se assim, as profecias dos *inkices*, que Ndombe, por medo e covardia, morreu sem jamais revelar.

Quando Clarissa retornou dessa *viagem*, estava extremamente confusa. Muito mais do que quando se vira na pele da orgulhosa Luísa, arquiduquesa de Linhares. Sabia que presenciara outra de suas encarnações, mas não conseguia se ver naquela vida nem identificara nenhum de seus atuais personagens. Completamente aturdida, indagou de Tonha:

— Não compreendo. Onde me encaixar em toda essa história horrível?

— Não consegue ainda se ver, não é mesmo, Clarissa?

— Não. Em meu íntimo, sinto que vivi naquela aldeia africana, mas não consigo me identificar com nenhum de seus personagens. Tampouco me lembro de haver reconhecido alguém de minha vida atual... Mas espere aí. Você estava lá! Era você, não era? A menina! Mudima! Era você, vó Tonha, antes de ser trazida para o Brasil!

— Sim, era eu mesma.

— Mas como pode? Pensei que aquela vida fosse anterior à de Luísa.

— A história que você reviu é ainda bem recente. Seus personagens desencarnaram há cerca de um século e já estão quase todos de volta ao mundo carnal.

— Como isso é possível? Pensei que demorássemos mais para voltar ao mundo.

— Isso depende muito. Há espíritos que não querem esperar e logo pedem uma nova oportunidade.

— Quer dizer que se precipitam?

— Ninguém vem ao mundo antes do tempo. A reencarnação envolve todo um planejamento, e o espírito que se dispõe a retornar traz em sua bagagem espiritual tudo aquilo que aprendeu e se dispôs a realizar. Muitas vezes, não consegue atingir o seu objetivo, só o atinge pela metade, ou apenas uma parte dele. É um processo de evolução natural, e todos nós temos que passar por ele. Só que alguns têm mais pressa do que outros, sentem necessidades diversas, buscam outros caminhos. Cada espírito é responsável pelas linhas que traça para sua evolução, e a reencarnação é apenas mais uma das várias opções que levam ao nosso crescimento. Para nós, espíritos aprendizes, ainda é o melhor caminho, porque é através da reencarnação que podemos vivenciar a lei de causa e efeito.

— Você quer dizer que acabamos passando por tudo aquilo que fizemos ao nosso próximo, não é mesmo?

— Não entenda a lei de causa e efeito como um instrumento de vingança ou de castigo. A lei de causa e efeito vem para nos mostrar que podemos, através da experiência, aprender com nossos próprios erros. Vivenciamos a mesma história, atravessamos semelhantes processos de desenvolvimento e escolhemos o final. Trata-se de uma reação da vida às nossas próprias atitudes, com caráter pedagógico e elucidativo, uma arma para o nosso crescimento. Somos os únicos responsáveis por tudo aquilo que nos acontece, e não há nada na vida que fique sem resposta.

— O que isso tudo tem a ver com o que acabamos de presenciar?

— Você viu uma vida na qual estavam presentes vários conhecidos seus, pessoas muito ligadas a você nesta vida atual.

— Por que não me lembro?

— Porque não quer. Não quer aceitar o que fez. É difícil para você conviver com a culpa, mas você deve libertar-se, acreditando que não somos culpados, somos responsáveis. Essa diferença é fundamental. A culpa enfraquece, a responsabilidade ensina.

— Mas de que sou responsável? Sinto essa responsabilidade, mas não consigo me lembrar...

— Pense, Clarissa. Se quiser de verdade, vai se lembrar. Senão, você retornará ao corpo físico e se esquecerá do sonho desta noite, ao menos até que esteja madura o suficiente para compreender e se aceitar.

— Espere um instante! Agora me lembro... Meu pai, o navio... oh! Meu Deus, é isso, é isso!

— O quê?

— O jovem Kandjimbo. Era meu pai, não era? E Valentina? Era Dallá. Dalomba, minha mãe. E Ndombe? Provavelmente, meu irmão Luciano. Mas, e eu?

— Não se recorda?

Clarissa calou-se horrorizada e cobriu o rosto com as mãos. Agora se lembrava. Lembrava-se de tudo. Com sentidas lágrimas nos olhos, encarou Tonha e desabafou:

— Igboanan! Meu Deus, Igboanan era eu!

— Sim, Clarissa. Após desencarnar como Luísa, você optou por reencarnar nas terras da África para tentar conter e direcionar o orgulho que, inclusive, foi que a levou a maltratar os primeiros escravos que chegaram ao Brasil.

— E por que vim homem?

— Porque já estava cansada de abusar da sua sexualidade e quis experimentar o lado oposto de suas conquistas.

— 343 —

Reencarnando como homem, você se deu a oportunidade de compreender o universo masculino e de valorizar a essência feminina, não como fonte de prazer desenfreado, mas como o substrato de sensibilidade que toda mulher deve ter.

— Foi o meu orgulho que traçou o destino que eu mesma impingi a meus irmãos, não é mesmo? Lancei-os ao mar, para uma terra desconhecida, e hoje me vejo na mesma situação.

— Não pense que o que aconteceu aos negros da sua aldeia foi obra da sua maldade. Os que foram vendidos escolheram passar por aquilo, e você nada mais foi do que um instrumento para a realização de seus destinos. É claro que ninguém é instrumento por acaso. Ninguém pode ser compelido a agir contra os seus princípios ou a sua moral apenas para impulsionar o crescimento do outro, pois não haveria mérito em crescer a custo do comprometimento alheio.

— De qualquer forma, eu fiz aquilo porque quis, não é mesmo?

— Você teve seu livre-arbítrio e poderia ter agido de outra maneira, e a vida teria descoberto outros meios para que se cumprisse o destino de seu povo.

— E meu pai não teria me vendido a seu Abílio para vingar o que eu fiz a Kandjimbo.

— Tudo isso é obra da vida, Clarissa, e ninguém age por desejo de praticar o mal, mas por ignorância. No entanto, quando conseguimos alcançar a compreensão, deixamos de lado as velhas atitudes e modificamos o nosso comportamento para melhor. Assim também está sendo com seu pai, como é com você e com todos os que habitam este mundo.

— E você, vó Tonha? Hoje lamento o que fiz a você. Será que você pode me perdoar?

— Não há o que perdoar.

Os olhos de Clarissa se encheram de lágrimas, e ela se abraçou à ex-escrava, lembrando-se da história de sua vida, que ela mesma lhe contara[5]. Amava-a tanto e jamais poderia imaginar que tivesse sido a responsável pela sua vinda para o Brasil, ainda naquela mesma vida.

— E quanto a Ndombe? — retrucou Clarissa, tentando afastar as tristes lembranças da vida de Tonha. — Como fica meu irmão com relação a tudo isso?

— Seu irmão sempre foi uma alma afim, e não foi à toa que reencarnou como Bertoldo, segundo marido de Luísa. Na África, nasceu dotado de impressionante sensibilidade, e o contato com os espíritos lhe era extremamente fácil. No entanto, corrompeu a sua faculdade, deturpando as advertências e verdades que seus *inkices* tentaram lhe mostrar, tudo em nome do medo e da covardia. Luciano, ainda hoje, conta com uma mediunidade aguçada, mas já aprendeu a desenvolvê-la com honestidade e para o bem. Resta ainda aprender com a verdade.

Clarissa chorou emocionada. Estava feliz. Tinha todo o conhecimento de que necessitava para enfrentar o mundo e a si mesma, e tinha certeza de que venceria. Pouco depois, despediu-se de vó Tonha e voltou ao corpo físico, guardando na memória apenas as impressões que aquelas revelações lhe haviam causado.

---

[5] Tonha conta a sua história no primeiro livro desta trilogia: *Sentindo na Própria Pele*.

CAPÍTULO 25

A véspera de Natal amanheceu nublada, com alguns poucos trovões pipocando aqui e ali. Apesar do mau tempo, Clarissa estava disposta a desvelar-se para que aquela noite fosse especial, principalmente para Angelina, que há muito tempo não via uma festa de Natal. A árvore fora cuidadosamente enfeitada e ostentava pingentes delicados e bolas coloridas, além de lanterninhas que seriam acesas ao anoitecer.

Angelina estava eufórica. Não acreditava mais em Papai Noel, mas tinha certeza de que seu próprio pai havia se encarregado de lhe fazer uma surpresa. Fazia anos que não ganhava nenhum presente e esperava uma boneca nova.

Logo cedo, Clarissa começou os preparativos. Auxiliada por Jerusa, colocou o peru para assar, preparou o peixe, fez doces e bolos. Angelina merecia uma festa assim. E até Vicente, que, a despeito de seu comportamento másculo e arrogante, não passava ainda de um menino.

Aproveitando-se de um momento em que Jerusa se ausentara, Abílio entrou na cozinha, acercou-se de Clarissa e disse:

— Clarissa, ao menos hoje, procure não me odiar.

Ela o encarou surpresa. Jamais poderia esperar um pedido daquele, partindo de um homem feito Abílio. Naquele momento, ele lhe pareceu muito frágil, o que a comoveu. Mas ele era também um assassino, fato que ela precisava levar em consideração. No entanto, seu rosto não era o de um assassino. Aquele era o semblante de um homem sofrido e cansado, não de um criminoso.

Clarissa ficou confusa. Abílio estava com o rosto tão próximo do seu que ela sentiu a sua respiração ofegante e descompassada, o tremor de suas mãos, a ansiedade e o medo em seu olhar. E como Vicente era parecido com ele! Uma réplica quase exata, só que alguns anos mais moço.

Vicente era um rapaz muito bonito, e Abílio não ficava atrás. Apresentava já algumas rugas, ganhara uns poucos quilos a mais e adquirira uma meia calvície que até lhe emprestava um certo charme. Era um homem atraente, de uma beleza madura e segura, e Clarissa ficou aturdida com essa constatação. Por uns instantes, seus lábios quase se tocaram, mas ela, envergonhada, retrocedeu. O que estaria acontecendo com ela? Casara-se com o pai e quase se deixara seduzir pelo filho. E agora, por pouco não o beijava também. Que espécie de mulher era ela?

Emocionada e confusa, ela se afastou, mexendo nas panelas sobre o fogão, de costas para ele. Abílio, frustrado, virou-se para sair e já ia se afastando, quando Clarissa atalhou baixinho:

— Não o odeio, seu Abílio.

Ele estacou, apertando os lábios, mas não disse nada. Tinha medo de dizer alguma coisa e estragar tudo. Apenas balançou a cabeça e saiu, deixando Clarissa desconcertada. Pouco depois, Jerusa voltou e, notando o estado de confusão de Clarissa, indagou curiosa:

— O que ele queria?

— Quem?

— Ora, quem... o senhor Abílio. Quem mais poderia ser?

— Pode parecer estranho, Jerusa, mas ele veio me fazer um pedido.

— Que pedido?

— Pediu-me para que não o odiasse.

— Estranho. Um homem feito o senhor Abílio, que fez o que ele fez, fazer um pedido desses... Enfim, deve estar mesmo arrependido.

— Tem razão. E depois, hoje é véspera de Natal. Creio que devemos tentar conviver em paz.

— Você está certa. O melhor para todos é nos deixarmos imbuir do espírito cristão. Quem sabe assim não conseguimos desvendar esse mistério?

Depois, não tocaram mais no assunto. Durante o resto do dia, Abílio permaneceu ausente. Saiu em companhia de Vicente e de Tião, sem dizer aonde ia.

Em casa, Clarissa, Jerusa e Angelina ultimavam os preparativos, enquanto Luciano permanecia por ali, andando de um lado para outro, tentando sentir a presença do espírito de Leonor.

— Ora, vamos, Luciano, deixe disso — recriminou Jerusa. — É Natal, não é dia dessas coisas.

— Jerusa tem razão — concordou Clarissa.

— Que coisas? — quis saber Angelina, que não sabia do que eles estavam falando.

Clarissa lançou um olhar de advertência ao irmão e a cunhada, e respondeu:

— Nada não, Angelina. Bobagens do Luciano.

Angelina não insistiu, extasiada que estava com os preparativos para a ceia. O dia foi chegando ao fim, e somente ao cair da noite foi que Abílio e os outros voltaram. Clarissa já estava até preocupada, com medo de que se atrasassem. Eles entraram sem dizer nada, e Abílio subiu direto para o quarto, carregando um embrulhinho, enquanto Vicente, apanhando uma toalha, dirigiu-se para o poço nos fundos da casa. Era hora de preparar-se para a ceia.

Ao ver Abílio passar feito uma bala, Luciano sentiu um certo mal-estar. Não sabia do que se tratava, mas sua intuição fez com que se levantasse e fosse atrás dele. Em silêncio, Abílio subiu as escadas e passou direto pelo seu quarto, entrando no quarto que fora de Leonor. Luciano foi atrás dele e colou o ouvido à porta, mas não escutou nada. O que estaria o senhor Abílio fazendo ali? Não conseguiu descobrir nada e voltou para a sala, indo direto para onde estava a irmã.

— O senhor Abílio trancou-se no quarto de dona Leonor — cochichou.

Clarissa não respondeu. De repente, perdera toda a vontade de ocupar-se com aquilo.

— Deixe-o. É Natal, deve estar com saudades da esposa.

Voltou sua atenção para a mesa que estava arrumando. Terminado o trabalho, Clarissa olhou com ar crítico. Estava uma beleza!

Pouco depois, todos se retiraram. O dia havia sido cansativo, e queriam estar bem-dispostos para a ceia. Clarissa pediu a Tião que enchesse as tinas dos quartos e ficou na sala, esperando que ele terminasse. Ele demorou bastante naquela tarefa, e ela quase adormeceu, até que ele apareceu e disse:

— Pronto, sinhá.

— Obrigada, Tião.

— De nada.

Ele acenou com a cabeça e virou-se para sair, mas Clarissa o chamou de volta:

— Podemos contar com sua presença na festa, não é, Tião?

Seu rosto se iluminou num sorriso. Apesar de Abílio já o haver convidado, ele ficou feliz em ver que Clarissa também se importava com ele. Ela era uma boa moça. Podia ser curiosa, rebelde, geniosa. Mas tinha bom coração, e era isso o que importava nas pessoas. Ainda sorrindo, respondeu:

— Não perderia essa festa por nada! Seus quitutes cheiram tão bem...

Clarissa sorriu de volta e se levantou, dando-lhe adeus com a mão. Em silêncio, subiu as escadas e foi primeiro ver como estava Angelina. A menina estava mergulhada na tina até o pescoço, deliciando-se com aquela água fresca. Clarissa colocou a cabeça pela porta entreaberta e perguntou:

— Está tudo bem com você?

— Ah! Sim, Clarissa, não se preocupe. Vou colocar um vestido novo!

— Muito bem. Vai ficar muito bonita.

Clarissa tirou o corpo e fechou a porta, dando antes uma olhada no vestido cor-de-rosa que estava sobre a cama de Angelina. Ela dissera que era novo. Abílio o teria comprado quando fora ao Rio de Janeiro? Chegando a seu quarto, Clarissa entrou pensativa. Fechou a porta cuidadosamente e, quando se voltou, parou extasiada. Estendido sobre a cama, o vestido mais bonito que já vira, cor de marfim, com alguns fios cintilantes, e, aos pés, uma botinha delicada e brilhante. Mais acima, um colar de pérolas de três voltas e um par de brincos também de pérolas. Clarissa ficou admirada e apanhou o vestido, correndo com ele para a frente do espelho. Colocou-o diante do corpo e sorriu. Era lindo!

Soltou o vestido em cima da cama e saiu para o corredor, indo bater na porta do quarto de Abílio. Era a primeira vez que ele a presenteava, o que a encheu de emoção. Fora as roupas que lhe comprara logo após o naufrágio, nunca lhe dera nada.

— Pode entrar — disse uma voz lá de dentro.

Ela entrou cautelosamente e se aproximou da escrivaninha onde ele estava, ainda em mangas de camisa, o que a deixou constrangida. Nunca antes ela havia ficado a sós com ele em seu quarto. Só entrava ali para limpá-lo e, assim mesmo, quando ele não estava.

— Seu Abílio, eu... — começou, parando em seguida, sem saber ao certo o que dizer.

— O que é?

— Gostaria de lhe agradecer os presentes... As joias... O vestido... é maravilhoso!

Abílio fitou-a emocionado. Sentia vontade de correr para ela e abraçá-la, mas não conseguia sair do lugar.

— Não foi nada, Clarissa — disse com cerimônia, olhando-a com uma ternura contida. — Foi apenas um agrado. Só queria que você e Angelina estivessem bonitas essa noite...

— Obrigada — respondeu ela, meio sem jeito.

Em seguida, voltou para o quarto para se arrumar. Lavou-se e vestiu-se calmamente. Depois de pronta, olhou-se no espelho e sorriu satisfeita. O senhor Abílio era um homem fino, afinal, pois só alguém com o gosto muito apurado seria capaz de comprar presentes tão lindos e delicados. Depois que terminou de vestir-se, saiu e foi só então que se deu conta de que se arrumara toda para Abílio, esperando que ele a elogiasse, que a admirasse, que gostasse dela.

A noite chegou agradável, coberta de estrelas. Os trovões que estouravam de manhã já se haviam ido, e as nuvens, espalhadas pelo vento, deixavam à mostra o clarão da lua cheia. Apenas o vento não dava trégua, soprando forte pelas janelas e portas.

A ceia preparada por Clarissa e Jerusa fez enorme sucesso. Angelina e Vicente, desacostumados de tantas delícias, não se fartavam de saborear aqueles quitutes. Tião, então, experimentava pela primeira vez bolos e pudins, certo de que jamais havia comido coisas tão gostosas.

Vendo a felicidade dos filhos, Abílio se emocionou. Aquela noite lhe trazia algo que há muito não experimentava: alegria. Dava-lhe prazer ouvir os risos das crianças, principalmente de Angelina que, pequena ainda, não tinha exata noção do que se passara em suas vidas.

Por volta da meia-noite, Clarissa convidou os presentes para orarem juntos.

— Não devemos nos esquecer do aniversariante — disse ela com um sorriso.

— Aniversariante? — perguntou Angelina.

— Não podemos nos esquecer de que hoje é o aniversário de Jesus. Faz exatamente 1891 anos que ele nasceu.

— É verdade — completou Jerusa. — Vamos orar e pedir a Jesus que nos envie o maior presente que alguém pode desejar, que são bênçãos de amor e de paz.

Todos se ajoelharam e deram-se as mãos, e Clarissa começou:

— Aqui nos reunimos, Jesus, para te oferecer aquilo que de melhor temos em nossos corações. Cada um de nós, à sua maneira, vivencia sentimentos próprios e íntimos, e só nós sabemos quais são aqueles que nos aquecem o coração. Mas estamos prontos para oferecer o nosso sentimento mais genuíno, pedindo-te que o possas acolher ou transformar. Se nosso sentimento é de alegria, de felicidade, que tu o recebas e multipliques, fazendo com que ele se espalhe entre todos os nossos irmãos, levando um pouco de calor àquelas almas desamparadas. Mas se o nosso sentimento é de angústia ou de dor, que tu o recolhas em tuas mãos e o transformes em valoroso aprendizado para nossas vidas. E que nunca deixemos esmorecer dentro de nós a chama do teu eterno amor. Graças a Deus.

— Graças a Deus — repetiram todos em uníssono.

A emoção tomou conta do ambiente, e discretas lágrimas escapuliram dos olhos de Abílio, Vicente e até de Luciano, que, presos ainda aos falsos conceitos de hombridade da época, tinham vergonha de demonstrar sua emoção. Em seguida, Abílio convidou-os a abrir os presentes, lutando para disfarçar a forte comoção que sentia.

Angelina foi a primeira a se levantar. Só pensava na boneca que o pai lhe prometera. Vendo sua ansiedade, Abílio puxou logo o embrulho que continha o seu presente, e ela o rasgou apressada. Dentro, uma linda boneca de porcelana, olhos de vidro, cabelos que pareciam de verdade, trajada com um maravilhoso vestido de baile, todo dourado. Angelina exultou, batendo palminhas de alegria. Nunca havia visto coisa mais bonita. Até mesmo Tião, que não dava importância àquelas coisas, ficou impressionado.

Para Vicente, Abílio comprou um relógio de bolso, de ouro maciço, com rubis em lugar dos números. Ele já era um rapaz e não ligava mais para brinquedos. O filho olhou surpreso para o relógio, virou-o nas mãos, admirado, e foi abraçar o pai. Mais do que um simples presente, aquilo significava a concretização de um amor que há muito se estabelecera, mas que só agora Vicente conseguia descobrir.

Depois, chegou a vez de Clarissa. Além do vestido e das joias maravilhosas que lhe dera, Abílio comprou-lhe um outro colar, só que de diamantes, acompanhado de brincos e um lindo bracelete. Parecia coisa de princesa, e Clarissa admirou-se profundamente. Sabia que a fortuna de Abílio provinha das joalherias que possuía na capital, mas não imaginava que ele trabalhasse com coisas assim tão caras e maravilhosas.

— É lindo! — exclamou ela, admirada.

— Fico feliz que tenha gostado.

— Sabe, Clarissa — atalhou Angelina —, papai é quem desenha todas as suas peças, não é mesmo, papai?

Ele assentiu contrariado. Não gostava de expor suas habilidades. Clarissa, porém, cada vez mais surpresa, não conseguiu conter o espanto:

— É mesmo? Eu jamais poderia imaginar!

— Há muitas coisas que você não imagina, Clarissa — falou Vicente, olhando-a com ironia.

A um olhar de Abílio, o rapaz se conteve. Não era hora para provocações.

Jerusa e Luciano também receberam presentes, e até Tião foi agraciado com uma cartola e uma bengala, coisas que admirava em silêncio. Luciano também havia trazido presentes para todos, e Clarissa havia feito algumas encomendas ao marido. Até os meninos se juntaram e compraram lembrancinhas nas vendas da cidade, e a troca de presentes ganhou o significado maior de troca de afeto.

Embora a festa seguisse em paz pela madrugada adentro, Clarissa não pôde deixar de fazer uma triste observação:

— Pena que não podemos ter música. Ficaria muito feliz em tocar algumas canções de Natal...

Jerusa e Luciano se entreolharam. Fora por causa da música que tudo começara, por causa daquele cravo que ela ganhara de presente do pai, que, na verdade, fora o preço do seu sacrifício. Não querendo, porém, que ela se entristecesse, Jerusa sugeriu:

— Por que não cantamos?

— Cantar?

— Sim, podemos cantar.

— Mas eu não conheço nenhuma música — queixou-se Angelina.

— Não faz mal — consolou Clarissa. — Eu mesma a ensinarei.

Enquanto o vento açoitava as paredes do lado de fora, Clarissa e Jerusa ensinavam aos demais as cantigas da sua terra que costumavam cantar na noite de Natal. Em pouco tempo, todos haviam aprendido as letras e as melodias, e juntaram-se ao grupo das moças, formando um coro bonito e afinado.

Sem que percebessem, inúmeras gotículas brancas iam sendo espargidas pelo ambiente, pousando sobre móveis e utensílios, envolvendo a cabeça e o corpo de cada um. À medida que a música ia se desenvolvendo, mais e mais a luz ia penetrando naquele ambiente, levando a todos um bem-estar indescritível. A melodia é capaz de despertar os sentimentos mais puros, e todos os presentes, sensíveis à sua maneira, iam deixando que a música penetrasse em seus corações, afagando-os com uma suavidade angelical.

Parada ao lado de Clarissa, Tonha sorria serenamente. Acercou-se da moça, abraçou-a e pousou-lhe um beijo doce na testa, o que fez com que ela sentisse um leve arrepio.

— O que foi, Clarissa? — perguntou Luciano, sentindo uma estranha sensação no ar.

— Não sei. Um friozinho gostoso, de repente.

Quando Tonha abraçou Luciano, o rapaz sentiu que lágrimas lhe vinham aos olhos. Conhecia aquele abraço e falou baixinho para Clarissa:

— Creio que há um espírito entre nós.

— Um espírito?

— Parece que é vó Tonha.

Clarissa inspirou profundamente, sorvendo aquele ar benfazejo, lembrando-se da negra velha, já curvada pelos anos, olhar bondoso, semblante sereno. Tonha, delicadamente, abraçou cada um dos presentes: Jerusa, Tião, Vicente, Angelina.

Ao chegar perto de Abílio, envolveu-o num abraço caloroso, beijou sua cabeça e começou a massagear seu coração, vibrando sobre ele uma luz verde cristalina. Imediatamente, Abílio começou a chorar. Não sabia por quê, mas as lágrimas brotavam de seus olhos aos borbotões, como se ele estivesse derramando um pranto há muito reprimido, um pranto que hoje precisava sair. E fora exatamente isso que Tonha fizera: libertara do coração de Abílio todo um sentimento represado, uma amorosidade controlada, uma sensibilidade contida.

— Pai — chamou Vicente preocupado, aproximando-se dele. — Aconteceu alguma coisa?

Aturdido e envergonhado, Abílio enxugou os olhos com as mãos e se desculpou:

— Perdoem-me... não sei o que me deu...

— Não se preocupe, seu Abílio — falou Clarissa. — Faz bem chorar de vez em quando.

Angelina correu para o pai e o abraçou, e ele apertou-a de encontro ao peito, abrindo os braços também para Vicente, que se aninhou entre eles. Tião, que conhecia toda a dor daquela família, intimamente agradeceu a seus orixás por mais aquela bênção e orou baixinho, pedindo a Deus que os protegesse. Clarissa, Luciano e Jerusa, diante daquela cena tocante, não conseguiram conter as lágrimas e choraram também. Será que Abílio era mesmo aquele monstro que pensavam? Ele parecia tudo, menos um monstro. Parecia um homem atormentado e contido, mas dotado de uma enorme capacidade de amar.

Pouco depois, ele pediu licença para se retirar. Já era tarde, e a noite havia sido exaustiva. Precisavam dormir, principalmente Angelina, que ainda era uma criança. Todos se levantaram e se despediram, seguindo direto para seus quartos.

Ao se deitarem, logo adormeceram, enquanto o vento continuava impiedoso do lado de fora: uuuuu... Mas já estavam todos acostumados, e ninguém deu importância àquele lamento.

Altas horas da madrugada, o gemido recomeçou. Por detrás do uuuuu... do vento, ouvia-se nitidamente aquele uuuuui... só que dessa vez com muito mais intensidade do que das outras vezes. Não que fosse mais alto. Ao contrário, era até mais fraquinho, mas muito mais doloroso e repetitivo.

Clarissa foi a primeira a despertar, mas também já estava acostumada àquele gemido e pensou que a alma de dona Leonor, tocada pelos acontecimentos da noite, deveria estar muito perturbada, querendo encontrar a paz há tanto perdida. Em silêncio, elevou o seu pensamento a Deus e fez uma oração pela morta, pedindo a Jesus que a amparasse e a auxiliasse a encontrar o caminho da paz.

O gemido, porém, não cessava. Ao contrário, prolongava-se cada vez mais e parecia até aumentado pelo barulho do vento. Era como se o sopro da ventania conduzisse aquele lamento por entre as paredes, e ele parecia soar por toda a casa. Em seu quarto, Luciano e Jerusa também despertaram, e a moça indagou assustada:

— Mas, o que é isso?

— Não sei — respondeu Luciano. — Parece que o espírito de dona Leonor está mais atormentado do que nunca.

De repente, ouviram passos no corredor, caminhando em direção ao quarto de Leonor, e ouviram um *clique*, como de um trinco se fechando. Abílio, provavelmente, fora ao quarto da esposa tentar aplacar sua própria consciência, implorando a seu espírito que o perdoasse.

Os gemidos, aos poucos, foram diminuindo, enfraquecendo, até que cessaram por completo. E quando todos pensaram que o silêncio voltaria a reinar na casa, ouviu-se um grito agudo, doloroso, agoniado, seguido de soluços desesperados e estridentes.

— Nãaaao!!! Nãaaao!!! — gritava a voz.

Parecia que alguém estava passando por indescritível flagelo, e todos correram para o corredor quase ao mesmo tempo. Vicente foi o primeiro a chegar e meteu a mão no trinco, sacudindo-o violentamente. A porta estava trancada, e o rapaz começou a berrar:

— Papai! Papai! Abra!

Ninguém respondia. Vicente começou a esmurrar a porta, e Angelina pôs-se a chorar, agarrando-se a Clarissa e gemendo por sua vez:

— Mamãe!

Foi uma confusão geral. Os gritos continuavam angustiados, e Vicente quase desesperou. Até Tião apareceu. Escutara os gritos de sua cabana, atrás da casa, e veio correndo para ver o que estava acontecendo. Vicente, auxiliado por Luciano, dava investidas contra a porta, tentando arrombá-la, até que Luciano meteu o pé na altura do trinco e ele arrebentou, escancarando a porta. Vicente passou por ele feito uma bala e entrou rapidamente, correndo para uma abertura na parede lateral do quarto.

Depois, Luciano entrou, seguido por Clarissa, que vinha com Angelina agarrada à sua cintura, e Jerusa mais atrás. Pararam assustados, cobrindo as narinas com as mãos. Um odor nauseabundo foi invadindo o quarto, e eles, na penumbra que as cortinas semicerradas imprimiam, viraram o rosto na direção em que Vicente correra e quedaram paralisados. O armário que ficava na parede fora afastado em diagonal, deixando entrever uma passagem que dava num compartimento contíguo ao quarto de dona Leonor. Dali provinham os gritos lancinantes que ouviam, e eles, tentando vencer aquele odor pútrido, dirigiram-se para lá ainda hesitantes.

Entraram e foram seguindo o som daquela voz, estacando estarrecidos. Bem debaixo de uma claraboia, por onde a lua derramava uma luz branca que iluminava e empalidecia o ambiente, encontrava-se Abílio, ajoelhado no chão e chorando, balançando o corpo para frente e para trás, tendo nos braços o corpo de uma mulher, bastante deformado. A cabeça pendendo para trás, olhos cerrados, pálida, pele baça e descamada, coberta de feridas, cabelos ralos e ressecados, no rosto uma espécie de cratera no lugar onde deveria ser o nariz. Ao lado, Vicente, de joelhos, chorava com o rosto escondido entre as mãos. Todos estacaram horrorizados, e Angelina se adiantou, exprimindo num soluço abafado:

— Mamãe...

A mulher, por uns momentos, abriu os olhos e fitou a menina. Seus olhos tinham tanto brilho que Clarissa se espantou. Era como se os olhos fossem a única coisa viva naquele corpo que se decompunha antes da morte. A mulher olhou demoradamente para Angelina, esboçou um leve sorriso e tornou a fechá-los, dessa vez para nunca mais os abrir nessa vida. Abílio, desesperado, agarrou-se ao corpo da mulher e recomeçou a gritar, totalmente descontrolado:

— Não! Por favor, Leonor, não! Não me deixe! Não me deixe!

A seu lado, Vicente passou os braços ao redor dos ombros do pai e, olhos banhados em lágrimas, suplicou:

— Por favor, papai, deixe-a partir...

— Não! Não! — continuava Abílio a gritar.

Nesse momento, Tião foi abrindo passagem por entre os presentes, que permaneciam parados, mortificados ante aquela cena insólita. Aproximou-se de Abílio e, cuidadosamente, pousou sobre as dele as suas mãos generosas, afastando-as do corpo agora sem vida da mulher. Abílio ainda tentou agarrar-se a ele, apertando-lhe os braços envoltos em ataduras, mas a pressão de Tião foi mais forte. Aos poucos, Abílio foi afrouxando, até que a soltou, e o negro, auxiliado por Vicente, ergueu o corpo pesado de Abílio. Amparado pelo filho e pelo amigo, ele se deixou conduzir. Ao passar por Angelina, encarou-a com profundo pesar, e ela correu para ele, abraçando-se à sua cintura e chorando copiosamente. Clarissa, com cuidado, afastou a menina dele e chegou para o lado, dando-lhe passagem. Abílio saiu carregado, apertando com vigor a mão que o filho, tão amorosamente, lhe oferecia.

CAPÍTULO 26

Confusa e indignada, Clarissa não sabia o que fazer ou pensar. Todos estavam abismados, e Luciano era o único que parecia raciocinar com mais clareza.

— Venha, Clarissa — chamou ele —, vamos sair. Por ora, não há nada que possamos fazer.

— Mas é preciso enterrar a morta... — cortou Jerusa, apalermada.

— Depois — disse Clarissa. — Agora preciso cuidar de Angelina. Ela requer cuidados.

Clarissa levou a menina de volta ao quarto. Tinha vontade de lhe fazer milhões de perguntas, mas se conteve. Angelina estava profundamente triste e abalada, e não queria conversar. Clarissa pediu a Jerusa que lhe preparasse um chá, e a cunhada apareceu em seguida, trazendo na mão uma xícara fumegante.

— Beba — falou Clarissa, estendendo a xícara para Angelina. — Vai lhe fazer bem.

Ainda soluçando, Angelina sorveu o chá e deitou-se, pousando a cabeça no colo de Clarissa.

— Você pode ficar comigo? — perguntou, segurando a mão de Clarissa.

— Estou aqui do seu lado. Agora durma, você precisa descansar. Mais tarde, falaremos.

— Por favor, Clarissa, não me deixe sozinha.

— Você não está sozinha. Estou aqui com você.

Clarissa deitou-se na cama, ao lado de Angelina, e abraçou-a com ternura. A menina estava quente e tremendo, e algumas gotinhas de suor escorriam pelo seu rosto. Ela ardia em febre, e logo adormeceu. O resto da noite foi agitado, e Clarissa permaneceu ao lado de Angelina, sem conseguir dormir. Havia muitas perguntas pipocando em sua mente que não lhe permitiam conciliar o sono.

Quando o dia amanheceu, Clarissa ouviu batidas na porta e se levantou para abri-la. Era Tião, que vinha chamá-la.

— Sinhô Abílio pediu para ver vosmecê.

Ela balançou a cabeça e retrucou:

— Onde ele está?

— Em minha casa.

— Está bem. Diga-lhe que já vou.

Depois que ele saiu, ela foi até onde Angelina dormia e colocou a mão em sua testa. Estava fresca, o que demonstrava que a febre havia cedido. Clarissa saiu vagarosamente, foi a seu quarto, lavou-se e trocou-se. Depois foi bater na porta do quarto de Luciano.

— Pode entrar — falou ele.

Ela abriu a porta e, vendo os dois sentados na cama, entrou e perguntou:

— Já acordados a essa hora?

— E alguém conseguiu dormir?

— Não, creio que não — ela fez uma pausa e sentou-se na cama ao lado deles, acrescentando: — O senhor Abílio quer falar comigo. Será que podem dar uma olhada em Angelina para mim? Ela está muito abalada, teve febre à noite e não quer ficar sozinha.

— Não se preocupe, Clarissa — tranquilizou Jerusa. — Cuidarei dela pessoalmente.

— Vá ver o que o senhor Abílio tem a dizer-lhe — disse Luciano. — Creio que a conversa será bastante interessante.

Agradecida, Clarissa se levantou e saiu, indo direto para a cabana de Tião. Quando entrou, o negro não estava ali. Apenas Abílio, sentado no sofá, olhar perdido, cheio de olheiras. Também não dormira e passara a madrugada chorando. Quando ele a viu parada na porta, disse com brandura:

— Entre, Clarissa. Creio que precisamos conversar — ela se sentou diante dele e o encarou, ouvindo-o indagar: — Como está Angelina?

— Teve febre à noite, mas já está bem.

Ele meneou a cabeça e prosseguiu:

— Pobre Angelina, foi a que mais sofreu com tudo isso.

— Posso imaginar. O pai escondendo a mãe doente dentro de sua própria casa...

— Por favor, Clarissa, não me condene. Ao menos escute o que tenho a dizer.

— Muito bem. Estou esperando.

Abílio respirou fundo, como que se enchendo de coragem, e começou:

— Há muito tempo, quando ainda morávamos no Rio de Janeiro, descobrimos que Leonor estava doente. Sua pele havia perdido a sensibilidade, e surgiram algumas manchas avermelhadas aqui e ali. A princípio, pensamos que fosse apenas alguma alergia e fomos procurar um médico. Ele nem precisou examiná-la para dar o diagnóstico. Leonor estava com lepra, não havia a menor dúvida. O choque foi terrível. Tínhamos dois filhos para criar, e Angelina era pouco mais do que um bebê. Ficamos desesperados.

Clarissa sentiu um aperto no coração e concordou:

— Posso imaginar...

— Pois bem. O médico aconselhou o isolamento. Não havia remédio algum para o tratamento, e o resultado era a morte certa. Além disso, a doença era altamente contagiosa. Nessa época, ficamos sabendo que o único progresso da ciência com relação a essa enfermidade foi a descoberta de um bacilo. Afora isso, nada mais se sabia. O perigo de contágio era tão grande que nós não tínhamos escolha. Precisávamos afastar Leonor o mais rápido possível do contato com outras pessoas. Principalmente com nossos filhos, dizia o médico, pois eles e eu seríamos os primeiros a ser contaminados. Era uma decisão muito difícil, porque os leprosos são marginalizados e temidos por todos. E não era isso, em absoluto, que eu queria para minha Leonor. Por outro lado, a pressão era muito grande, e o médico ameaçava contar às autoridades, que colocariam nossa casa de quarentena. Você não faz ideia do quanto sofremos.

Clarissa suspirou com pesar e acrescentou com voz sumida:

— Deve ter sido muito doloroso.

— Muito mais do que você imagina. Eu amava minha mulher, amava meus filhos. Como me separar dela, como privar as crianças do contato com a mãe a quem adoravam? Foi então que ouvi falar de Cabo Frio. Foi por acaso, eu estava comprando jornais quando ouvi dois homens conversando. Diziam que aqui havia um acampamento de leprosos e que conheciam um vizinho que havia sido mandado para cá.

— E havia?

— Não sei, nunca procurei saber de verdade. Mas não foi isso o que me fez tomar a decisão de partir. Os homens disseram que a terra era muito bonita, banhada pelo mar, cheia de sol e, o principal, praticamente deserta. A cidade não passava de um vilarejo, e havia muitos lugares desabitados. Eu saí dali mais animado. Tinha esperanças de que, longe da imundície e da sujeira da capital, Leonor recuperasse as forças. Tudo arranjado, nomeei um gestor de negócios e partimos. Antes, porém, procurei o médico e lhe participei a minha resolução. Falei-lhe do acampamento e da minha intenção de internar Leonor ali. Ele concordou satisfeito e prometeu não contar nada a ninguém. Eu iria afastá-la do convívio social, e não havia necessidade de expô-la à crueldade alheia. Assim, um dia, sem nos despedirmos de ninguém, partimos.

— O senhor não tinha medo?

— Medo de quê?

— Do contágio. O senhor mesmo disse que a lepra é altamente contagiosa. Não temia expor seus filhos?

— Não. Por uma razão que não sei definir, sempre tive a certeza de que nenhum de nós se contaminaria. E nenhum de nós, efetivamente, se contaminou. Mas eu não podia me arriscar com os outros. Sabia que outras pessoas poderiam se contaminar e sabia que Leonor seria execrada publicamente se ficasse na capital. O boato já havia se espalhado, e até meu filho sofreu discriminações. Por isso, não participamos nada a ninguém e viemos para cá, trazendo apenas Tião e a velha Olinda, que já morreu. Eu já havia feito algumas viagens antes, procurando um lugar para ficarmos, e descobri esta casa. Ela era perfeita para nós. Afastada da cidade, espaçosa, de frente para o mar. Leonor sempre gostou da praia e ficaria satisfeita em sair, tomar sol e banhos de mar sem correr o risco de ser apedrejada.

— E viveram aqui durante muito tempo? Ninguém nunca desconfiou?

— No princípio, não. A casa fica distante de cidade, e poucos são os que passam por aqui. Durante alguns anos, conseguimos permanecer incógnitos. As pessoas da vila não nos davam muita importância, e eram raras as vezes em que eu aparecia em público. Quando precisávamos de algo, Tião ia à vila buscar.

— E o dinheiro? De que viviam?

— Como lhe disse, nomeei um gestor de negócios que, até hoje, vem de mês em mês para prestar contas. Sempre que ele vinha, não se demorava mais do que um dia, e Leonor não aparecia. Ele também não fazia perguntas. Pagava-lhe e ainda lhe pago muito bem, e ele jamais quis se arriscar a perder o emprego.

— Mas as pessoas descobriram, não é verdade?

— Sim, descobriram. E foram cruéis, muito cruéis.

— Como? O senhor me disse que ninguém aqui os conhecia ou lhes dava importância.

— É verdade. Mas o destino é implacável, e não podemos fugir a suas teias. Havia um certo homem, um certo senhor Caldeiras, próspero comerciante da cidade, que costumava comprar mercadorias no Rio de Janeiro, para revendê-las em seu estabelecimento. Numa de suas viagens à capital, ele estava em uma loja de fazendas, conversando com o proprietário, quando um homem se aproximou curioso. Esse homem era um meu conhecido, que, ouvindo o senhor Caldeiras mencionar Cabo Frio, foi pedir notícias minhas. Perguntou-lhe se não conhecia nenhum senhor Abílio Figueira Gomes, e Caldeiras respondeu que havia um tal de Abílio morando perto da praia, mas não sabia se era o mesmo. Pela descrição, chegaram à conclusão de que era a mesma pessoa. O homem, meio sem jeito, indagou se minha mulher estava no acampamento de leprosos, e o senhor Caldeiras se assustou. Por que estaria minha mulher nesse acampamento? Hernâni respondeu-lhe que ouvira dizer que Leonor havia contraído a doença, mas não sabia se era verdade e que, em virtude disso, eu havia me mudado com a família para Cabo

Frio. Pronto. Foi o que bastou. O senhor Caldeiras voltou para cá apavorado, certo de que havia uma leprosa vivendo entre eles, o que seria uma grande ameaça para toda a cidade.

— Mas vocês moram tão longe. Como puderam se sentir ameaçados?

— As pessoas se impressionam facilmente, Clarissa, e temem aquilo que não podem compreender. O fato é que, um dia, vieram bater à minha porta. Olinda ainda era viva e veio me avisar. Havia alguns cavalheiros do lado de fora que exigiam que eu falasse com eles. Acabrunhado, fui atender, e eles me fizeram sua reivindicação. Contaram-me que sabiam da existência de uma leprosa vivendo aqui e exigiam que ela fosse embora. Primeiro, tentei desmentir o fato e inventei que Leonor sofria era de reumatismo. Em seguida, tentei ponderar, dizendo-lhes que, ainda que Leonor estivesse com aquela doença horrível, não representaria nenhuma ameaça para ninguém, pois vivia trancada em casa e não tinha contato com outras pessoas. Mas eles estavam apavorados. Eu tinha filhos que frequentavam a escola. O que seria das outras crianças se eles também se contaminassem? Não. Ou Leonor ia embora, ou eles seriam obrigados a entregá-la às autoridades. Fiquei desesperado.

— Imagino...

— Foi quando a própria Leonor me apresentou a solução. No extremo esquerdo de nossa casa, bem no fim do corredor, havia um amplo salão, que os proprietários anteriores usavam como sala de música, com uma imensa claraboia no teto e largas vidraças. Pois bem. Tião e eu cerramos a janela com tijolos e caiamos a casa toda, para não despertar a atenção. Pelo lado de dentro, fechamos a porta que dava para o corredor e abrimos uma outra, por dentro do quarto de Leonor, ocultando-a atrás de um armário, que funcionava, na verdade, como uma porta falsa. Tencionávamos, com isso, enganar qualquer um que entrasse e revistasse a casa.

Seguindo pelo corredor, não encontraria nada, apenas a parede fechada e, nos aposentos de Leonor, apenas um quarto vazio. Tudo pronto, colocamos nosso plano em ação. Leonor escreveu um bilhete suicida, no qual se despedia de mim e das crianças, e desapareceu. Fingindo-me desesperado, fui procurar a ajuda dos pescadores, dizendo-lhes que minha esposa havia se atirado no mar. Ela estava doente, sentia fortes dores por causa do reumatismo e resolvera dar cabo da própria vida. As buscas se iniciaram, mas ninguém conseguiu encontrar o corpo. Até que um dia, de madrugada, dei ordens a Tião para que fosse sozinho à praia e lá jogasse um vestido rasgado de minha mulher. No dia seguinte, o vestido foi encontrado, e fui chamado às pressas. Reconheci o vestido, atirei-me sobre ele, chorei desesperado, implorando pela vida de Leonor.

— Meu Deus!

— Eu chorava mesmo a minha dor. Embora com vida, tive que emparedar a minha mulher para que ninguém a encontrasse, para que não a levassem de mim, para que ela não sofresse ainda mais...

— E seus filhos? Sabiam o que o senhor havia feito?

— Sabiam. Nunca os enganei. Quando Angelina soube, ficou profundamente abalada, e Vicente, revoltado. Ele não entendia por que as coisas tinham que ser daquele jeito e me julgou um covarde, que emparedara sua mãe só para se ver livre de um problema.

Nesse momento, Clarissa abaixou os olhos, envergonhada, e acabou por confessar:

— Perdoe-me, seu Abílio, mas também pensei assim. Julguei-o não um covarde, mas um assassino. Para mim, o senhor havia matado sua esposa por piedade ou para se livrar de um estorvo.

— Julgou-me muito mal, Clarissa. Emparedei minha Leonor porque não podia deixá-la, porque morreria lutando para salvá-la. Eu jamais teria deixado que a tirassem de mim, e ela sabia que eu daria a vida em sua defesa. O que seria de nossos filhos? Com certeza, seriam levados e entregues a algum tutor interesseiro, que só cuidaria deles para colocar a mão em nosso dinheiro. Não, Clarissa, não sou assassino. Muito menos covarde. Sou apenas um homem que, por amor, foi capaz de mentir e enganar, é verdade, mas para salvar a razão de sua existência. Sou culpado? Sim. Criminoso? Também. Mas meu crime não é o de homicídio. Sou culpado de poligamia, pois me casei em segundas núpcias estando ainda viva minha primeira esposa.

— Se sua esposa ainda vivia, por que o senhor se casou comigo?

— No dia em que decidimos colocar Leonor naquele quarto, foi como se ela estivesse mesmo morta para o mundo. Eu tinha medo de que alguém aparecesse de repente e a surpreendesse. Além disso, a doença ia evoluindo, e a pele, aos poucos, começou a descascar, e imensas feridas foram se abrindo pelo seu corpo. Eu presenciei, dia a dia, minha adorada esposa ir se decompondo em vida, e isso foi motivo de imensa dor. No entanto, precisava também pensar nos meus filhos. Com a morte de Olinda, nossa casa se transformou num pandemônio. Era preciso a mão de uma mulher para colocar tudo em ordem, ajudar na educação das crianças. Pensei em uma criada, mas Leonor não concordou. Eu precisava de uma mulher, de uma esposa. Alguém que me amasse e às crianças, e que nos tratasse com respeito.

— Por isso resolveu comprar-me?

Ele olhou para ela transtornado, sentindo imenso remorso pelo que havia feito, e continuou:

— Sei que não devia, mas não planejei nada. Depois que Leonor *morreu*, eu passei a viajar ao Rio de Janeiro, na esperança de encontrar alguém que me servisse. Fiz contato com meus antigos conhecidos, contei-lhes que Leonor havia morrido e que eu precisava me casar novamente. Foi quando encontrei o comendador Travassos. Ele estava conversando com seu pai e nos apresentou. Quando soube que ele tinha uma filha solteira e que precisava de dinheiro, a ideia me ocorreu. Ofereci-lhe muito dinheiro em troca de sua mão, e ele aceitou. Quando a conheci, quase mudei de ideia. Você era tão bonita, tão jovem. Que direito possuía eu de estragar a sua vida? Mas meu desespero foi maior, e levei o plano avante. Casei-me com você e roubei-lhe a chance de ser feliz...

Clarissa chorava emocionada. Estava profundamente tocada pelas palavras daquele homem. Julgara-o um monstro, mas só agora via o homem maravilhoso que ele era. Não se dando conta do que lhe ia no coração, Abílio prosseguiu:

— Confesso que cheguei a desejar que partisse. Ao contrário do que eu imaginava, você nunca se deixou dominar, e foi ficando difícil controlá-la. Eu sabia que você suspeitava de algo, mas fiquei chocado quando me falou de suas desconfianças. Contudo, não podia desistir. Leonor piorava a olhos vistos, havia noites em que ela chorava e gemia...

— Eram os gemidos que eu escutava...

— Sim. Principalmente quando ventava, Leonor dava livre curso ao seu sofrimento e gemia em voz alta, pensando que o vento acobertaria o seu lamento. Mas você percebeu e passou a rezar em seu quarto, achando que ela estava morta e que sua alma se encontrava desassossegada.

— O que não deixou de ser verdade. Dona Leonor estava mesmo abalada, não é?

— A cada dia, sua doença avançava, e ela sentia muitas dores. Quando escutava suas preces pela parede do quarto, muitas vezes não conseguia se conter e chorava baixinho, socando o fundo do armário que lhe vedava a saída.

— E nós que pensávamos que era o seu espírito... pobre dona Leonor. Como deve ter sofrido.

— Sofreu muito. Todos sofremos. E eu era obrigado a presenciar o seu sofrimento em silêncio, cuidando dela às escondidas, com medo até de pensar em seu nome.

— Deve ter sido muito difícil. Cuidar dela, alimentá-la...

— Você nem pode imaginar. Depois que todos dormiam, eu ia ao seu quarto e lhe levava comida e água suficientes para todo o dia seguinte. Ela chorava e aceitava a alimentação. Comia aquela comida fria e sem graça, mas nunca se queixou — ele deu uma pausa, contido pelas lágrimas, e continuou: — Fazíamos tudo à noite, Tião e eu. Trocávamos os baldes com suas necessidades, levávamos água para que se banhasse e lavasse, ela mesma, suas roupas sujas. Não podíamos nos arriscar a que você visse os seus vestidos no varal.

— E eu nunca percebi...

— Acobertado pela escuridão da noite, eu afastava o armário e abria a janela de seu quarto, só um pouquinho, para que ela pudesse respirar ar fresco... — parou novamente, chorando emocionado. — Como eu a amava!

— Só com muito amor para enfrentar uma situação como essa. E ela deve tê-lo amado muito também.

— Uma noite, não podendo mais resistir, ela abriu a porta do quarto e fugiu, correndo para a praia. Eu ouvi quando ela saiu do quarto e corri atrás dela. Ela estava desesperada e queria mesmo se matar. Caminhava com dificuldade e levou muito tempo para alcançar a areia. Seu corpo estava todo doído e necrosado, já havia perdido alguns pedaços. Eu tinha medo até de tocar nela e lhe causar mais dor. Por isso, ia conversando, tentando chamá-la à razão, implorando que ela voltasse ao quarto. Mas ela não me atendia e ia caminhando em direção ao mar. Quando as ondas começaram a bater nela, não pude mais me conter. Precisava impedir que ela fizesse alguma loucura. Da forma mais suave que podia, enlacei o seu corpo e puxei-a para mim, e ela gemeu de dor, desmaiando em meus braços. Pude então erguê-la e trazê-la de volta, rezando para que ninguém nos visse.

— Foi na noite em que Luciano os seguiu, não foi?

— Sim, foi. Ao entrar, percebi o jarro caído e partido, e tive medo. Implorei a Deus que não houvesse ninguém ali e fui andando.

— Realmente, Luciano se assustou e voltou para o quarto. Só o que pôde ver foram duas sombras lutando na praia.

— Graças a Deus que a distância é longa e estava escuro. Ao passar pelo quarto de Vicente, bati de leve e ele atendeu, seguindo-me em silêncio. De volta ao quarto de Leonor, ajeitei-a na cama e contei a Vicente o que havia acontecido, e foi então que combinamos aquela história. Ao ver o estado da mãe, Vicente ficou chocado. Fazia poucos dias, tivéramos uma conversa e nos entendêramos, o que foi uma bênção de Deus. No entanto, atendendo ao pedido de Leonor, proibi que meus filhos a visitassem, a fim de lhes poupar a terrível visão da mãe, que ia apodrecendo em vida.

— Deve ter sido horrível.

— Foi uma das coisas mais difíceis que já fiz. Eu sabia o quanto meus filhos a amavam e sei que lhes dei um fardo pesado demais para suportar. Principalmente para Angelina, que sempre sentiu muitas saudades da mãe. Vicente, embora tivesse se revoltado a princípio, em seu íntimo, sabia que aquela era a nossa única saída e se manteve firme, guardando nosso segredo a sete chaves. Angelina também. Só que é ainda uma criança, mais frágil, carente dos cuidados maternos. E sua presença, Clarissa, veio trazer um pouco de alegria ao seu coraçãozinho, tão jovem e já tão combalido pela vida.

Emocionada, Clarissa se levantou e se aproximou de Abílio, que se contraiu todo à sua proximidade. Ele a amava, mas tinha medo dela. Sempre fria e distante, seu coração pendia para o filho. Naquele momento, contudo, Clarissa só conseguia pensar em Abílio e, aproximando-se de seu rosto, roçou-lhe a face com os lábios, sentido o sal de suas lágrimas em sua boca. Abílio fechou os olhos, afastou-a gentilmente e considerou:

— Clarissa, não... Sei que você e Vicente...
Ela colocou o dedo sobre seus lábios e se levantou, puxando-o pela mão e fitando-o diretamente nos olhos. Ele estava tão emocionado que não conseguia falar, e ela, erguendo-se na ponta dos pés, enlaçou o seu pescoço e deu-lhe um abraço apertado, deixando que toda a sua amorosidade fluísse para o coração de Abílio. Quando o soltou, ele chorava de mansinho e disse com emoção:
— Obrigado.
Ela sorriu para ele e tornou com voz amena:
— Venha, seu Abílio, precisamos providenciar o funeral.

EPÍLOGO

Clarissa deixou Abílio aos cuidados de Tião e foi ao quarto de Luciano. O marido estava muito abalado, e ela precisava tomar as providências necessárias. Entrou discretamente e contou tudo o que Abílio lhe narrara. Luciano e Jerusa ficaram perplexos. Jamais poderiam imaginar uma coisa daquelas. Esconder a mulher durante todos aqueles anos! Quem diria?

— Foi por isso que nunca senti a presença do espírito de dona Leonor... — considerou Luciano.

— É verdade — concordou Jerusa. — Como sentir a presença de uma alma que ainda não havia morrido?

— Clarissa — ponderou Luciano — , entendo os motivos do senhor Abílio, mas ele errou e muito. Não vou nem questionar o fato de ele ter mantido a mulher oculta durante todo esse tempo. Eu, no seu lugar, talvez fizesse a mesma coisa.

Mas ele se casou com você quando ainda era casado. Isso se chama poligamia e é crime pelas nossas leis. Precisamos contar à polícia, e o senhor Abílio deve ser denunciado...

— Por quê, Luciano? — objetou Clarissa. — Por que temos que contar à polícia? As coisas já não estão resolvidas assim desse jeito? Não acha que o senhor Abílio já sofreu o bastante? E os filhos? O que será deles? O que será de Angelina?

— Será que você não percebe? Com isso, nós podemos anular o seu casamento. Você ficará livre, poderá se casar de novo...

— Quem foi que disse que eu quero essa liberdade?

— Não quer?

— Antes, talvez quisesse. Mas agora, não. Não posso. Seu Abílio precisa de mim, Angelina precisa de mim. Não posso deixá-los.

— Mas Clarissa, o senhor Abílio cometeu um crime. Será que temos o direito de acobertá-lo?

— E daí que ele cometeu um crime? Quem se importa com isso?

— Ora essa, as leis...

— As leis, nesse caso, são ineficazes contra o sofrimento humano. Não é justo que um homem seja punido por haver sofrido tanto.

— O senhor Abílio não foi honesto nem com você, nem com ninguém — objetou Luciano, começando a irritar-se. — Ele mentiu e enganou a todos durante vários anos. Acha que isso é correto?

— E o que é correto para você? Trancafiá-lo numa cela, como se ele fosse um criminoso comum? Ora vamos, Luciano, onde está o seu espírito cristão? Não se apieda do sofrimento dele?

— Não é isso. É apenas uma questão de certo e errado. O senhor Abílio errou. Deve pagar pelo seu erro.

— Creio que ele já pagou o suficiente. Não percebe o quanto sofreu? Ele mesmo se puniu. Não precisa de mais ninguém para castigá-lo. Nós não temos esse direito.

— Não temos?

— Não. Ou melhor, você não tem. Se alguém deveria queixar-se, esse alguém seria eu. Mas eu não me queixo. Não quero puni-lo. Não quero que ele sofra mais. Ao contrário, quero que ele seja feliz. Ele já sofreu o bastante e agora merece ser feliz ao lado da mulher e dos filhos.

— Que mulher?

— Sou casada com ele, não sou?

Luciano quedou desanimado. Não adiantava discutir com Clarissa. Ela era voluntariosa e decidida, e ninguém conseguia fazer com que mudasse de ideia.

— Clarissa tem razão — observou Jerusa. — Caberia a ela denunciá-lo. Mas se ela não quer, se pretende continuar a viver com ele depois disso, então está tudo certo. Ninguém melhor do que ela para saber o que é melhor para si.

— É isso mesmo, Luciano. Por favor, não faça nada. Guarde esse segredo. Em nome da minha felicidade, não diga nada a ninguém.

— Nós temos o dever de revelar a verdade! — insistia Luciano. — Não nos cabe ocultá-la ou desvirtuá-la, sob pena de estarmos compactuando com o erro. Quer ser acusada de cúmplice nesse crime?

— Você está sendo intransigente. Apega-se à verdade sem se dar conta de que ela, nesse caso, não irá beneficiar ninguém.

— Não foi por isso que você tanto lutou? Para desvendar esse mistério todo?

— Lutei para descobrir a verdade porque achei que somente ela poderia trazer a justiça. Mas que justiça é essa, que condena um homem que já se puniu e sofreu no cárcere da própria consciência?

— Não sei, Clarissa... tenho medo das consequências de ocultarmos a verdade.

— Não vai haver consequência alguma. Se seu Abílio tivesse cometido a poligamia com o intuito de obter alguma vantagem pessoal, eu não diria nada. Mas ele agiu por instinto e desespero, pensando estar fazendo um bem aos filhos.

— Mas e você? Que bem ele lhe fez?

— Fez-me o bem de me fazer aprender a amá-lo.

Luciano abriu a boca, abismado, e ficou alguns minutos pensativo. Sentia-se no dever de revelar a verdade, mas reconhecia que ninguém se beneficiaria com ela. Angelina ficaria órfã, Vicente, mais revoltado ainda, e Clarissa sofreria. Que direito teria ele de estragar a felicidade daquelas pessoas, só porque se intitulara defensor da verdade? Suspirou e, dando de ombros, acabou por dizer:

— Não entendo você, Clarissa. Numa hora, odeia o senhor Abílio, e, no momento seguinte, diz que o ama. — Ela não respondeu. — Está certo. Se é o que quer, seja feita a sua vontade. Só espero que não se arrependa mais tarde.

— Obrigada, Luciano! E esteja certo: não me arrependerei!

Quando Clarissa desceu com Luciano e Jerusa, Abílio se encontrava na sala, em companhia dos filhos e de Tião, esperando para ouvir a decisão que eles haviam tomado. Logo que os viu chegar, Vicente perguntou apressado:

— E então, Clarissa, o que decidiram?

Luciano adiantou-se, pigarreou e começou a dizer:

— Bem, seu Abílio, não posso dizer que concordo com o que o senhor fez a minha irmã, mas não vou julgá-lo. Se Clarissa o aceitou, quem sou eu para recriminá-lo? Ela me pediu que não dissesse nada a ninguém, e embora não consiga entender os seus motivos, só me resta respeitá-los. O senhor não precisa se preocupar nem comigo, nem com Jerusa. Tem a minha palavra de homem e cavalheiro de que jamais diremos nada a ninguém. Será um segredo que levaremos para o túmulo.

Abílio levantou-se e estendeu-lhe a mão, dizendo comovido.

— Muito obrigado...

Dali, foram cuidar do enterro. Era preciso sepultar Leonor o mais depressa possível. O corpo, já bastante danificado, entraria em rápido estado de decomposição. Luciano e Vicente cavaram uma cova atrás da casa de Tião, bem perto de onde começava o matagal, e Abílio levou o corpo para lá. Clarissa fez uma breve oração, pedindo a Deus que a recebesse e confortasse, e Tião jogou terra e areia sobre o túmulo, batendo bem com a pá, para que ninguém percebesse, e plantou sobre ele algumas flores.

No dia seguinte, Luciano e Jerusa partiram. Luciano ainda tentou convencer Clarissa a seguir com eles, mas ela recusou:

— Obrigada, Luciano, mas não posso. E nem quero. Meu lugar é aqui, ao lado de meu marido e de minha filha.

— Filha?

— Considero Angelina minha filha, a quem devo educar e cuidar com todo carinho e atenção.

— Está certo, Clarissa, não vou discutir.

— Fico feliz que tenha conseguido me compreender.

Luciano abraçou a irmã emocionado e falou, a voz embargada:

— Adeus, minha irmã.

— Adeus, meu querido. Dê lembranças minhas a todos.

Em seguida, Clarissa estreitou Jerusa e lhe deu um beijo na face, acrescentando emocionada:

— Adeus, Jerusa, cuide-se bem e cuide bem de meu irmão.

— Pode deixar, Clarissa — falou Jerusa em lágrimas.

Luciano estendeu a mão para Abílio e declarou, cheio de emoção:

— Adeus, seu Abílio. Espero que possa fazer minha irmã feliz daqui para a frente.

— Não se preocupe, seu Luciano. Farei tudo o que estiver ao meu alcance para que Clarissa seja feliz. Inclusive deixá-la partir. Sem rancores, sem mágoas...

Clarissa interrompeu o marido com um gesto decisivo e retrucou:

— Por que quer se livrar de mim?

Ele segurou a sua mão com força, sorriu para ela e não respondeu. Não precisava. Seus olhos tinham a resposta.

Após as despedidas, Luciano e Jerusa partiram. Não quiseram que Clarissa fosse levá-los ao porto. Sentiriam muitas saudades e queriam guardar a lembrança de seu sorriso, e não das lágrimas da despedida. Vendo o carro de bois se afastar, Clarissa acenou para eles e correu para a estradinha, falando enquanto corria:

— Luciano, diga a papai que já o perdoei pelo que fez. Diga-lhe que o amo. A ele e a Valentina...

Poucos dias depois, Vicente foi bater à porta do quarto de Clarissa, e ela, ao vê-lo, assustou-se e já ia recriminá-lo:

— Vicente, por favor...

— Não tenha medo, Clarissa, não vou importuná-la. Vim aqui me despedir.

— Despedir-se? Para onde vai?

— Para o Rio de Janeiro. Parto amanhã para a capital para ingressar na faculdade.

— Mas já? Tão de repente?

— Achei melhor. Não há por que esperar o início do ano letivo. Assim, já vou me acostumando aos novos ares. — Ela não disse nada, e ele murmurou: — Clarissa...

— Hã? O que é?
— Eu... bem... não sei como lhe dizer isso, mas...
— O quê, Vicente, fale, pelo amor de Deus!
— Gostaria que soubesse que gosto muito de você, mas jamais poderíamos ser felizes...
— Eu sei. Também gosto muito de você, mas sinto que não o amo. No passado, talvez. Hoje, porém, sei que meu lugar é ao lado do seu pai.
— Fico feliz por você. Eu também jamais poderia construir a minha felicidade sobre a desgraça de meu pai. Ele já sofreu muito e não merece sofrer mais. Ao contrário, merece ser feliz, merece uma mulher feito você.

Clarissa sorriu satisfeita. Gostava muito de Vicente, mas jamais poderia ser sua. Agora sabia que amava Abílio e queria estar pronta para tê-lo de volta. Saberia reconquistá-lo. Ele também a amava.

E depois, havia Angelina. Ela estava por demais afeiçoada à menina para abandoná-la. Angelina já via nela a figura da mãe, e depois que Leonor morreu, passou a solicitá-la ainda mais. Angelina gostava de estar junto dela, sentia-se protegida a seu lado. E qual não foi o seu espanto quando ela, abraçando-a, pediu:

— Posso chamá-la de mamãe?

Clarissa enlaçou-a comovida, beijando-a repetidas vezes nas faces. Amava muito aquela menina e sentia-se responsável por ela. Não lhe dera a vida, mas era como se lhe devesse a vida, e respondeu com emoção:

— Nada me faria mais feliz, Angelina.

Angelina abraçou-a. Estava feliz e emocionada. Não queria substituir a mãe em seu coração. Queria acrescentar Clarissa a ele. O amor não tem limites, e Angelina era capaz de amar Leonor e Clarissa sem que tivesse que abrir mão de uma para amar a outra.

No dia seguinte, Vicente partiu, e Clarissa foi com Abílio e Angelina levá-lo até o porto. Tonha, a seu lado, sorria satisfeita, certa do dever cumprido. Executara sua missão e poderia partir, sempre pronta, porém, para atender a qualquer chamado de Clarissa.

Ao ver o navio ali parado, Clarissa sentiu um calafrio. Não poderia ter partido com o irmão, ainda que desejasse. Enquanto vivesse, jamais entraria num navio de novo. Quando o navio apitou e começou a mover-se, ela teve um estremecimento. Vagarosamente, o navio atravessava o canal do Itajuru, auxiliado por um barquinho, e ela acenou para o enteado, debruçado sobre a amurada. Fazia calor, mas ela suava frio. Instintivamente, apertou o braço de Abílio, que segurou a sua mão. Notando que estava gelada e trêmula, apertou-a entre as suas e perguntou:

— Com medo?

Ela sorriu para ele e derramou lágrimas de emoção. Naquele momento, perto dele, sentia como se nada a pudesse atingir. Sentia-se segura ao lado dele, sentia que o amava. Carinhosamente ela segurou o seu queixo, ergueu-se na ponta dos pés e beijou-o delicadamente nos lábios, sentindo novamente em sua boca o sal das lágrimas que ele derramava. Ele teve um tremor de satisfação e estreitou-a de encontro ao peito. Terminado o beijo, Clarissa olhou-o com ternura e sussurrou, a voz carregada de amor:

— Não, Abílio, não há mais o que temer...

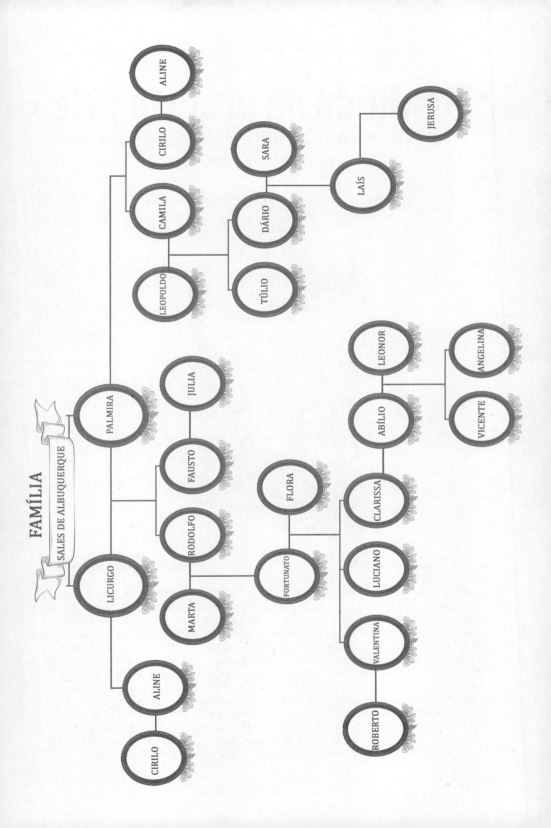

• Sentindo na própria pele •

Mônica de Castro | Romance pelo Espírito Leonel
Romance | 15,5x22,5 cm | 400 páginas

LÚMEN
EDITORIAL

No início do século 19, ainda vigorava no Brasil a escravidão, uma forma de exploração do trabalho de africanos e indígenas. É nessa época que Tonha, aos nove anos, é trazida da África como escravizada para servir Aline, filha de um rico fazendeiro. Quando é liberta, Tonha decide permanecer na fazenda, pois as marcas do passado a impedem de partir. Luciano e Clarissa, filhos do dono da terra, que lutaram pela libertação dos escravos, respeitam a decisão de Tonha e pedem para ela contar a história de sua vida. A idosa relembra a longa jornada que fez vinda da África, bem como a dor da humilhação e do preconceito que ainda a atormentam. No entanto, Tonha também relembra a relação especial que construiu com Aline. O encontro de ambas nessa vida não é mero acaso. Seus caminhos estão ligados por laços estreitados em outras vidas. Primeiro livro de uma trilogia, Sentindo na própria pele revela que nem sempre somos corretos ao nos apressarmos em julgar atitudes alheias, segundo nossos próprios padrões. A reencarnação mostra-se como poderosa arma contra os medos, as culpas, os ódios e os ressentimentos, fazendo com que cada um aprenda a reconhecer suas faltas e entender que o melhor caminho é o que se percorre cheio de amor por si e pelo próximo.

Entre em contato com nossos consultores e confira as condições
Catanduva-SP 17 3531.4444 | boanova@boanova.net | www.boanova.net

· Com o amor não se brinca ·

Mônica de Castro | Romance pelo Espírito Leonel

Romance | 15,5x22,5 cm | 384 páginas

Em Sentindo na própria pele, conhecemos Tonha, escravizada e trazida ainda criança ao Brasil, cuja história narra suas alegrias e tristezas até completar 20 anos de idade.

Neste segundo volume da trilogia, Com o amor não se brinca, Tonha, agora uma senhora de meia-idade, continua a serviço da mesma família. Ela ajudou a criar os gêmeos Fausto e Rodolfo. Idênticos fisicamente, os irmãos se diferenciam em temperamento. Enquanto Fausto é íntegro e honesto, Rodolfo é invejoso e ardiloso.

Muitas intrigas e mentiras surgem no decorrer da história, enquanto a vida vai colocando Fausto e Rodolfo diante de situações que os chamam a vivenciar e vencer seus sentimentos Nascida no Rio de Janeiro, em 10 mais difíceis. Para Rodolfo, o ódio. Para Fausto, o ciúme.

Entre em contato com nossos consultores e confira as condições
Catanduva-SP 17 3531.4444 | boanova@boanova.net | www.boanova.net

Av. Porto Ferreira, 1031 | Parque Iracema
CEP 15809-020 | Catanduva-SP

www.**lumeneditorial**.com.br
www.**boanova**.net

atendimento@lumeneditorial.com.br
boanova@boanova.net

 17 3531.4444
 17 99777.7413
 @boanovaed
 boanovaed
 boanovaeditora